Philip Keil

Ready For Takeoff

Philip Keil

READY FOR TAKEOFF

Wie Sie Ihre Stärken nutzen und Stress vermeiden

10 Strategien der Berufspiloten

GOLDEGG VERLAG

Bildrechte Autorenfoto: Philip Keil
Bildrechte Umschlag: Sandor Jackal – fotolia.com

Der Verlag und sein Autor sind für Reaktionen, Hinweise oder Meinungen dankbar. Bitte wenden Sie sich diesbezüglich an verlag@goldegg-verlag.com.

Der Goldegg Verlag achtet bei seinen Büchern und Magazinen auf nachhaltiges Produzieren. Goldegg Bücher sind umweltfreundlich produziert und orientieren sich in Materialien, Herstellungsorten, Arbeitsbedingungen und Produktionsformen an den Bedürfnissen von Gesellschaft und Umwelt.

FSC
www.fsc.org
MIX
Papier aus verantwortungsvollen Quellen
FSC® C083411

ISBN Print: 978-3-903090-21-7
ISBN E-Book: 978-3-903090-22-4

Friedrichstraße 191 • D-10117 Berlin
Telefon: +49 800 505 43 76-0

Goldegg Verlag GmbH, Österreich
Mommsengasse 4/2 • A-1040 Wien
Telefon: +43 1 505 43 76-0

E-Mail: office@goldegg-verlag.com
www.goldegg-verlag.com

Layout, Satz und Herstellung: Goldegg Verlag GmbH, Wien
Druck und Bindung: CPI books GmbH, Leck

Inhaltsverzeichnis

VORWORT

Boarding in progress: Einige Hinweise vor dem Start – nicht nur zu Ihrer Sicherheit

Paris CDG, New York JFK, Palma de Mallorca PMI, Dublin DUB, Singapur SIN. DESTINATIONS steht in großen Lettern über dem riesigen Display in der Abflughalle. Noch heute liebe ich den Blick auf die Anzeigetafel des Flughafenterminals. Wie schon damals als Kind, als mich dieser Ort faszinierte wie kein anderer.

Ein Flughafen ist ein magischer Ort. Genauso facettenreich wie die Flugziele sind die Menschen hier. Ankommende, Abfliegende, Angehörige aller Altersklassen. Ein bunter Kulturen-Mix aus aller Herren Länder, Religionen und Sprachen. Sie machen jeden Flughafen auf der Welt zu einem Ort der Emotionen: das Gefühl, angekommen zu sein, die Vorfreude auf das Bevorstehende, der Abschiedsschmerz, die Ungewissheit, die Flugangst …

Vor allem ist ein Flughafen ein Ort der Träume. Ziele entspringen immer Träumen. Der eine macht endlich seinen Traumurlaub, die Nächste ist unterwegs zu einem Termin, der ihr Leben verändern wird, wieder ein anderer wandert für seinen Traum von einem neuen Leben in ein anderes Land aus.

Den Sog dieser Welt der Träume spürte ich schon als Kind. Zu meinem Berufswunsch wurde das Fliegen erst viel später. Mein Verstand ließ die Vision vom Traumberuf nicht zu. Heute lebe ich meinen Traum, und das Fliegen ist mein Beruf. Ich sorge dafür, dass Menschen ihre Ziele erreichen.

Wie sieht das bei Ihnen aus? Welche Ziele wollten Sie schon immer ansteuern und haben sich bisher einfach nicht getraut?

★★★

Flughäfen sind für mich ein Sinnbild für das Leben, und das Fliegen eine Metapher für den Lebensweg. An einem Flughafen ist jeder unterwegs – da pulsiert das Leben, da treffen die unterschiedlichsten Menschen aufeinander. Die Abflugtafel lässt die Möglichkeiten erahnen, die das Fliegen uns bietet: Von hier aus können wir überall hin. Das Fliegen hebt die Grenzen auf, an die wir im Alltag gebunden sind. Neben dem unbeschreiblichen Gefühl, Tausende Meter über dem Erdboden durch den Himmel zu gleiten, macht diese grenzenlose Freiheit die Faszination dieses Berufs aus.

Bevor ich mich entschloss, meinen Traum zum Beruf zu machen, war ich eher ziellos durchs Leben gegangen. Erst als ich mein Ziel fest ins Visier genommen hatte, wurde alles anders. Ich wusste, ich würde kämpfen müssen. Aber ich wusste eben auch wofür. Heute lebe ich meinen Traum. Dafür habe ich eine Schule absolviert, die mich gefordert, an meine Grenzen geführt und auf alle Eventualitäten vorbereitet hat. Das war auch nötig. Denn Piloten erleben so einiges. Vieles können wir planen. Auf das meiste können wir gefasst sein. Doch Überraschungen gibt es immer.

Es ist wie im Leben. Ganz egal, welches Ziel wir verfolgen: Unser Leben ist planbar, aber nie vorhersehbar. Um es zu meistern, brauchen wir Strategien, die uns für beides fit machen: die geplanten und die überraschenden Momente.

Genau darum geht es in diesem Buch: um Ihr Leben. Ich möchte Ihnen zeigen, wie das Know-how der Profipiloten Ihnen helfen kann, Ihre Ziele zu erreichen. Jede Hürde zu nehmen, die Sie unterwegs zu überwinden haben. Gesund und munter anzukommen und zu bleiben. Die Strategien, Techniken und Tipps in diesem Buch können Sie dabei unterstützen. Ob Sie ein routinierter Reisender sind, der die Routenplanung noch effizienter gestalten will. Ob Sie unter Flugangst leiden und noch nach dem entscheidenden Impuls suchen, um endlich abzuheben. Oder ob Sie den ganz großen Neuanfang planen und Navigationshilfe benötigen: Das methodische Arsenal der Piloten kann Hilfestellung bei den verschiedensten Lebensentwürfen, Ausgangspunkten und Zielen bieten. Davon bin ich überzeugt.

Mich begleiten diese Strategien seit über zehn Jahren nicht nur im Cockpit, sondern auch durch meinen ganz persönlichen Lebensweg. Tag für Tag. Mit ihrer Hilfe habe ich den Wandel vom ziellosen Jugendlichen mit schlechtem Schulabschluss zu einem der damals jüngsten Verkehrspiloten Deutschlands geschafft.

Dass die Fliegerei eine so ergiebige Quelle für lebenspraktische Herausforderungen ist, liegt an der facettenreichen Natur meines Berufs. Piloten sind nicht einfach sehr spezialisierte Fachidioten, die in der Lage sind, eine hochkomplexe Maschine von A nach B zu steuern. Das gehört zu unserem Job und macht technisch betrachtet natürlich den Löwenanteil unserer Ausbildung aus. Doch damit ist es bei Weitem nicht getan. Dafür sind die Anforderungen in unserem Arbeitsalltag zu vielfältig. Unsere Schulung nimmt darauf in besonderem Maße Rücksicht: Wir lernen nicht einfach nur fliegen. Wir lernen fliegen unter allen nur denkbaren Umständen. In allen nur vorstellbaren Konstellationen. Gegen alle nur möglichen Widrigkeiten. Das ist schlichtweg eine Frage der Sicherheit.

Immerhin vertrauen Sie mir Ihr Leben an, wenn Sie in mein Flugzeug steigen. Dieses Vertrauen verlangt mehr als die Fähigkeit, eine Maschine zu bedienen.

Piloten sind auch Teamplayer. Fast täglich arbeiten wir mit einer neuen Crew und im Zusammenspiel mit all den Protagonisten im komplexen Luftfahrtsystem.

Piloten sind ebenso Führungskräfte und Entscheider. Wir koordinieren die Mannschaft und alle Abläufe und haben permanent Entscheidungen zu treffen – auch die ganz schwierigen.

Piloten sind darüber hinaus Mitarbeiter mit Kundenkontakt. Zwar sind wir für den Großteil des Fluges für die Passagiere nicht sichtbar, doch wir sind diejenigen, in die sie ihr Vertrauen investieren – und die in den schwierigen Fällen professionell mit den zahlenden Kunden umgehen müssen.

Piloten sind weiters Ingenieure. Wir wären nicht in der Lage ein Flugzeug zu bauen, doch wir müssen tiefen Einblick in die Funktionsweise unserer hoch technisierten Luftfahrzeuge haben.

Piloten sind schließlich auch Meteorologen, denn das Wetter und all seine Phänomene haben weitreichende Auswirkungen auf unsere Arbeit.

Piloten sind sogar Juristen. Das internationale Luftrecht ist nicht nur Bestandteil unserer Ausbildung, sondern in vielen Situationen auch unseres Berufsalltags.

Letztendlich sind Piloten noch Ökonomen. Vor und während jedes einzelnen Fluges treffen wir Entscheidungen, die unmittelbare wirtschaftliche Auswirkungen auf unser Unternehmen haben.

So facettenreich wie unser Aufgabenfeld als Piloten sind auch die Strategien in diesem Buch. Deshalb sind sie auf die unterschiedlichsten Lebensbereiche anwendbar. Mein Beruf ist so vielfältig und anspruchsvoll wie das Leben selbst – und vor allem: genauso reich an planbaren und überraschenden Herausforderungen. Die Komplexität und die Dynamik des Lebens hat unzählige Gemeinsamkeiten mit der Arbeit über den Wolken – ganz praktische, manchmal bildhafte, immer anschauliche.

Weil unsere Tätigkeit sicherheitsrelevant ist, investieren unsere Arbeitgeber, die Airlines, Millionen in die Ausbildung jedes einzelnen Piloten. Ein Pilot, der seinem Job nicht gewachsen ist, kann nicht nur astronomische Kosten verursachen; er kann auch Katastrophen auslösen. Davon hören wir hin und wieder – denn wenn sich ein Flugzeugunglück ereignet, dann erregt das viel Aufsehen. Statistisch betrachtet ist das Risiko schlimmer Unfälle in der Luftfahrt dagegen verschwindend gering. Die Strategien, die ich Ihnen in diesem Buch vorstelle, sind dafür ein maßgeblicher Grund.

Ob Sie Ihre Karriere planen, ein persönliches Projekt vorantreiben oder Ihr Leben komplett umkrempeln wollen: In diesem Buch werden Sie zahlreiche Einsichten gewinnen und praktische Hilfestellungen finden, die sonst den Profipiloten vorbehalten sind. Ich möchte für Sie das tun, was ich auch für meine Passagiere tue: Ihnen helfen, Ihr Ziel sicher zu erreichen. Ganz unabhängig davon, was Sie sich vorgenommen haben. Ich möchte Ihnen zeigen, wie Piloten das gelingt, was heute in jedermanns Alltag gefordert ist: Spitzenleistung auf Abruf – Tag für Tag. Wie es möglich ist, die eigene Leistungsfähigkeit dauerhaft zu erhalten – auch in den widrigsten Situationen und unter enormem Stress. Ich möchte Ihnen helfen, in jeder Lebenslage souverän zu agieren und Ihre persönlichen Herausforderungen mit Erfolg zu meistern. Abheben, navigieren und punktgenau landen – sicher und bei bester Gesundheit.

Die zehn Kapitel dieses Buches behandeln je eine grundlegende Strategie mit vielen zusätzlichen Tipps und Techniken, die in der Luftfahrt über Erfolg und Misserfolg entscheiden. Manchmal sogar über Leben und Tod. Sie betreffen Themenfelder, mit denen auch Sie täglich zu tun haben: Prioritätensetzung, mentale Stärke, Verantwortung, Zielerfassung, vorausschauendes Handeln, Entscheidungen, Lernen aus Fehlern, Kommunikation, Teamwork, Umgang mit persönlichen Ressourcen.

In Kombination bieten diese zehn Strategien umfassende Orientierung für ein erfolgreiches, glückliches und gesundes Leben. Sie helfen Ihnen dabei, Schritt für Schritt Ihre Träume zu verwirklichen. Sie dienen Ihnen als Handbuch und Checkliste, um Ihr anspruchsvolles Leben erfolgreich zu bewältigen. Sie liefern Ihnen darüber hinaus Anreize, über sich selbst hinauszuwachsen, wenn Sie dazu bereit sind.

Wie ein erfülltes Leben soll auch dieses Buch spannend für Sie sein. Ich erkläre Ihnen nicht einfach nur Strategien – ich erzähle Ihnen auch eine Menge Geschichten aus der Luftfahrt. Nicht um der puren Unterhaltung willen natürlich. Sondern um Ihnen zu verdeutlichen, welche Bedeutung die Methoden in konkreten Situationen über den Wolken haben und wie sie sich auf Ihre konkrete Lebenssituation übertragen lassen. Die meisten Ereignisse, die ich Ihnen hier schildere, habe ich selbst erlebt, und mein Leben wäre heute ein anderes, wenn ich diese Erfahrungen nicht gemacht hätte.

Wahrscheinlich wäre ich nicht mehr am Leben, wenn die Strategien hinter den Storys nicht so unglaublich effektiv wären. Mit Sicherheit jedoch wäre ich nie auf die Idee gekommen, dieses Buch zu schreiben, wenn sie in meinem Leben keine so großen Veränderungen bewirkt hätten. Wofür Sie auch brennen; worin Ihre Leidenschaft auch liegen mag; wie Ihre Ziele im Leben auch aussehen mögen – die zehn Strategien der Berufspiloten werden Ihnen in Ihrem persönlichen Cockpit dabei helfen, sicher ans Ziel zu gelangen.

Boarding completed. Danke, dass Sie mit mir fliegen. Schnallen Sie sich bitte an – es geht steil nach oben. Es kann unterwegs durchaus zu Turbulenzen kommen. Aber die gehören nun mal zum Leben, pardon: zum Fliegen, dazu.

Happy Landings!
Ihr *Philip Keil*

KAPITEL 1

Aviate, Navigate, Evaluate: Die richtige Handlungsreihenfolge einhalten

Ein heftiger Schlag trifft meine Boeing 737–800. Im Cockpit bricht die Hölle los: »Windshear, Windshear!«, schlägt eine elektronische Stimme Alarm. Über dem künstlichen Horizont direkt vor mir steht in großen roten Lettern dieselbe drohende Warnung. Die Geschwindigkeitsanzeige blinkt gelb. Das Steuerhorn in meinen Händen fängt an, stark zu vibrieren. Die Signale sind eindeutig: Wir befinden uns im fliegerischen Ausnahmezustand.

Während all das geschieht, spüre ich, wie die Strömung an den Tragflächen abreißt und die Maschine zu fallen beginnt. Als hätten wir bisher an einem unsichtbaren Seil gehangen, das plötzlich gekappt worden ist.

Bis nach unten sind es 150 Meter. In diesem Moment denke ich nicht darüber nach, doch ich weiß: Ich habe jetzt noch etwa zwei Sekunden, um das Richtige zu tun. Zwei Sekunden, um zu verhindern, dass meine Maschine abstürzt. Zwei Sekunden, um mich und etwa 200 Menschen vor dem Undenkbaren zu bewahren.

(K)ein Tag wie jeder andere

Mein Wecker hat um 3:30 Uhr geklingelt. Keine ungewöhnliche Zeit für einen Piloten: Vier Starts und Landungen innerhalb eines 16-Stunden-Arbeitstages sind nicht selten. An diesem Tag sind es zwei Strecken, von München nach Ägypten und wieder zurück. Den Hinflug nach Hurghada, in Ägypten direkt am Roten Meer gelegen, hat mein Kollege Thomas gesteuert, während ich neben ihm saß – als »Pilot Monitoring«, also »überwachender Pilot«. Viereinhalb Stunden hat der Flug gedauert. Bei Temperaturen von etwa 40 Grad und strahlend blauem Himmel haben wir den Landeanflug vor traumhafter Kulisse auf Sicht durchgeführt: vor den Sanddünen entlang der Küstenlinie schimmerten unter dem Wasser die roten Korallenriffe, für die Hurghada bei Tauchern und Schnorchlern beliebt ist. Der unbeschreibliche Anblick entschädigt mich für die kurze Nacht. Es sind solche Momente, die meinen Beruf so besonders machen.

Beim einstündigen Aufenthalt auf dem kleinen Flughafen ist die Maschine neu betankt, das Catering verstaut, die Passagierkabine gereinigt und der obligatorische Sicherheitscheck durchgeführt worden.

Beim Rückweg bin ich nun der »Pilot Flying«, der die mit braun gebrannten Urlaubern voll besetzte Maschine zurück nach München steuert, während Thomas die Rolle des »Pilot Monitoring« übernimmt. Alles verläuft nach Plan. »You are cleared for Line-up and Takeoff on Runway 16. Wind 140 degrees, 15 knots, gusting 25 knots«, gibt uns der Lotse im Tower mit starkem arabischen Akzent die Startfreigabe. Die Mitteilung der Windgeschwindigkeit, in diesem Fall etwa 28 km/h mit Böen bis 46 km/h, ist obligatorisch, damit die Piloten diesen Faktor berücksichtigen können. Dass heute ein tückischer Wind herrscht, haben wir schon beim Landeanflug vor einer Stunde gemerkt. Die

Landebahn wurde gedreht, das heißt: Aufgrund des Wechsels der Windrichtung haben wir aus der entgegengesetzten Richtung aufgesetzt.

Jetzt bin ich dran. Ein Start wie Tausende andere, die ich absolviert habe: Beherzt schiebe ich die Schubhebel nach vorn. Mit etwas Verzögerung heulen die Triebwerke auf und fahren binnen Sekunden auf volle Kraft hoch. Die 26.000 PS der Boeing drücken uns in die Sitze und das Flugzeug beschleunigt, bis der Computer das Erreichen von »V1« meldet. Das ist die kritische Geschwindigkeit, nach deren Erreichen der Startvorgang nicht mehr abgebrochen werden kann – in diesem Fall etwa 290 km/h. Geht von diesem Moment an etwas schief, muss der Pilot trotzdem »airborne« gehen, also abheben – sonst würde das Flugzeug über die Startbahn hinausschießen.

Nichts geht schief. Noch nicht. Thomas gibt mir das obligatorische Kommando »Rotate« und ich ziehe langsam und gleichmäßig am Steuerhorn. Kurz darauf spüre ich, wie der Sog an den Tragflächen unser 80 Tonnen schweres Fluggerät sanft nach oben zieht. Vor der Windschutzscheibe des Cockpits weicht das Grau der Startbahn dem Blau des Himmels, während es immer steiler nach oben geht.

Ein Start wie aus dem Lehrbuch. In konzentrierter Ruhe, noch immer durch die Beschleunigung in den Sitz gepresst, gebe ich Thomas die Anweisung »Gear up« – Fahrwerk einfahren. Dann leite ich eine steile Linkskurve ein, um das Flugzeug auf die gewünschte Route in Richtung Norden zu lenken. Wir befinden uns jetzt etwa 150 Meter über dem Boden und sind seit ungefähr zehn Sekunden in der Luft.

Plötzlich wird die Maschine leicht durchgeschüttelt und sackt ein wenig ab. Damit rechnet ein Pilot bei jedem Start in Ägypten: Der Wüstensand erhitzt die bodennahe Luft, die aufsteigt und für Verwirbelungen sorgt. Solche thermischen Turbulenzen hat jeder Flugreisende schon erlebt. Für einen Piloten stellen sie keinen Grund zur Beunruhigung dar.

Doch nur einen Wimpernschlag später kommt dieser brutale Schlag. Dann geht alles sehr schnell.

Noch bevor das Warnorchester der Bordelektronik anhebt, hat mein Gehirn den Vorgang mit der kompletten Erinnerungsdatenbank aller meiner bisherigen Flüge abgeglichen und keinen Treffer gefunden. Das hier ist keine Turbulenz mehr. Das ist überhaupt nichts, was ich außerhalb eines Flugsimulators schon einmal erlebt habe. Doch ich weiß sofort, was es ist.

Wir sind von einer Windscherung erfasst worden. Eines der seltensten Phänomene, die es in der Luftfahrt gibt, und eines der gefährlichsten. Vereinfacht gesagt ist eine Windscherung ein plötzlicher, heftiger Windstoß, der zwei Zonen mit stark unterschiedlichem Luftdruck ausgleicht.

Der Zeitpunkt dafür ist denkbar ungünstig. Immerhin befinden wir uns noch immer mitten im Beschleunigungsvorgang und im Steigflug. Wir liegen schräg in der Luft, gleichzeitig nach hinten und nach links gekippt. In dieser Flugphase ist die Maschine durch die noch relativ niedrige Geschwindigkeit in geringer Höhe vergleichsweise sensibel für thermische Störungen. Ein Flugzeug braucht einen stabilen Luftstrom um die Tragflächen, um sicher in der Luft zu liegen. Sogar ein Triebwerksausfall ist weniger gefährlich als eine Windscherung, denn auch mit einem Triebwerk bleibt das Flugzeug noch manövrierbar – solange es Auftrieb hat.

Doch ohne Strömung an den Tragflächen ist eine Boeing einfach nur ein Klotz von 80 Tonnen, der vom Himmel fällt wie ein Stein.

Genau das geschieht gerade. Wir fallen einfach aus dem Himmel. Ungefähr zwei Sekunden lang, während ich reagiere. Zwei weitere, dann wäre es zu spät für das sogenannte »Escape-Manöver« und die Schwerkraft würde gewinnen. Mein Gehirn wird mit Adrenalin geflutet. Ich bin so wach wie noch nie. Eben noch habe ich konzentriert den Routineablauf beim Startvorgang durchgeführt, jetzt funktioniere ich praktisch automatisch. Ich bin im Überlebensmodus. Alles andere ist ausgeblendet. Die akustischen Warngeräusche bilden nur noch einen Klangteppich, die Cockpitanzeigen sind jetzt unerheblich. Die panischen Schreie einiger Passagiere aus der Kabine nehme ich nicht wahr. Auch sonst nichts – nicht einmal dieses seltsame Gefühl in der Bauchgegend, das der freie Fall erzeugt.

Mein Gehirn ist ausschließlich auf eines fokussiert: Aviate – das Flugzeug unter Kontrolle zu bringen.

In diesen Sekundenbruchteilen treffe ich keine überlegte Entscheidung. Ich folge einem abgespeicherten Reflex, den ich in unzähligen Stunden im Flugsimulator wieder und wieder gefestigt habe. Wohlgemerkt: einem *antrainierten* Reflex, keinem Instinkt. Der Instinkt würde sagen: Wir verlieren an Höhe, also bring die Kiste hoch, zieh das Steuerhorn nach hinten. Wenn ich diesem Instinkt jetzt nachgebe, würden wir wenige Sekunden später am Boden zerschellen. Ich wäre nicht der erste Pilot, dem dieser Fehler unterläuft; schon einige Maschinen sind auf diese Weise verunglückt.

Stattdessen drücke ich die Nase des Flugzeugs nach unten, indem ich das rüttelnde Steuerhorn gegen den Widerstand kraftvoll nach vorn schiebe. Gleichzeitig leite ich mit den Querrudern aggressiv die Kurve aus und drücke die Schubhebel bis zum Anschlag nach vorn, um an Geschwindigkeit zu gewinnen. Das ist die einzig sinnvolle Möglichkeit. Der einzige Weg, um wieder Strömung an die Tragflächen zu bekommen und den Luftwiderstand des Flugzeugs zu reduzieren.

Auf diese Reaktion bin ich in meiner Ausbildung gedrillt worden, und nur deshalb führe ich sie jetzt automatisch durch, ohne auch nur etwas anderes in Erwägung zu ziehen. Für Nachdenken wäre in diesem Moment, bei dieser Geschwindigkeit, in dieser Höhe keine Zeit.

Es dauert etwa zwei bis drei Sekunden, bis meine Reaktion Wirkung zeigt, die Triebwerke auf vollen Schub hochgefahren sind, die Aerodynamik greift und der Luftstrom das Flugzeug wieder zu tragen beginnt. Obwohl die elektronischen Warnsignale verstummen, weicht meine Anspannung kein Stück. Wer sagt denn, dass uns nicht eine weitere Windscherung erfasst? Erst als die Maschine eine Geschwindigkeit von 180 Knoten erreicht, etwa 330 km/h, kann ich sicher sein, dass sie sich stabilisiert hat.

Jetzt weiß ich: Wir werden überleben.

An diesem Punkt kann ich das Manöver wieder aufnehmen, das die Windscherung jäh unterbrochen hat: die steile Linkskurve, die uns nach Norden und Richtung München führen wird. Navigate – Orientieren und das Flugzeug auf Kurs bringen.

Als auch das geschafft ist, atme ich tief durch und aktiviere den Autopiloten. Dann spreche ich das erste Wort, seit die Windscherung unser Flugzeug getroffen hat. Ich kann es nicht zitieren, weil ich mich nicht genau daran erinnere. Allerdings nehme ich an, es wäre auch nicht zitierfähig gewesen.

Jetzt kommt der dritte Schritt: Evaluate – das Ereignis auswerten und nach vorn planen. Thomas setzt einen Funkspruch an den Tower ab, damit die Fluglotsen andere Piloten vor Windscherungen warnen können. Als er damit fertig ist, gebe ich ihm das Kommando: »Übernimm mal kurz. Ich sage der Cabin und den Passagieren Bescheid.« Per Bordtelefon informiere ich zuerst die Kabinencrew und schließlich wende ich mich direkt an die Passagiere. Ihnen erkläre ich, dass wir gerade mit einem sehr seltenen thermischen Problem konfrontiert waren und nun wieder alles unter Kontrolle ist. Dann arbeiten wir die »After-Takeoff-Checklist« ab, die nach jedem Start fällig ist.

Normalität tritt ein. Der Rest des Fluges verläuft ruhig. Kurz sprechen Thomas und ich darüber, was gerade vorgefallen ist. Dabei stellt sich heraus: Während ich damit beschäftigt war, das Flugzeug in der Luft zu halten, hatte Thomas, der darauf keinen Einfluss nehmen konnte, mit dem Schlimmsten gerechnet: Aus dem Seitenfenster blickend, hatte er die Stelle am Strand ins Visier genommen, an der wir runtergekommen wären.

Der Beinahe-Crash über Ägypten war das dramatischste Ereignis meiner bisherigen Pilotenlaufbahn. Weder zuvor noch danach habe ich etwas Vergleichbares erlebt. Dass ich Ihnen davon berichten kann, habe ich der Tatsache zu verdanken, dass ich diese Abfolge durch unablässiges Training während meiner Ausbildung und bei den regelmäßigen Trainingseinheiten im Flugsimulator verinnerlicht habe: Aviate, Navigate, Evaluate. Hätte ich diese Handlungsreihenfolge nicht eingehalten, hätten meine Passagiere, meine Crew und ich die Windscherung nicht überlebt.

Ich möchte Ihnen nun zeigen, wie diese Strategie auch Ihnen helfen kann, die Kontrolle zu behalten – oder zu übernehmen. Im Alltag wie auch im Ausnahmezustand.

Von wegen grenzenlose Freiheit: Klare Prioritäten über den Wolken

Im Cockpit bedeutet methodisches Arbeiten mehr, als den Arbeitstag sinnvoll zu strukturieren: Es ist überlebenswichtig. Damit Sie unversehrt und pünktlich bei Ihrem Termin oder im Urlaub ankommen, folgt die Besatzung jedes Flugzeugs klaren, detailliert festgelegten Regeln. Ohne die geht es nicht.

In die Ausbildung von Piloten werden Millionen investiert. Aber: Piloten sind auch nur Menschen. In einem Cockpit prallen genauso Charaktere aneinander wie an jedem anderen Arbeitsplatz, und auch bei uns bringt jeder Arbeitstag seine eigenen Herausforderungen mit sich. Mit dem Unterschied, dass in kaum einem anderen Beruf so viel Input auf den Arbeitenden einströmt. Damit wir vor dieser Kulisse reibungslos zusammenarbeiten, die Flugsicherheit zu jedem Zeitpunkt gewährleistet ist und wir immer die Leistung erbringen, die Sie als Passagier von uns erwarten, gehen wir bei unseren Aufgaben sehr strukturiert vor. In der Fliegerei nennen wir das »Workload Management«. Es regelt die Prioritätensetzung über den Wolken. Es beschreibt die Kunst, in jeder Situation den Blick für das Wesentliche zu haben.

Über den Wolken herrscht also keineswegs grenzenlose Freiheit. Vielmehr folgen wir sehr klaren Prioritäten.

Egal, was Sie beruflich tun: Sie werden keine Schwierigkeiten haben, sich vorzustellen, wie sinnvoll Workload Management ist. Jeder von uns sieht sich in seinem persönlichen »Cockpit« tagtäglich mit unzähligen äußeren Einflüssen konfrontiert, die wir nicht oder nur bedingt steuern können. Allerdings haben wir Einfluss darauf, wie wir diesen Inputs von außen begegnen. Das Workload Management unterstützt uns dabei.

Vielleicht logiert am Arbeitsplatz neben Ihnen ein schrecklich anstrengender Kollege, der Sie gern mit Einwürfen von der Seite nervt, ununterbrochen den Kuli klicken lässt und viel zu laut telefoniert. Ihr eigenes Telefon klingelt partout immer dann, wenn Sie es am wenigsten brauchen. Ihr E-Mail-Postfach quillt über. Das Handy macht nebenbei ständig irgendwelche Geräusche, die in den wenigsten Fällen etwas wirklich Wichtiges vermelden und Sie trotzdem ablenken. Wenn Sie gerade dabei sind, sich in eine wichtige Präsentation zu versenken, klopft es an der Tür und Ihr Chef knallt Ihnen einen Stapel Akten auf den Tisch. »Schnellstmöglich bearbeiten, bitte!«, und schon ist er wieder weg. Genau wie Ihre Konzentration.

Kein Wunder also, dass die meiste Energie und Zeit im Laufe eines Arbeitstages einfach verpufft. Der Nutzungsgrad des menschlichen Leistungspotenzials liegt in der deutschen Wirtschaft nach Schätzungen nur bei 30 bis 40 Prozent. Viele Menschen arbeiten alles andere als effektiv – weil ihnen Strategien fehlen, mit all dem Input strukturiert umzugehen.

Genau dieser Zustand sorgt dafür, dass sich der Großteil der deutschen Bevölkerung subjektiv einem hohen Stresslevel ausgesetzt sieht. Die meisten sind aber in erster Linie nicht gestresst, weil sie zu viel arbeiten. Sondern weil sie zu oft eigentlich eben nicht arbeiten, während sie arbeiten. Zu diesem Schluss kommt auch Prof. Fredmund Malik: Stress empfinden wir wegen Mängeln in unserer Arbeitsweise, nicht wegen zu viel Arbeit.[1] Es sind die ineffizienten, sinn- und ergebnislosen Schlachten auf den Nebenkriegsschauplätzen, die uns krank machen und zu immer mehr psychosomatisch bedingten Ausfalltagen führen.

Wenn Sie klaren Regeln im Umgang mit all dem Input folgen, der Sie täglich bestürmt, können Sie also nicht nur effektiver arbeiten, sondern auch gesünder. Ein gutes Workload Management, wie ich es Ihnen auf den nächsten Seiten beschreiben möchte, macht Sie erfolgreicher und glücklicher, weil es Sie entlastet und Ihnen hilft, sich zu fokussieren. Was Piloten im Cockpit dabei unterstützt, jederzeit Höchstleistungen abrufen zu können und Verantwortung für das Leben ihrer Passagiere zu übernehmen, kann ganz bestimmt auch Ihnen dienlich sein!

Aviate, Navigate, Evaluate: Immer schön der Reihe nach

Bevor wir einige konkrete Maßnahmen betrachten, wie Sie sich im Alltag selbst entlasten und gleichzeitig Ihre Leistungsfähigkeit steigern können, indem Sie Ihre Prioritäten sinnvoll setzen, sehen wir uns einmal genauer an, was die einzelnen Schritte – Aviate, Navigate, Evaluate – im Pilotenalltag bedeuten.

Aviate: Das Flugzeug fliegen

Im Zuge meiner Ausbildung habe ich gelernt, dass die erste Priorität im Cockpit unumstößlich immer die gleiche ist. Ganz egal, was gerade passiert – ein Triebwerksausfall, eine Windscherung, eine hübsche Flugbegleiterin, die mir einen Kaffee bringt, oder ein Marsmännchen, das plötzlich an der Cockpitscheibe klebt –, immer gilt die Regel: »Fly the aircraft first!« Das Flugzeug sicher zu führen hat Vorrang vor *allem* anderen.

Auf den ersten Blick wirkt diese Regel sehr offensichtlich: Was soll ein Pilot denn bitte sonst tun, als das Flugzeug zu fliegen?

Vor allem auf optische und akustische Reize springen wir Menschen unwillkürlich an, und unsere Aufmerksamkeit verlagert sich. Das Gehirn ist verwirrt und sucht nach Orientierung. In Situationen wie dem Beinahe-Crash in Ägypten wirken innerhalb weniger Sekunden unzählige Stressoren auf mich ein: der komplexe Ablauf des Flugmanövers, den ich penibel befolgen muss; die physischen Kräfte, die plötzlich an Bord wirkten; ein vibrierendes Steuerhorn, das einen viel höheren Kraftaufwand erfordert; die blinkenden Warnungen der Bordelektronik; kurzfristige Panik in der Passagierkabine; der Funkverkehr mit dem Tower.

Bei einem untrainierten Menschen wäre der erste Reflex in diesem Chaos, auf die Stressoren zu reagieren. Als mein Gehirn mir meldete: »Windscherung!«, wäre eine naheliegende Folgehandlung zum Beispiel der Blick auf den Höhenmesser gewesen – um festzustellen, wie viel Spielraum ich noch für mein Ausgleichsmanöver hatte. Das wäre jedoch ein fataler Fehler gewesen. Dieser Blick und die darauf folgende Überschlagsrechnung im Kopf hätten wahrscheinlich genau die ein, zwei Sekunden gedauert, die letztendlich über Leben und Tod entschieden haben. Ich musste *der Versuchung widerstehen.* Dieser und allen anderen intuitiven Reaktionen auf das Chaos um mich herum. Ohne darüber nachzudenken – automatisch. Weil ich darauf trainiert bin, konnte ich den Instinkt unterdrücken und mich ausschließlich den notwendigen Steuerbewegungen widmen, bevor ich irgendetwas anderes tat. Um diese Priorität so tief zu verinnerlichen, dass sie auch in einer extremen Stresssituation greift, muss die richtige Handlungsreihenfolge ständig wiederholt und vertieft werden.

Sie können das mit der Situation vergleichen, wenn Sie im dichten Verkehr mit dem Auto unterwegs sind und auf dem Beifahrersitz Ihr Handy klingelt. Was tun Sie? Genau: Sie schauen hin. Sie wollen wissen, wer dran ist, und überlegen dann, was derjenige von Ihnen will und ob Sie den Anruf annehmen sollten. Wenn in diesem Moment das Fahrzeug vor Ihnen plötzlich bremst, wird das für Sie ein teures Telefonat.

Navigate: Orientieren und das Flugzeug auf Kurs bringen

Erst wenn das Flugzeug sicher fliegt, kann der nächste Schritt erfolgen: den richtigen Kurs einzunehmen. Auch das kann je nach Situation ein anspruchsvolles Unterfangen sein, denn ab hier kommen weitere Faktoren ins Spiel. Berge, Türme, Baukräne, Brücken, Gebäude: Die Hindernisfreiheit ist nur in einem engen Korridor entlang der Abflugroute gewährleistet. Vielerorts sind höhere Hindernisse (wie etwa Berge) kein unmittelbares Problem. Nach meinem Windshear-Escape-Manöver über Hurghada hatte ich genügend Platz, um die Maschine auf eine angemessene Höhe zu bringen, bevor ich die steile Linkskurve einleitete, die uns wieder auf Kurs brachte. In Salzburg dagegen wäre es verdammt eng geworden. Wenn Sie dort in Richtung Süden starten, müssen Sie aus einem engen Tal hinaus, und das erfordert wenige Sekunden nach dem Start eine 180-Grad-Linkskurve. Windscherung, Triebwerksausfall, Marsmännchen hin oder her.

Deshalb muss sofort nachdem das Flugzeug unter Kontrolle ist, die nächste Frage lauten: Stehen uns Hindernisse im Weg? Und wenn ja: Wie können wir ihnen ausweichen?

Die Unterscheidung zwischen Navigate und Aviate hat an diesem Punkt mit der Differenzierung und Gewichtung von »dringend« und »wichtig« zu tun, die uns auch im Alltag oft vor schwierige Entscheidungen stellt. Klar müssen Sie auf den Berg achten, auf den Sie zufliegen. Solange Ihr Flugzeug aber einfach senkrecht abzustürzen droht, ist der Berg Ihr geringeres Problem. Wichtig sind beide, doch Aviate ist in diesem Moment wichtig *und* dringend. Betrachten Sie es mal aus dieser Perspektive, wenn bei Ihnen das nächste Mal Aufgaben mit unterschiedlichen Wichtigkeits- und Dringlichkeitsgraden kollidieren. Wollen Sie lieber brav auf Kurs bleiben und den Crash riskieren – oder erst einmal die Kiste oben halten und dann überlegt ans Navigieren gehen? Wenn Sie vorher abstürzen, spielt der nächste Schritt nämlich keine Rolle mehr.

Evaluate: Das Ereignis auswerten und nach vorn planen

Dieser dritte Schritt umfasst im Cockpit sehr viele einzelne Handlungen. Die erste ist die Problemanalyse. Über Hurghada hätte sie zum Beispiel dann eine wichtige Rolle gespielt, wenn wir durch die Windscherung oder das radikale Manöver einen Schaden am Flugzeug erlitten und dessen Folgen abschätzen hätten müssen. Ein weiteres mögliches Szenario: Ein Fluggast hätte sich durch die heftige Turbulenz und den darauffolgenden freien Fall ernsthaft verletzen können, weil er den Sitzgurt nicht geschlossen hatte. In diesem Fall hätten wir umkehren oder sofort den nächstgelegenen Flughafen ansteuern müssen. Dann die Benachrichtigung der Fluglotsen am Boden: Wir mussten den Vorfall melden, um andere Piloten zu warnen. Weiter: Checklisten lesen und im Fall eines Schadens entscheiden, ob Wetter, Länge der Landebahn und Gewicht der Maschine eine sofortige Landung zulassen oder ein Ausweichflughafen angesteuert werden muss. Schließlich die Benachrichtigung der Kabinencrew und der Passagiere.

Diese Schritte sind im Unternehmensalltag vergleichbar mit den klassischen organisatorischen Managementaufgaben, die immer durchzuführen sind. Ganz egal, ob alles läuft wie immer oder Ausnahmezustand herrscht. Eine alleinerziehende Mutter kennt vergleichbare Situationen, wenn beispielsweise ein Kind krank geworden ist und zum Arzt muss: Sobald die medizinische Versorgung gewährleistet ist, muss sie irgendwie auch die übrigen To-dos des Tages neu sortieren und dann geordnet abarbeiten.

Der dritte Schritt, Evaluate, dient also dazu, die Folgen des Geschehenen abzuschätzen und auf dieser Erwägung aufbauend, die nächsten Aufgaben sinnvoll zu strukturieren.

Kontrolle, Orientierung und Analyse: Das ist die Handlungsreihenfolge, die in Gefahrenmomenten genauso wie im Alltag hilft, gezielt, statt kopflos vorzugehen. Zu agieren, statt zu reagieren. Das Leben im Griff zu haben, anstatt sich von jedem Windstoß aus der Bahn werfen zu lassen. Erfolgreich zu sein, statt sich abzuarbeiten. Entspannt, statt getrieben zu sein.

Nachdem das Prinzip klar ist, werden Sie zu Recht fragen: Welche Maßnahmen kann ich ergreifen, um in meinem Leben, in meinem Alltag klar zu priorisieren und immer den richtigen Schritt zur richtigen Zeit zu setzen? Einige Werkzeuge, die ebenfalls dem Pilotenalltag entlehnt sind, können Ihnen dabei helfen.

Vorbereitung ist das halbe (Über-)Leben

Piloten führen über den gesamten Flug ein Logbuch – bereits vor dem Start und bis nach der Landung. Darin werden sämtliche relevanten Informationen akribisch erfasst. Dazu gehören zum Beispiel die genaue Streckendistanz, die zur Verfügung stehende Kraftstoffmenge, die exakte Flugzeit, das Gewicht einschließlich Kraftstoff, Passagieren und Gepäck, die Flughöhe innerhalb der verschiedenen Flugabschnitte, die Wetterbedingungen in den zu überfliegenden Gebieten und vieles andere mehr.

Entscheidend ist: Diese Daten werden nicht mal eben während des Fluges nach Gutdünken eingetragen wie in einem schlampig geführten Fahrtenbuch. Vielmehr werden sie im Voraus erfasst und während des Fluges fortlaufend an einem der zahlreichen Satellitenwegpunkte auf Abweichungen hin kontrolliert. Nur so behält der Pilot den Überblick, ob der Flug planmäßig verläuft. Durch das Logbuch ist er immer auf dem Laufenden darüber, ob zum Beispiel das Kerosin tatsächlich bis zum Zielflughafen reicht, er immer im vorgesehenen Korridor unterwegs ist und alle anderen Parameter stimmen.

Hätte etwa die Bodencrew beim Betanken des Flugzeugs einen Fehler gemacht und zu wenig Kerosin getankt, würde er das noch vor dem Abheben bemerken – weil er den Füllstand kontrolliert, wenn er die entsprechende Checkliste vor dem Start durchgeht. Würde das Flugzeug aus irgendeinem Grund unterwegs mehr Kraftstoff verbrauchen oder verlieren, würde er auch das nicht erst feststellen, wenn plötzlich die Triebwerke streiken – sondern spätestens am nächsten Satellitenwegpunkt, an dem er Soll und Ist anhand des Logbuchs miteinander vergleicht.

Das ist der große Vorteil einer detaillierten Planung: Sie wissen immer, wo Sie gerade stehen. Sie haben den Tag im Griff. Sie wissen, wo Sie hinwollen – anstatt die Dinge zu nehmen, wie sie kommen. Wie ist es bei Ihnen? Kennen Sie zu jeder Zeit Ihren Ist- und Ihren Sollzustand?

Das Logbuch: Den Tag schriftlich planen

Bei den vielen Aufgaben und Einflussgrößen, die Piloten zu berücksichtigen haben, ist es unerlässlich, dass unsere Planung in Form eines Logbuchs schriftlich vorliegt, damit sie uns nicht zusätzlich mental belastet. Sie tun sich einen großen Gefallen damit, es bei der Planung Ihres Arbeitstages genauso zu halten. In Stresssituationen ist das Letzte, was Sie brauchen, eine Gedächtnislücke. Vielleicht wenden Sie an dieser Stelle ein: »Schön für Piloten, dass ihnen Vorhersagen zur Verfügung stehen, auf die sie sich im Normalfall verlassen können. In meinem Job, in meinem Leben ist mir das leider nicht vergönnt; ich weiß nie, was mich morgen erwartet.« Ich kann Ihnen aber versichern: Piloten geht es oft nicht anders. Auch bei uns treten viele Parameter nicht so ein, wie erwartet. Gerade dann, in schwer prognostizierbaren Situationen und bei nur bedingt planbaren Aufgaben, sind ein systematisches Vorgehen und eine möglichst genaue Organisation wichtig, um nicht zum Getriebenen zu werden. In diesen Momenten ist ein Hilfsmittel wie das Logbuch besonders hilfreich.

Stellen Sie sich vor, ich würde in einer kritischen Situation in der Luft alles richtig machen – aber vergessen, dem »Pilot Monitoring« das Signal zum Ausfahren des Fahrwerks zu geben, bevor wir landen! Sie können und Sie müssen nicht an alles denken, wenn um Sie herum das Chaos ausbricht und Sie sich zusätzlich mit lauter unvorhergesehenen Faktoren herumschlagen müssen.

Eine schriftliche Planung hat erwiesene Vorteile:

- *Jedes Wort, das wir laut aussprechen oder zu Papier bringen, besitzt etwa zehnmal so viel Macht wie der reine Gedanke.*

Der Grund ist simpel: Je mehr Sinne eine Botschaft anspricht, desto intensiver wird sie vom Unterbewusstsein aufgenommen. Vielleicht kennen Sie das aus der Schule oder aus der Uni: Sie hatten sich zur Vorbereitung auf eine Klausur einen Spickzettel geschrieben und – als reinen Notfallplan, versteht sich – in Ihrer Hosentasche verstaut. Doch als Sie in der Klausur bei Ihrem großen Angstthema angekommen waren, haben Sie festgestellt, dass Sie ihn gar nicht brauchen. Warum? Allein durch das Aufschreiben ist viel mehr hängen geblieben, als Sie durch bloßes Lesen verinnerlicht hätten.

Ein weiterer neurologischer Effekt der Schriftform:

- *Die Struktur schriftlicher Gedächtnishilfen unterstützt das Gehirn durch optische Zielerfassung.*

Ein schriftlicher Plan vertieft also nicht nur die Kenntnis der Inhalte, sondern verschafft Ihnen auch einen besseren Überblick. Strukturelemente wie Überschriften, Aufzählungen und Nummerierungen lassen sich leicht auf einen Blick erfassen und gehen dadurch schneller in Fleisch und Blut über.

Ich kann Ihnen zum Beispiel aus dem Stand sagen, dass die Kontrolle des Kraftstoffvorrats in der Checkliste vor dem Start an dritter Stelle steht. Obwohl ich sie gar nicht im Kopf haben müsste, kann ich alle Checklisten auswendig. Die Schriftform erzeugt präventive Sicherheit: Ein schriftlich festgehaltener Ablauf wird verlässlich, weil vorhersehbar.

Ein weiterer Vorteil schriftlicher Planung:

- Jeder Punkt auf der Liste, den Sie im Laufe des Tages abhaken, verschafft Ihnen ein kleines Erfolgserlebnis.

»Das wäre geschafft.« Das fördert die Motivation, den nächsten Schritt anzupacken und Ihre Tagesziele zu erreichen – und auch das Gefühl, sie tatsächlich erreichen zu *können.* Sie denken und handeln fokussierter, ohne sich dazu zwingen zu müssen. Das Abhaken von Punkten auf einer Checkliste hat einen motivierenden Effekt.

Allein Ihre Tagesplanung zu verschriftlichen, sorgt also für eine massive Entlastung – und damit für mehr freie Kapazitäten in Ihrem Kopf. Die sind nötig, damit Sie sich voll auf Ihre eigentlichen Aufgaben konzentrieren können. Müssten Sie bei jeder Aufgabe schon angestrengt überlegen, was Sie wohl sinnvollerweise als Nächstes tun sollten, ginge allein dafür ein erheblicher Teil Ihrer Energie und Konzentration drauf. Ihre Effektivität würde leiden.

Ersparen Sie sich unnötigen Stress, indem Sie Ihre Planung für den nächsten Arbeitstag schon am Vortag fixieren – wie ein Pilot vor dem Flug. Wenn Sie dann morgens das Büro betreten und den Schubhebel, pardon, den Computer hochfahren, können Sie sich entspannt auf diese Liste berufen. Das ist deutlich effizienter, als sich von dem treiben zu lassen, was beim Öffnen des Posteingangs auf Sie einprasselt.

Zuerst die Kuh vom Eis holen: Aufgaben nach Wichtigkeit kategorisieren

Natürlich könnte es sein, dass es in Ihrem Job unerlässlich ist, morgens zuerst auf bestimmte E-Mails zu reagieren. Dann ist das eben der erste Punkt auf Ihrer Checkliste für den Tag. In vielen Berufen ist genau das jedoch nicht sinnvoll – zwar »dringend«, aber nicht »wichtig«. Deshalb ist es von großer Bedeutung, innerhalb der Checkliste für den Tag die Prioritäten richtig zu setzen. Die Wichtigkeit der einzelnen Aufgaben richtig einzuschätzen und zu kategorisieren, ist dafür zentral. Die Handlungsreihenfolge Aviate, Navigate, Evaluate kann Ihnen dabei helfen.

Nicht nur Führungskräfte müssen sich heute jeden Tag innerhalb eines komplexen Aufgabengebiets orientieren. Auch Angestellte und Selbstständige sind oft gleichzeitig für Akquise, Projektplanung, Marketing, Qualitätskontrolle und vieles mehr zuständig. Der Stress, den allein schon die Komplexität verursacht, lässt sich reduzieren, indem Sie sich bei jedem Punkt auf Ihrer Checkliste für den Tag folgende Fragen stellen:

1. *Aviate:* Welche Aufgaben muss ich zwingend ausführen, damit ich nicht abstürze? Sie haben Vorrang vor allen anderen und müssen auf jeden Fall schnellstmöglich erledigt werden.
2. *Navigate:* Welche Aufgaben sorgen dafür, dass das Projekt auf Kurs bleibt, sind aber (noch) nicht existenziell? Diese To-dos sind als Nächstes dran.
3. *Evaluate:* Wie wirken sich die vorherigen Aufgaben darauf aus, wie es mit meinen Projekten weitergeht, und welche Maßnahmen kann bzw. muss ich einleiten, um mit Blick auf die nächsten Etappenziele die Zielerreichung zu gewährleisten? Diese To-dos stehen in ihrer Priorität hinter den anderen.

Beachten Sie bei aller Effizienz jedoch: Alle drei Kategorien sind wichtig für den Erfolg. Die Priorisierung nach Wichtigkeit darf Ihnen nie als Ausrede dienen, um ungeliebte Aufgaben dauerhaft wegzulassen oder immer weiter nach hinten zu verschieben. Auch ein unscheinbarer Tagesordnungspunkt wie die Vorbereitung auf einen Termin in der Folgewoche wird irgendwann dringend – und verdrängt dann vielleicht wichtige Aufgaben zu einem ungünstigen Zeitpunkt. Damit es nicht dazu kommt, sollte die Planung immer möglichst realistisch sein: Nehmen Sie sich nur so viel vor, wie Sie an diesem Tag bequem leisten können, minus Puffer für Unwägbarkeiten. Im Alltag könnten Sie etwa jeden Tag eine Stunde fest einplanen, die nur für diese »Zwischenfälle« reserviert ist.

Ließe ein Pilot zum Beispiel die Checkliste am Satellitenwegpunkt unterwegs weg, würde er vielleicht erst zu spät merken, dass der Treibstoff knapp wird – und später plötzlich in einer akuten Krise stecken, die leicht vermeidbar gewesen wäre.

Ein Beispiel, um das Prinzip der Kategorisierung zu verdeutlichen: Eine Führungskraft, nennen wir sie Kathrin, schreibt ihre Checkliste für den nächsten Tag. Folgende Aufgaben stehen an:

- *Eine Präsentation vor dem Vorstand in der nächsten Woche ausarbeiten.*
- *Einen Projektplan im firmeninternen Netzwerk aktualisieren.*
- *Einen verärgerten Kunden beschwichtigen.*

Sie merken schon: Diese Aufgaben zu priorisieren, ist nicht frei von Tücken. Nach dem Prinzip Aviate, Navigate, Evaluate kategorisiert, ergibt sich folgende Reihenfolge, die Sie vielleicht überraschen wird:

1. *Aviate: Den verärgerten Kunden beschwichtigen.*
2. *Navigate: Den Projektplan im firmeninternen Netzwerk aktualisieren.*
3. *Evaluate: Die Präsentation vor dem Vorstand ausarbeiten.*

Warum so und nicht anders? Einen genervten Kunden zu beschwichtigen, erscheint der gestressten Kathrin im Tagesgeschäft vielleicht unangenehm und überflüssig. Sie hat doch schon so viel zu tun – und da soll sie zuerst Telefonseelsorge betreiben?

Ja, sollte sie. Denn das kann im Zweifel den Auftrag retten. Die Maschine, also das Projekt, ist von einer Turbulenz erfasst worden – vielleicht folgt darauf eine gefährliche Windscherung und der Kunde droht, den Auftrag zu entziehen oder tut es einfach. Dann ist guter Rat buchstäblich teuer. Die Aufträge füttern die Firma und damit auch Kathrin. Die Kuh muss zuerst vom Eis, damit das Projekt sicher fliegt. Das ist der Unterschied zwischen ziel- und tätigkeitsorientiertem Planen und Handeln: Am Ende des Tages ist wichtig, *was* Sie geschafft haben – nicht, wie viel oder wie lange es gedauert hat.

Den Projektplan auf den neuesten Stand zu bringen, weil das Gespräch mit dem Kunden zum Beispiel vorgezogene Zwischenergebnisse erforderlich macht, wirkt auf den ersten Blick möglicherweise ebenfalls wie unangenehme Bürokratie. Kathrin hat das Timing ja im Kopf. Ihre Kollegen in der Produktentwicklung aber nicht. Sie brauchen Planungssicherheit, um ihre Kapazitäten einzutakten. Nur so bleibt das Projekt auf Kurs – eine wichtige Navigationsaufgabe.

Weil Kathrin vor dem Vorstand sprechen muss, erscheint ihr diese Aufgabe sicher besonders bedeutsam. Das Wohl der Firma hängt allerdings nicht daran. Das Tagesgeschäft geht vor. Sie sollte verbindliche Zeitfenster in den nächsten Tagen dafür einplanen und diese auch einhalten. Wenn ihr vor der Präsentation aber das Projekt mit dem unzufriedenen Kunden um die Ohren fliegt, kann sie das auch mit der besten Präsentation nicht mehr wettmachen.

Über die Priorisierung nach Wichtigkeit hinaus hilft Ihnen auch eine gewisse Regelmäßigkeit dabei, Struktur in Ihr Leben zu bringen. Sie erleichtern sich die Erfüllung Ihres Tagesplans, indem Sie fixe Zeiten an festgelegten Tagen für bestimmte Tätigkeiten einplanen. Auch dafür gibt es neurologisch fundierte Gründe: Unser Gehirn arbeitet in festen neuronalen Strukturen (s. dazu auch Kapitel 2). Eine neue Tätigkeit braucht ca. sechs Wochen, bis sie in Fleisch und Blut übergeht. Ist sie einmal verinnerlicht und findet regelmäßig statt, zum Beispiel donnerstags um 15 Uhr, müssen Sie irgendwann nicht mehr darüber nachdenken. Die Regelmäßigkeit entlastet Ihr Gehirn und reduziert Ihr Stresslevel.

Insbesondere wiederkehrende Standardaufgaben, wie E-Mails zu beantworten, fallen leichter, wenn sie regelmäßig in bestimmten Zeitfenstern stattfinden, die speziell dafür freigehalten werden. Auch Pausen sollten Sie keinesfalls dem Zufall überlassen, sondern fest einplanen. Sie sind vielleicht nicht dringend, für die Regeneration Ihres Gehirns jedoch immens wichtig!

Die letzte Handlung des Tages sollte immer die Erstellung einer detaillierten Aufgaben-Checkliste für den nächsten Tag sein. Sie sorgt dafür, dass Sie entlastet und stressfrei in den Feierabend gehen.

Wenn Spitzenleistungen gefragt sind: Single-Tasking

Ein modernes Verkehrsflugzeug ist voll von Instrumenten und Bedienelementen. Wollte der Pilot ständig alle im Auge haben, wäre er damit in seiner Wahrnehmungsfähigkeit überfordert. Eine Boeing 737–800, wie ich sie beim Beinahe-Crash über Hurghada flog, hat allein sechs Display-Einheiten von der Größe eines Tablet-PCs. Hinzu kommen Dutzende analoge Instrumente und noch mehr Schalter, Knöpfe und Lämpchen.

Was wäre nun, wenn die Bordelektronik einschließlich des Autopiloten ausfiele und keine der digitalen Hilfen mehr funktionieren würde?

Dann könnte ich das Flugzeug immer noch fliegen. Unter Einsatz meiner geistigen Fähigkeiten, meines Körpers und der puren Mechanik. Ich würde mich uneingeschränkt auf diese eine Aufgabe fokussieren, weil ich wüsste: Alle an Bord sind jetzt darauf angewiesen, dass ich mich mehr noch als sonst auf meine Kernkompetenz konzentriere.

Auch ohne Super-GAU, speziell in den kritischen Flugphasen wie Start oder Landung, beschäftigt sich der »Pilot Flying« allein mit den Handlungsabläufen, die für das aktuelle Manöver relevant sind. Alle anderen nicht zwingend notwendigen Arbeiten vermeiden wir in diesen Flugphasen. Seit einigen Jahren ist diese sinnvolle Regel sogar schriftlich fixiert, nachdem es in West Virginia am 19. Januar 2010 zu einem schweren, glücklicherweise jedoch glimpflich verlaufenen Zwischenfall gekommen war. Während des Startvorgangs hatten die beiden Piloten ein privates Gespräch geführt und dabei die Klappen für den Steigwinkel falsch eingestellt. In der Folge mussten sie den Start abbrechen und rollten beinahe über eine steile Klippe hinaus. Daraufhin führten die Federal Aviation Administration (FAA) und nach ihrem Vorbild weitere nationale Luftfahrt-Dachverbände die »Sterile Flight Deck Rule« ein – die Regel vom »sterilen Cockpit«. Sie untersagt Gespräche über jegliche nicht flugrelevanten Inhalte während der Rollphase, unterhalb von 10.000 Fuß (etwa 3.000 Meter) und in anderen kritischen Flugphasen.

Für das Prinzip der singulären Fokussierung auf die aktuelle Aufgabe gibt es gute Gründe, die in der Arbeitswelt lange Zeit ignoriert wurden. Jahrelang galten »Multitasker« in der Wirtschaft als ideale Mitarbeiter. Mittlerweile hat sich dieses Bild gewandelt. Forscher haben festgestellt, dass Multitasking die Wirtschaft in Wahrheit Milliarden kostet.[2]

Warum? Weil wir es schlichtweg nicht können. Studien haben nachgewiesen: Die Gleichzeitigkeit, die Multitaskern nachgesagt wurde, kann unser Gehirn in Wahrheit nicht leisten. Vielmehr bearbeiten wir die vermeintlich gleichzeitigen Aufgaben in sehr schneller Folge nacheinander und im dauernden Wechsel.[3] Wenn wir unsere Aufmerksamkeit teilen – zum Beispiel zwischen einem Telefonat und dem Posteingang auf dem Bildschirm –, springen wir also tatsächlich nur zwischen der einen und der anderen Tätigkeit hin und her. Mit anderen Worten: Wir unterbrechen uns permanent selbst bei der Arbeit. Jedes Mal reißt der Konzentrationsfaden und muss beim nächsten Wechsel wieder neu geknüpft werden. Die Folgen: suboptimale Ergebnisse – und ein Riesenstress fürs Gehirn.

Genau aus diesem Grund fokussieren sich Piloten in kritischen Flugphasen oder bei gefährlichen Vorkommnissen wie einer Windscherung allein auf das möglichst rudimentäre Handwerk des Fliegens: Das sichere Manövrieren des Flugzeugs mit den wichtigsten Steuerungsfunktionen und Instrumenten. Alles andere wird ausgeblendet. Dennoch ist eine rudimentäre Form des Multitasking in diesen Momenten im Cockpit nicht ganz zu vermeiden, ein modernes Verkehrsflugzeug lässt sich nun einmal nicht mit nur einem Knopf steuern. Allerdings sieht die Realität so aus, dass sich dieses Quasi-Multitasking auf wenige Augenblicke beschränkt – und die sind sehr anstrengend.

Trotz zahlloser Reize, die gleichzeitig auf mich einwirken, muss ich dann Ruhe und Überblick bewahren. Das ist nur mithilfe von Fähigkeiten und Techniken möglich, die wir durch viel Übung erlernen, vertiefen und ein Pilotenleben lang durch regelmäßiges Training perfektionieren.

Eine dieser Kompetenzen liegt jedoch schon in unseren Genen. Das sogenannte »selektive Hören« bezeichnet die Fähigkeit des menschlichen Gehörsinns, aus einem Klangteppich verschiedener Schallquellen eine bestimmte zu extrahieren und bewusst gegenüber allen übrigen Geräuschen, dem sogenannten Störschall, zu priorisieren. Psychologen nennen das den *Cocktailparty-Effekt*[4]: Auf einer Party, wo viele Menschen auf engem Raum gleichzeitig sprechen, können wir die Worte unseres ausgewählten Gesprächspartners trotzdem herausfiltern, uns auf ihn konzentrieren und alle anderen weitgehend unterdrücken. Gleichzeitig kann jedoch unsere Aufmerksamkeit schlagartig aktiviert werden, wenn irgendwo im Raum jemand unseren Namen nennt. Dann können wir unseren Fokus gezielt verschieben.

Piloten bedienen sich dieser angeborenen Kompetenz in besonderem Maße und trainieren sie gezielt. Im Flugzeug ist der Cocktailparty-Effekt von großem Nutzen. Zum Beispiel kann ich den Funkverkehr mit den Leitstellen am Boden den ganzen Flug über nebenbei laufen lassen, ohne dass ich mich darauf konzentrieren müsste. Erst wenn ich unser »Call Sign« höre, also die spezifische Kennung, die mir verrät, dass ich gemeint bin, lenke ich meine Aufmerksamkeit auf den Lotsen und seine Nachricht.

Eine spezielle Technik, die im Gegensatz zum Cocktailparty-Effekt außerhalb der Luftfahrt kaum bekannt ist, kann Ihnen den Alltag ebenfalls erleichtern: das sogenannte *Instrument Scanning*. Von den vielen Anzeigen im Cockpit selektiere ich nur ein paar wenige, die für das jeweilige Flugmanöver wichtig sind, und behalte sie ständig im Auge. Alle anderen checke ich nur sporadisch. Die Augen wandern dabei bewusst (nicht intuitiv) nach einem festgelegten Prinzip von Instrument zu Instrument. Beim Sinkflug geradeaus zum Beispiel in dieser Kombination und Reihenfolge: Höhenmesser – Variometer – Höhenmesser – Schubanzeige – Höhenmesser – Kompass – Höhenmesser.

In abgewandelter Form können Sie von dieser Technik auch bei der Arbeit Gebrauch machen, indem Sie Augen und Finger von Geräten und Anwendungen lassen, die bei Ihrer aktuellen Aufgabe keine Rolle spielen. Checken Sie Ihr Handy nicht auf Benachrichtigungen, wenn etwas anderes gerade wichtiger ist. Wenn Sie eine Präsentation in PowerPoint erstellen, schließen Sie den Outlook-Posteingang. Deaktivieren Sie Desktop-Benachrichtigungen, wenn Sie nicht auf eine wichtige Mail warten. Nutzen Sie immer nur die technischen Ressourcen, die das Single-Tasking für die jeweilige Tätigkeit erfordert.

Wenn es gilt, Spitzenleistungen abzurufen, sollten Sie sich nur auf diese eine Aufgabe konzentrieren und jede Ablenkung vermeiden. Blenden Sie alle anderen Störfaktoren aus – vor allem, wenn Sie Aufgaben der Kategorie »Aviate« bearbeiten. Erledigen Sie nichts anderes »gleichzeitig«, auch keine scheinbar einfachen Tätigkeiten. Tun Sie, was nötig ist, damit Sie ungestört sind. Erledigen Sie diese eine Aufgabe ganz bewusst und voll fokussiert.

Das stellt zugegebenermaßen hohe Ansprüche an die Konzentrationsfähigkeit, wenn Sie nicht speziell darauf trainiert sind. Nobody's perfect: Schießt Ihnen irgendein anderer wichtiger Gedanke durch den Kopf, schreiben Sie ihn auf und legen Sie ihn dann sofort für die Dauer der Aufgabe ad acta. So haben Sie den Kopf wieder frei.

In Ihrem Leben und an Ihrem Arbeitsplatz hängen vom Single-Tasking vielleicht nicht permanent Menschenleben ab, wohl aber die Qualität Ihrer Ergebnisse und Ihr Stresslevel. Unterbrechungen und Störungen bringen Ihren Zeitplan durcheinander und senken die Arbeitsleistung. Konzentration und Kreativität werden bei jeder Irritation unterbrochen und müssen anschließend erst wieder aufgebaut werden. Das bedeutet Stress fürs Gehirn. Sie ermüden schneller. Je angestrengter Sie an Ihrer Konzentration arbeiten müssen, desto weniger haben Sie am Ende des Tages *wirklich* geschafft.

Echtes Multitasking ist ohnehin eine Mission Impossible – unser Gehirn ist dazu nicht fähig. Verschwenden Sie daher möglichst wenig Energie auf den Versuch und denken Sie vor allem gar nicht erst daran, wenn es wirklich ans Eingemachte geht und ein optimales Ergebnis zählt.

Flugbegleiter brüllen besser: Areas of Responsibility einhalten

Viele Führungskräfte leiden unter Kontrollzwang. Damit schaden sie nicht nur ihrem Unternehmen, sondern auch sich selbst: Zu viel Kontrolle ist nicht nur anstrengend, sie ist ab einem gewissen Maß auch gar nicht mehr zu leisten. An diesem Punkt kippt Verantwortung in Verantwortungslosigkeit: Wer sich mehr zumutet, als er stemmen kann, zieht andere mit in den Abgrund. Ganz zu schweigen davon, dass er Raubbau an seiner eigenen Leistungsfähigkeit betreibt.

Solche Führungskräfte wollen stark wirken und sind in Wahrheit schwach.[5] Indem sie dem Irrglauben nachgeben, alles selbst machen zu müssen, vernachlässigen sie ihre Kernaufgaben. Mit unwichtigen Kleinigkeiten und überzogenen Kontrollmaßnahmen stehlen sie sich selbst Zeit. Die fehlt dann für die wirklich wichtigen Entscheidungen und für den Überblick in ihrem Verantwortungsbereich: eine katastrophale Prioritätensetzung![6]

Im Cockpit haben solche Verhaltensweisen keinen Platz. Als Pilot kann ich mir diese Schwäche schlicht nicht leisten. Um der Verantwortung gerecht zu werden, die ich an meinem Arbeitsplatz übernehme, muss ich die Grenzen des Machbaren achten.

Aus diesem Grund haben »Pilot Flying« und »Pilot Monitoring« im Cockpit jeweils unterschiedliche, glasklar definierte »Areas of Responsibility«, also Verantwortungsbereiche. Das zugrunde liegende Reglement ist in den sogenannten »Standard Operating Procedures« (SOP) festgelegt. Sie gelten ohne Ausnahme für jeden Piloten. Wir stellen sie während des Fluges nicht infrage, denn sie verteilen die Aufgaben sinnvoll und sorgen dafür, dass keiner der Piloten überfordert wird.

Für jeden einzelnen der unzähligen Schalter im Cockpit ist festgelegt, welcher der Piloten ihn in welcher Flugphase oder Situation zu bedienen hat und welcher von beiden in welchen Momenten die Finger davon zu lassen hat. Beispielsweise bediene ich als »Pilot Flying« den Autopiloten und den Bordcomputer; für Funkverkehr und »Paperwork«, also zum Beispiel das Führen des Logbuchs, ist der »Pilot Monitoring« zuständig.

Befindlichkeiten sind im Cockpit fehl am Platz. Würde sich nach einem Flugunfall etwa herausstellen, dass ein fliegender Kontrollfreak Navigationsaufgaben seines nicht-fliegenden Kollegen mit erledigt hätte, anstatt sich auf das fragliche Flugmanöver zu konzentrieren, bekäme er gewaltigen Ärger – und müsste mit den Konsequenzen leben.

Gleichzeitig verlassen wir Piloten uns darauf, dass das Kabinenpersonal seinen Job richtig macht. Natürlich bin ich für die Sicherheit meiner Passagiere verantwortlich – soweit es das Fliegen betrifft. Für eine Evakuierung des Flugzeugs im Notfall dagegen ist die Kabinencrew besser ausgebildet als ich. Die Damen und Herren lernen bei ihrer Ausbildung unter anderem, wie man schockstarre Passagiere so effektiv anbrüllt, dass sie das Flugzeug letztlich doch über die Notrutschen verlassen. Ich bin ziemlich sicher: Die brüllen besser als ich.

Das macht durchaus Sinn, denn ich habe in so einem Fall ganz andere Prioritäten. Wenn evakuiert wird, haben wir im Cockpit eine Menge zu erledigen: Triebwerke ausstellen, Kerosinzufuhr kappen (Brandgefahr!), Rettungsfahrzeuge alarmieren, den Tower über unsere genaue Position und darüber informieren, was wir als Nächstes tun werden und welche Unterstützung wir brauchen … Bis wir damit fertig sind, sollte das Flugzeug bereits vollständig geräumt sein. Dafür schreibt der Gesetzgeber sogar ein konkretes Zeitfenster vor: 90 Sekunden. Nur falls die Evakuierung noch im Gange ist, wenn wir unsere Aufgaben im Cockpit erledigt haben, würden wir in die Kabine gehen und dabei helfen. In jedem Fall verlässt der Flugkapitän die Maschine als Letzter – genau wie in der Schifffahrt.

Auch beim sachgemäßen Verladen von Fracht und Gepäck – das übrigens weit darüber hinausgeht, Koffer durch eine große Klappe in der Bordwand zu werfen – bin ich kein Experte. Die »Loader«, die am Flughafen dafür zuständig sind, können das besser. Ich führe anhand der Verladepapiere natürlich einen »Plausibilitäts-Check« durch: Machen die Angaben, also in diesem Beispiel die Gewichte, die Menge, die Verteilung im Großen und Ganzen Sinn? Entsprechen diese Daten ungefähr den Planungen? Doch ich habe weder die Zeit noch das Know-how, jeden Koffer auf seine korrekte Unterbringung im Frachtraum zu kontrollieren. Obwohl gravierende Ladefehler schon zu Abstürzen geführt haben, muss ich die Fliegerei als Teamwork begreifen und den Experten für die jeweilige Aufgabe vertrauen.

Die Bereitschaft zum Delegieren und eine eindeutige Aufgabenverteilung im Sinne von »Areas of Responsibility« würden auch in vielen Unternehmen für große Entlastung sorgen. Sowohl der Delegierende als auch der Empfänger profitieren davon, wenn Verantwortungsbereiche klar definiert sind: Als Führungskraft werden Sie zeitlich und mental entlastet und können sich besser auf Ihre Führungsaufgaben konzentrieren. Auf Mitarbeiterseite stärkt der Vertrauensvorschuss, den das Delegieren voraussetzt, das Selbstvertrauen und die Eigenverantwortung. Gleichzeitig erweitern wichtige Aufgaben, die der Vorgesetzte abgibt, den Kompetenzbereich seiner Teammitglieder.

Vielleicht liegt es jedoch gerade daran, dass sich viele Chefs mit allerlei Argumenten gegen das Delegieren wehren: »Die anderen haben selbst genug um die Ohren.« »Die können das nicht.« »Das zu erklären dauert länger, als es selbst zu machen.«

Vertrauen ist gut, Kontrolle ist besser? Nein, ist sie nicht. Jedenfalls dann nicht, wenn Profis am Werk sind. Solche Anfechtungen gegen das Delegieren sind kein Zeichen für eine lobenswerte Arbeitseinstellung oder ein hohes Verantwortungsbewusstsein, sondern für mangelndes Vertrauen in die Mitarbeiter und Angst vor Kontrollverlust. Vor allem jedoch ist die Weigerung zu delegieren Zeugnis dafür, dass der Chef selbst seine Kompetenzen nicht richtig verstanden hat. Er beherrscht es nicht, seine Prioritäten richtig zu setzen, und vernachlässigt seine eigentlichen Aufgaben. Beides Zeichen von Schwäche. Beides nicht sehr professionell.

Teamwork bedeutet Arbeitsteilung (s. dazu auch Kapitel 9) und ist Vertrauenssache. Wenn Sie als Passagier bei mir an Bord sind, dann verlassen Sie sich darauf, dass ich weiß, was ich tue. Das gleiche Vertrauen muss zwischen mir und meiner Crew herrschen. Hätten Sie Grund, daran zu zweifeln, würden Sie nicht einsteigen.

Stellen Sie sich einmal vor, während des Landeanflugs käme ich, der Pilot, plötzlich in die Kabine – um persönlich zu überprüfen, ob Sie sich auch brav angeschnallt haben, anstatt im Cockpit die Landung vorzubereiten. Wie fänden Sie das? Würden Sie denken: »Klasse, hier sorgt der Chef persönlich für Ordnung!« Wohl kaum. Eher würden Sie nervös werden und sich fragen, ob hier gerade etwas gewaltig schiefläuft ... Nach meiner Ausbildung wurde mir als Pilot vom ersten Arbeitstag an das Vertrauen geschenkt, dass ich als »Pilot Flying« ein Flugzeug jederzeit eigenverantwortlich steuern kann. Nur so konnte ich Selbstvertrauen entwickeln, Erfahrungen sammeln und besondere Herausforderungen meistern. Das gleiche Vertrauen muss ich in die Mitglieder meines Teams setzen. Schließlich habe ich allen Grund, davon auszugehen, dass sie ihren Job gut machen.

Warum sollte es außerhalb der Luftfahrt anders laufen? Mit den bewährten, krisenerprobten Strategien und Techniken des Workload Managements der Piloten können Sie auch in Ihrem Alltag die richtigen Dinge zur richtigen Zeit richtig anpacken. Sie können Spitzenleistungen abrufen, ohne sich zu überfordern. Gestalten Sie Ihr Leben konsequent. Nehmen Sie das Ruder in die Hand. Werden Sie vom Getriebenen zum Piloten.

Final Call: Aviate, Navigate, Evaluate

- Managen: Konsequentes Workload Management ist der Schlüssel zu Spitzenleistungen auf Abruf.
- Planen: Schriftliche Planung entlastet das Gehirn, schafft Überblick und sorgt für Erfolgserlebnisse im Tagesverlauf.
- Kategorisieren: Die Einteilung von Aufgaben in die Kategorien Aviate, Navigate und Evaluate sorgt für eine sinnvolle Prioritätensetzung.
- Single-Tasking: Wenn es Spitzenleistungen abzurufen gilt, ist das Prinzip des Single-Tasking alternativlos.
- Delegieren: Die Bereitschaft zu delegieren gewährleistet die persönliche Leistungsfähigkeit und ist ein Zeichen für Professionalität.

KAPITEL 2

S(t)imulator: Mentale Stärke aufbauen

Ich fühle mich schlecht. Hätte ich doch etwas anderes gemacht, anstatt mich dieser Tortur auszusetzen. Wäre ich doch einfach geblieben, wo ich war, dann wäre es besser gewesen. Alles wäre besser als dieses Gefühl der Leere.

Ich versuche angestrengt, diese negativen Gedanken zu verdrängen, aber meine feuchten Hände auf der Tischplatte erinnern mich daran. Dicke Tropfen klatschen an die Fensterscheibe. Unterwegs war ich so in Gedanken, dass mir das Unwetter gar nicht aufgefallen ist. Den Weg hierher, durch den Frankfurter Vorort, gehe ich längst automatisch. Mein inneres Navi findet das Haus des Generals von allein. Der Mann um die 50 war tatsächlich viele Jahre General bei der Bundeswehr. Und jeder, der ihn kennengelernt hat, würde daran keine Sekunde lang zweifeln. Er war der Inbegriff des strengen Generals.

Er sitzt mir gegenüber und beobachtet mich. Sein Blick ist scharf, todernst, bohrend, das Gesicht ansonsten regungslos. Wenn ich ihn inzwischen nicht kennen würde, fände ich das bedrohlich. Aber nach endlos scheinenden Wochen in diesem Haus, unter seinem

Drill, weiß ich: So sieht der General nicht aus, wenn er zur Attacke ausholt. So sieht er aus, wenn er besorgt ist.

Dann sagt er die Worte, die mir über den Berg helfen werden: »Einfach nur machen, Philip. Niemand hat gesagt, dass das einfach wird. Hör auf, dich zu winden, hör auf, nach Ausflüchten zu suchen. Der Schlüssel zu der Tür, die du unbedingt aufstoßen willst, liegt in dir. Ich habe ihn nicht, du hast ihn. Einfach. Nur. Machen.« Jetzt hellt seine Miene sich auf und er nickt mir zu. Wie ein Vater.

Plötzlich findet ein Wandel in mir statt. Nach Wochen, in denen die Kurve immer nur nach unten gezeigt hat, sehe ich Licht am Ende des Tunnels. Die Masken sind gefallen. Ich bin mir schlagartig sicher: Ich werde das schaffen. Ich werde den Eignungstest bestehen. Ich werde Pilot.

★★★

Die Mühen der Ebene

In den sechs Monaten vor meinem Eignungstest als Verkehrspilot habe ich einen Turnaround durchgemacht, an den nicht mal meine Eltern geglaubt hatten. In der Schule hatte ich keinen Sinn gesehen. Ich war der Klassenclown gewesen. Heute weiß ich warum: Meine einzige Motivation war die Angst vorm Durchfallen gewesen, die ich mit meinen Albereien zu überspielen versucht hatte. Negative Energie. Mit einem Notenschnitt von 3,4 hatte ich schließlich das schlechteste Abi meines Jahrgangs hingelegt. Die Perspektive war alles andere als rosig gewesen, damals.

Bis ich meinen Lebenstraum vom Fliegen entdeckte. Den Traum, Pilot zu werden. Auf einmal war da eine positive Energie, die mich antrieb. Sie setzte Fähigkeiten und Kräfte frei, die ich zuvor nicht einmal erahnt hatte. Plötzlich war ich zu 100 Prozent fokussiert. Ich brannte für diese Vision von meiner Zukunft. Diese Motivation war mein Fundament, mein Energiereservoir.

Doch das allein reichte noch längst nicht. Meine Begeisterung war nur die Grundvoraussetzung, um diesen Weg überhaupt einschlagen zu können. Ich hatte eine weitere große Hürde zu überwinden: Ich musste mir mentale Stärke aneignen. Die tiefe innere Überzeugung, dass ich es schaffen und mein Ziel erreichen würde. Dass ich der Herausforderung gewachsen war.

Diese mentale Stärke kann man nicht simulieren. Fake it until you make it? Nicht als Pilot. Durch die Lufthansa-Eignungstests kann man sich nicht schummeln. Doch aus der Simulation durch gezielte Vorbereitung kann Stimulation für den entscheidenden Moment werden. Wenn wir es schaffen, den Schalter innerlich umzulegen. Das ist mir gelungen. Nicht obwohl, sondern auch weil ich zwischendurch am liebsten aufgegeben hätte.

Die Wochen im Haus des Generals hatten daran den größten Anteil. Eine kalkuliert schreckliche Zeit. Bis auf die letzten Tage, die letzte Etappe. Als seine Lehren endlich Wirkung zeigten. In diesen Wochen, in denen ich seinem Drill ausgesetzt war, wurde ich innerlich zum Piloten, obwohl meine Ausbildung noch gar nicht begonnen hatte.

Jeder angehende Pilot bereitet sich akribisch auf die Eignungstests vor. Wer das nicht tut, hat von vornherein keine Chance. Die meisten schaffen es nicht bis ins letzte, entscheidende Interview. Nur ein Viertel der Anwärter erlebt überhaupt die Finalrunde. Danach, am Ende des Auswahlprozesses, werden jedes Jahr 95 Prozent der Kandidaten durchgefallen sein. Lediglich einer von 20 schafft es im Schnitt in die Pilotenausbildung.

Einer von 20. Ich. Wie konnte mir das gelingen?

Wie die meisten Bewerber um einen Platz im Ausbildungsprogramm der Lufthansa zog ich die Vorbereitung für die viertägigen Aufnahmetests nicht im Alleingang durch, sondern suchte mir Unterstützung. Der General war ein privater Anbieter, der potenzielle Piloten wie mich in einem dreiwöchigen Lehrgang auf die Tests vorbereitete. Auf die formalen Tests, die für Piloten unabdingbare Kompetenzen prüfen: Belastungsfähigkeit, Reaktionsvermögen, Mathematik, Physik, Englisch, logisches Denken. Das Hauptaugenmerk jedoch legte er auf den letzten Teil der Eignungstests, das psychologische Gespräch. Den mit Abstand härtesten aller Tests. Die finale Hürde. Die Tür zum Lebenstraum. Das eine Gespräch, das über alles entscheidet. In dem eine einzige falsche Antwort das Ende des Traums vom Fliegen bedeutet.

Den General nannten wir nicht nur untereinander so. Er war wirklich einer. Ein pensionierter Bundeswehr-General, der genauso war, wie man sich einen General eben vorstellt. Er packte niemanden in Watte. Persönliche Schwächen und Ängste entlarvte er gnadenlos und sagte uns beinhart ins Gesicht, was uns zum Piloten fehlte. Sein Talent lag darin, jeden zu durchschauen, ihn aus seiner individuellen Komfortzone herauszuholen und kompromisslos mit seinen Defiziten zu konfrontieren. Er betrachtete es als seinen Job, uns plattzumachen und neu aufzubauen.

Die rückhaltlose Auseinandersetzung mit mir selbst war der schwerste Weg, den ich je gehen musste. Er bestand aus wochenlangem Nachdenken über meine Persönlichkeit, um auf jede Frage im psychologischen Eignungstest vorbereitet zu sein. Jede potenzielle Schwachstelle, jede noch so kleine Angriffsfläche, jeder noch so tief verborgene dunkle Fleck wollte beleuchtet werden. Der General verlangte von uns einen handgeschriebenen zwölfseitigen Aufsatz – zwölf, nicht mehr und nicht weniger – in dem wir uns ausschließlich mit dieser Frage zu beschäftigen hatten: Wer bin ich und wie kann ich besser werden?

Das war der Grund, warum es mir an jenem eingangs geschilderten Tag so schlecht ging. Warum ich kurz davor war, das Handtuch zu werfen. Warum ich einfach nur wegwollte. Denn diese intensive Selbstreflexion war genau das, was ich zuvor immer vermieden hatte. »Sechs Seiten habe ich geschrieben«, hatte ich dem General in diesem Gespräch unter vier Augen erklärt. »Mehr habe ich nicht. Mehr weiß ich nicht. Mir fällt nichts mehr ein.«

Dann sagte er jene Worte, die alles änderten: »Einfach. Nur. Machen.« Es klingt so simpel. Aber wenn Sie fertig sind mit der Welt und Ihre Seele so penibel auf Schwachstellen durchleuchtet haben, dass Sie schon selbst beginnen, an Ihrem großen Traum zu zweifeln, dann gibt es keinen besseren Rat. Dann gibt es auch keinen anderen Weg mehr.

Der Simulator, die Vorbereitung, hatte sich als Stimulator entpuppt.

Als ich Monate später beim Deutschen Luft- und Raumfahrtzentrum in Hamburg schließlich die echten Tests absolvierte, war es keinen Deut weniger schlimm als angenommen. Nur, dass das jetzt keine Angst mehr bei mir auslöste, sondern einen Flow. Ich kann nur bestätigen, was der General uns eingetrichtert hatte: »Diese Prozedur ist nicht zu schaffen für jemanden, der sich während seiner Vorbereitung nicht die nötige mentale Stärke angeeignet hat.« Durch sein Training war ich quasi immun gegen den Druck. Da war keine Angst, keine Nervosität, kein Stress. Nur unerschütterliche Selbstsicherheit: »Egal, was ihr mit mir macht, ich kann damit umgehen. Egal, was ihr mich fragt, ich habe die passende Antwort.«

Die Tests dauerten insgesamt vier Tage, aufgeteilt auf zweimal zwei Tage mit einigen Wochen Abstand dazwischen. Dem Moment der Wahrheit im finalen Gespräch gingen zahlreiche Tests voraus, die alle schwer waren und oft auf unerwartete Weise tückisch. Die technischen Tests – zum Beispiel in einer Computersimulation eine Brücke so zu beladen, dass sie maximal ausgelastet war, ohne zusammenzubrechen. Die Gruppendiskussion mit anschließendem Ranking der Teilnehmer untereinander. Dabei war das Ranking genauso Gegenstand der Begutachtung wie die Diskussion an sich. Besonders das Rollenspiel hatte es in sich: Eine Psychologin spielte eine überaus wütende Reisende, die Businessclass gebucht hatte und wegen Überbuchung in der Economy gelandet war. Sie würde unausgeschlafen bei einem wichtigen Termin erscheinen, warf sie mir (als Pilot) vor. Sie brüllte mich an, sie zog alle Register, sie war nicht zu beruhigen.

Im Vergleich zur letzten Runde, dem psychologischen Gespräch, war selbst das jedoch noch ein Spaziergang. Als es schließlich so weit war, fühlte ich mich wie in einem Verhör. Der Raum war kahl, kalt, unwirtlich. Die Gesprächsatmosphäre auch. Ich war dagegen heiß. Unter die letzten Fünf aus 20 hatte ich es schon geschafft. Jetzt galt es, die finale Hürde zu nehmen. Jetzt wusste ich, dass ich es konnte.

Als Anwärter saß ich auf einem bewusst unbequemen Bürostuhl. Die Lehne war zu weit nach vorn geklappt. Sie zwang mich in eine unbequeme Haltung. Mir gegenüber, hinter einem langen Tisch, saßen fünf Psychologen und ein Flugkapitän, die über meine Zukunft zu entscheiden hatten. Sie hatten es sich offensichtlich zum Ziel gemacht, mich zu vernichten. Dafür zu sorgen, dass ich scheitere. Denn nur, wer es trotzdem – allen Widrigkeiten zum Trotz – schafft, ist bereit. Eine Stunde lang stellten sie mir eine Frage nach der anderen. Alle waren darauf angelegt, mich an die Wand zu fahren.

Mit einer Frage überraschten sie mich besonders. Sie knallten meinen Bewerbungsbogen auf den Tisch und zeigten auf mein Bewerbungsfoto. »Sie haben sich optisch aber gewaltig verändert, Herr Keil. Zu Ihrer Selbsteinschätzung in der Bewerbung passt der Mensch, der heute vor uns sitzt, nicht wirklich. Sie können wohl nachvollziehen, dass wir uns ein bisschen veräppelt vorkommen bei diesem Wandel. Wer sind Sie denn nun? Der Freak auf dem Foto oder der geschniegelte Typ, der hier vor uns sitzt? Was ist passiert, dass Sie sich so verändert haben?«

Eine berechtigte Frage. Auf dem Foto hatte ich wasserstoffblondierte Haare und trug ein Holzfällerhemd. Ich sah aus wie der Partytyp, der ich damals nun mal gewesen war. Nicht nur meine Optik hatte sich in der Zwischenzeit geändert: Unter Schwächen hatte ich damals angegeben: »Zu häufiger Fernsehkonsum.« Kein Wunder, dass die Kommission sich an der Nase herumgeführt fühlte. Das Foto und diese Selbstbeschreibung: Das klang nicht nach einem zielstrebigen Überflieger wie in den meisten Bewerbungen, die sie gesehen hatten. Dieses Profil war mit dem Bild, das ich inzwischen abgab, nicht mehr so einfach zu vereinbaren.

Die Frage nach meinem Wandel war die schwerste von allen. Die, mit der ich am wenigsten gerechnet hatte. Aber auch die, auf die ich die beste Antwort hatte: Ich habe auch äußerlich die Rolle des Klassenclowns abgelegt, als ich ein festes Ziel, meine Berufung, gefunden hatte. Ich habe erlebt, wie eine Perspektive das Leben verändern kann.

Nach einer Stunde war es vorbei. Ich hatte bestanden.

Das Skurrile war: Ich wollte gar nicht, dass es vorbei ist. Ich wollte mehr Fragen. Immer noch eine und noch eine. Ich war im Flow. Ich hatte gewonnen. Ich hatte meine mentale Stärke gefunden. Ich war bereit, Pilot zu werden.

Das wichtigste Eignungskriterium für einen Flugkapitän ist seine mentale Stärke. Bereit zu sein, wenn es darauf ankommt. Jederzeit mit dem Schlimmsten zu rechnen und dabei angstfrei zu bleiben. In jeder nur erdenklichen Situation handlungsfähig zu sein – und überzeugt davon, es unter

Beweis stellen zu können. Vorbereitet zu sein, wenn das Unfassbare geschieht. *Das* ist die entscheidende Qualifikation eines Piloten. Nicht den Kurs halten und die richtigen Schalter betätigen können. Das kann mehr oder weniger auch der Autopilot. Das andere – nicht.

Egal, ob im Cockpit oder bei den kleinen und großen Krisen im Alltag: Wirklich auf alles vorbereitet sein können wir nur, indem wir uns dem Worst Case stellen. Die Komfortzone verlassen und unsere Schwächen und Ängste durchleuchten. Dahin gehen, wo es wehtut. Indem wir den Autopilot abschalten und selbst fliegen. Treten Sie im S(t)imulator die Reise zu sich selbst an. Wenn Sie durchhalten, sind Sie auf alles vorbereitet.

Ich will für Sie tun, was der General für mich getan hat: Ich will Ihnen einige Tools mitgeben, um in Ihrem Leben Veränderungen herbeizuführen, die Sie nie für möglich hielten oder sich nie zugetraut haben. Die Entscheidung können Sie allerdings nur selbst treffen: Bleiben Sie auf Autopilot oder schalten Sie ihn aus?

Einfach. Nur. Machen.

Schwäche ist kein Schicksal

Was ist mentale Stärke nun genau und warum ist sie so wichtig?

Mentale Stärke bedeutet seelische Gesundheit. Das heißt zweierlei:

- Wenn wir mental stark sind, geht es uns gravierend besser.
- Wir müssen aktiv etwas tun, um mentale Stärke zu erlangen.

Mit einem starken Ich ist es nicht anders als mit der physischen Stärke: Seelisch stark zu werden ist genauso leicht und auch genauso schwierig. Stark zu bleiben erfordert die gleiche kontinuierliche Arbeit.

Alle Teilbereiche des Lebens werden mit mentaler Stärke leichter bewältigbar – sogar Krisen, Rückschläge, Enttäuschungen. Viele der Attribute, die wir an anderen Menschen bewundern, sind direkte Bestandteile von mentaler Stärke: Mut, Selbstbewusstsein, Motivation, »Positivity«, Entschlossenheit, Widerstandskraft, ... Mentale Stärke ist für all das der Überbegriff. Solange wir uns schwach fühlen, blicken wir zu solch starken Menschen auf. Als wären diese Fähigkeiten Gaben, die wir selbst nicht haben und uns nicht aneignen könnten. Eine Art Segen, den Menschen mit der Geburt erhalten. Den das Schicksal uns geschenkt hat oder eben nicht.

Das stimmt ganz und gar nicht. Mentale Stärke ist keine genetische oder sonstige Veranlagung, die nicht beeinflussbar wäre. Keine unabänderliche Eigenschaft. Kein Glücksfall. Kein Unterscheidungsmerkmal zwischen Alpha- und Omega-Tieren.

Mentale Stärke ist eine erlernbare Fähigkeit. Schwäche ist dabei kein Hindernis, sondern ein Sprungbrett. Wir müssen sie erlebt haben, müssen durch Krisen gegangen sein und sie gemeistert haben, um zu erfahren, was Stärke wirklich bedeutet.

Ich bin heute auch deshalb stark, weil ich früher mal schwach war. Motiviert Sie das als Ausgangspunkt für Ihren eigenen Weg?

Erfolg kommt von Beständigkeit

Bei den meisten jener Menschen, die wir als stark bewundern, ist es nicht anders gewesen. Spitzensportler wie Basketballprofi Dirk Nowitzki sind nicht deshalb so erfolgreich, weil sie über außerirdisches Genmaterial verfügen würden, sondern weil bei ihnen außergewöhnliche technische Fähigkeiten mit besonderer mentaler Stärke einhergehen. Keins von beiden kommt von selbst. Sie haben nicht nur Weltklasse-Coaches für ihre sportliche Leistungsfähigkeit, sondern auch eigene Mentaltrainer. All der Druck auf diesem Spitzen-Niveau, die Erwartungshaltung des Vereins, der Fans, der Sponsoren prallen auch an einem Dirk Nowitzki nicht spurlos ab. Dafür reichen sein technisches Know-how und seine sportliche Fitness allein nicht aus. Was ihn so konstant erfolgreich macht, ist seine Fähigkeit, damit umzugehen – auch und besonders dann, wenn es mal schlecht läuft. So sagte Nowitzkis Trainer nach einem besonders anspruchsvollen Spiel einmal über ihn: »Dirks mentale Stärke, sich nach einer schwachen ersten Halbzeit nicht zu verstecken, geduldig zu warten, bis der Rhythmus wiederkommt. Das ist so schwer […]. Dirk ist gelassen geblieben. Das war bei diesem großen Druck eine absolute Ausnahmeleistung.«[7]

Ich finde dieses Zitat bemerkenswert: Nicht die außergewöhnliche spielerische Steigerung hebt der Trainer hervor, sondern die mentale Höchstleistung im Moment der sportlichen Schwäche. Ich glaube, dass der Coach hier einem großen Geheimnis auf der Spur ist: Nicht dass uns immer alles gelingt, ist der Schlüssel zum Erfolg. Sondern dass wir damit umgehen können, wenn uns mal nichts gelingt. Auf die Nase fallen, aufstehen, Krönchen richten, weitergehen. Das ist Stärke. Das ist die Grundlage für Erfolg.

Wissen hilft zwar, nützt aber nichts

Viele Menschen wissen um den enormen Stellenwert der Kraft, die von innen kommt. Sie vielleicht auch. Das Problem ist, dass die meisten dieses Wissen nicht umsetzen (können). Sie bereiten sich nicht auf Krisen und Rückschläge vor – obwohl sie wissen, dass das ein Schlüssel zum Erfolg ist. Nur ein Bruchteil der Bevölkerung beschäftigt sich aktiv mit dem Thema »mentale Stärke«. Wiederum nur ein Bruchteil derer, die ihr Potenzial verstanden haben, setzt die Lehren konsequent in die Tat um. Obwohl sie wissen, dass mentale Stärke kein Hexenwerk ist, sondern in erster Linie mit Wahrnehmungsprozessen zu tun hat, also mit der Perspektive, die wir einnehmen. Gefühle und Gemütszustände steuern unser Denken und Handeln. Erfolg hängt in hohem Maße von positivem Denken ab.

Den meisten Menschen ist zwar bewusst, was sie tun; aber sie tun nicht, wessen sie sich bewusst sind. Deshalb möchte ich es Ihnen etwas leichter machen – mit einigen Denkstützen und konkreten Tools aus dem Arsenal der Piloten. Die wissenschaftlichen Erkenntnisse und Mentalstrategien, die Piloten nutzen, um sich stark zu trainieren, sind auch auf Ihre Situation anwendbar. Sie können sie nutzen, um bereit zu sein, wenn das Leben Sie fordert. Denn nichts anderes bedeutet mentale Stärke: Sie kommt aus dem Wissen, auf alles vorbereitet zu sein.

Keine Angst: Wir trainieren nur im S(t)imulator.

Primen Sie sich positiv!

Warum fühlen wir uns eigentlich schwach, wenn wir vor neuen Herausforderungen oder schwierigen Entscheidungen stehen? Warum fehlt es uns scheinbar immer dann an mentaler Stärke, wenn wir sie am dringendsten brauchen?

Dafür dürfen wir der Evolution danken, speziell der Programmierung unseres Gehirns. Wenn unsere Vorfahren in der Wildnis unterwegs waren, war ihr Leben ständig bedroht. Das haben unsere Gehirne sich »gemerkt« – die Priorität »Überleben« ist in unseren Genen fest verankert.

Diese evolutionäre Festschreibung hat permanente Auswirkungen auf unser Unterbewusstsein – selbst dann, wenn wir nicht akut bedroht sind. Auch in unserer vergleichsweise sicheren heutigen Lebenswelt. Unser Gehirn fokussiert grundsätzlich nicht auf Genuss, sondern auf Probleme. Es registriert mehr Negatives und priorisiert es stärker, als es positive Wahrnehmungen verarbeitet. »Gefahren muss sich das Gehirn [...] besser merken und darauf schneller reagieren als bei Freude.«[8]

Dieser Automatismus hat auch heute noch große Vorteile: Negative Emotionen sind Warnsignale, die wir nicht ignorieren sollten. Unsere Gefühle sind Hinweise, wie unser Gehirn eine Situation bewertet. Sie lösen Handlungsimpulse aus: Bei Furcht empfinden wir einen Flucht-, bei Zorn einen Angriffsimpuls.

Unser Unterbewusstsein übt sehr viel Macht über uns aus. Selbst Entscheidungen, die wir vermeintlich aus »freiem Willen« treffen, werden in hohem Maße von unserem Unterbewusstsein beeinflusst. Der Berliner Neurophysiologe Prof. John-Dylan Haynes hat in Experimenten herausgefunden, dass sich Entscheidungen anhand der Hirnaktivität vorhersagen lassen – und zwar schon bis zu sieben Sekunden bevor wir eine »bewusste« Entscheidung treffen.[9]

Sieben Sekunden Unterschied zwischen einem bewussten Entschluss und einem unbewussten: Über Hurghada hat dieser Unterschied zwischen Leben und Tod entschieden. Für eine bewusste Entscheidung für das richtige Manöver und dessen Durchführung hätte schlicht die Zeit nicht gereicht.

Doch nicht nur, wenn es ums Überleben geht, spielt unser Unterbewusstsein eine Hauptrolle. »Das Gehirn ist für alles verantwortlich, was wir tun«, sagt Professor Haynes. »Die Frage ist, ob das Bewusstsein daran beteiligt ist. Es sieht so aus, als ob unbewusste Prozesse unsere Willensentscheidungen vorbereiten und das Bewusstsein erst sehr spät in Kenntnis gesetzt wird.«[10]

Das Unterbewusstsein steuert unser Verhalten also noch mehr, als bislang angenommen – selbst dann, wenn wir glauben, unbeeinflusst zu denken und zu entscheiden. Damit wird es zu einem zentralen Werkzeug der aktiven Lebensgestaltung: Wir müssen es gezielt ansteuern, wenn wir etwas in unserem Leben verändern wollen. Damit das Gehirn die Herausforderung, die Entwicklung und auch die nötigen Risiken zulässt und positiv bewertet.

Für diesen Vorgang gibt es in der Psychologie ein Wort: »Priming«, im Deutschen auch »Bahnung« genannt. Dabei beeinflussen wir die Art, wie das Gehirn zukünftig einen Reizauslöser verarbeiten soll. Das funktioniert, indem Reize gezielt mit bestimmten Erfahrungen bzw. Empfindungen verknüpft werden. Tritt der Reiz erneut auf, greift das Gehirn auf diese antrainierten Assoziationen zurück.[11]

Der Clou und zugleich die Schwierigkeit beim Priming: Dieser Abgleich im Gehirn, das Scannen nach Vorerfahrungen, läuft unbewusst ab. Wir müssen also durch bewusste Denkweisen und Handlungen das Unterbewusstsein umprogrammieren, damit es zukünftig so reagiert, wie es uns dienlich ist. Bis wir das geschafft haben, wird es auf jeden neuen Reiz erst einmal negativ reagieren: Herausforderung gleich potenzielle Bedrohung, Unsicherheit, gefühlte Schwäche.

Ein Beispiel ist das Fallschirmspringen: Auch wenn Sie ein risikofreudiger Typ sind und sich auf die Erfahrung freuen, wird Ihr Unterbewusstsein sich spätestens vor dem Absprung an der offenen Luke des Flugzeugs melden: »Ja, spinnst du eigentlich total? Du springst da nicht runter!« Fallschirme sind evolutionär schließlich nicht eingeplant. Wenn Sie aber einmal gesprungen und heil unten angekommen sind, sieht es beim zweiten Mal schon etwas anders aus: Die negative Bewertung meldet sich immer noch, aber sie ist nicht mehr so dominant. Die positive Erfahrung vom letzten Mal hat die Bewertung bereits ein wenig verändert. Das Unterbewusstsein gibt der Freude nun mehr Raum. Es wurde umprogrammiert. Mit jedem weiteren Sprung wird das neue Programm vertieft.

Genau um diesen Effekt geht es beim Priming. Wir können mentale Stärke programmieren, indem wir das Gehirn mit positiven Erfahrungen füttern. Allerdings ist das nur durch kontinuierliches Training möglich.[12] Die Evolution auszutricksen, ist eben keine Kleinigkeit.

Nirgends wird die Kraft der Priming-Technik so deutlich wie in einem Airliner-Cockpit, wo Hunderte Schalterstellungen und Arbeitsabläufe »wie automatisch« aus dem Unterbewusstsein abgerufen werden müssen. Ganz besonders in kritischen Situationen: Wenn das Flugzeug wie bei dem Zwischenfall über Hurghada plötzlich zu fallen beginnt, würde ein untrainiertes Unterbewusstsein sagen: »Jetzt mal schön den Kopf runter und raus hier.« Oder auch, in einem weniger fatalistischen Lösungsversuch: »Das Ding fällt, also zieh die Nase hoch.« Für mich als Pilot, und erst recht für meine Passagiere, wäre beides äußerst unproduktiv gewesen. Stattdessen tat ich reflexartig das Richtige und führte ein kompliziertes Manöver korrekt aus, das noch dazu recht kontraintuitive Schritte beinhaltete. Es ist wie bei einem Fahrmanöver auf glatter Straße, auf der Sie ins Rutschen geraten. Intuitiv würden Sie mit aller Macht auf die Bremse treten. Wenn Sie aber mal ein Fahrsicherheitstraining gemacht haben, wissen Sie, dass das falsch wäre. Stattdessen gehen Sie von der Bremse und geben ein wenig Gas, um dem Vordermann auszuweichen.

Dass das Handeln gegen den Instinkt in kritischen Fahrsituationen und bei schwierigen Flugmanövern gelingt, ist allein der Tatsache zu verdanken, dass das Unterbewusstsein durch kontinuierliches Training auf diesen Handlungsablauf geprimed worden ist: Du sollst jetzt nicht in Deckung gehen;

du beherrschst diese Situation. Du musst jetzt Ruhe bewahren und das Richtige tun.

Wie lässt sich das im Alltag anwenden? Wie können wir uns positiv primen, ohne dafür eine Pilotenausbildung zu absolvieren? Wie können wir außerhalb des Cockpits das Unterbewusstsein austricksen und unsere Lebensqualität verbessern, indem wir Herausforderungen annehmen, anstatt davor zurückzuschrecken? Woher nehmen wir die mentale Stärke?

Raus aus dem Wahrnehmungstunnel

Eine typische Situation, die viele von uns im Laufe des Lebens einmal kennenlernen: Sie sind in einem Job gefangen, in dem Sie nicht aufgehen. Immerhin sind laut Studien nur etwa 16 Prozent der Deutschen in ihrem Job mit Herz und Seele dabei.[13] Rational wissen Sie, dass Sie diesen Job kündigen und sich einen anderen suchen sollten, der Ihnen besser gerecht wird – und den Sie allein schon deshalb besser ausfüllen könnten.

Wir alle wissen, welche Emotionen das Unterbewusstsein solchen Überlegungen entgegensetzt: »Das kann ja wohl nicht dein Ernst sein. Du bist Jäger und Sammler, verdammt noch mal. Wenn du kündigst, gibt's am Lagerfeuer kein Futter mehr. Du machst schön weiter.«

Allein der Gedanke an einen freiwilligen Schlussstrich und eine damit einhergehende Veränderung macht uns ängstlich und unsicher. Schließlich ernährt der Job uns und unsere Familie. Prinzipiell sind diese negativen Warnmeldungen auch förderlich – sonst würden wir alles jedes Mal hinschmeißen, wenn wir einen schlechten Tag haben. Allerdings gibt es individuelle Belastungsgrenzen. Sind wir dauerhaft den negativen Emotionen ausgesetzt, die eine berufliche

Fehlorientierung mit sich bringt, ist das schlecht für unseren Körper. Dieser Distress (negative Stress) behindert die Arbeit des Immunsystems, fördert Entzündungen, verlangsamt Heilungsprozesse und schadet dem Herzen. Das Verheerendste: Er wirkt sich auch mental destruktiv aus. Wir verstricken uns mehr und mehr in dem Problem, spielen es innerlich immer wieder durch. Bis es irgendwann eine Dimension erreicht hat, die es in der Realität nicht einmal annähernd hatte.

Dieses Phänomen wird »Tunnelblick« genannt. Unsere Wahrnehmung fokussiert sich auf das, was zu unseren (negativen) Annahmen passt, und alles andere wird gnadenlos rausgefiltert.

Die Folge: Wir empfinden die Arbeit als immer stressiger und immer nerviger, weil wir gar nichts anderes mehr wahrnehmen. Der Blickwinkel wird verengt. Da wir alternative Lösungen gar nicht mehr in Betracht ziehen, schrumpft auch unser Entscheidungsspielraum im Umgang mit dem Problem. Statt etwas zu verändern, wiederholen wir immer wieder die gleichen alten Muster, auch wenn sie sich nicht bewährt haben.

In der Luftfahrt ist das Phänomen des »Tunnelblicks« weitreichend bekannt und erforscht, bekam dort nur einen anderen Namen zugewiesen: »Target Fixation«, also »Zielfixierung«.

Stellen Sie sich einen Piloten vor, der im Endanflug ist und die Lichter der Landebahn schon vor sich sieht. Die Landebedingungen sind allerdings alles andere als optimal: Starker Regen beeinträchtigt die Sicht und kräftige Seitenwinde versetzen dem Flugzeug immer wieder heftige Schläge. Die Landebahn ist von dem Starkregen sprichwörtlich geflutet. Blitze entladen sich rund um die Maschine. Das Anflugsystem ist zudem defekt, was dazu geführt hat, dass das Flugzeug zu hoch und zu schnell ist, um es sicher am Beginn der Bahn aufsetzen zu können. Der Kapitän aber »gibt nicht auf« und kämpft weiter, ignoriert die vielen Warnsignale aus dem Cockpit und die Hinweise seines Kopiloten, der verzweifelt versucht, ihn zum Durchstarten zu bewegen.

Ein überzogenes, realitätsfernes Beispiel? Leider ist das innerhalb der letzten Jahrzehnte schon Dutzende Male genau so vorgefallen. Sogar bei einigen der renommiertesten Airlines der Welt, zum Beispiel American Airlines und Air France.

Warum handelten die Piloten so? Warum versuchten sie, auf Krampf zu landen, anstatt durchzustarten? Sie waren überfordert und wollten nur noch eines: der unerträglichen Stresssituation entkommen. Das konnten sie in ihrer Fixierung vermeintlich nur, indem sie das Flugzeug auf den Boden brachten.

Stress und Überforderung sorgen dafür, dass sich die mentalen Scheuklappen immer weiter schließen und die Wahrnehmung sich immer mehr verengt, bis der Betroffene praktisch unansprechbar ist.

Sie können sich vorstellen, welchen Piloten so etwas am häufigsten passiert: den überlasteten, die aufgrund von Stress zu viel von ihrer mentalen Stärke eingebüßt haben. Laut einer Studie sind 90 Prozent aller Unfälle in der Luftfahrt, deren Ursache menschliches Versagen war, auf Stress der Piloten zurückzuführen.

Wenn Sie zu lange in einem Job feststecken, der Sie innerlich auffrisst, geht es Ihnen ähnlich. Der Tunnelblick und das warnende Unterbewusstsein sorgen dafür, dass Sie sich immer mehr in die Situation verbeißen und sich zunehmend schlechter fühlen, anstatt etwas Grundlegendes zu verändern. Zum Beispiel, indem Sie kündigen.

Die Lösung heißt »Positivity«. Die Psychologie weiß heute, dass unsere Art zu denken unser Handeln entscheidend beeinflusst. Forscher haben festgestellt, dass Optimisten tatsächlich erfolgreicher und glücklicher sind als andere Menschen. Sie zeichnen sich dadurch aus, dass sie eben nicht im Tunnelblick verharren und in der Situation gefangen bleiben, wenn ihnen etwas Negatives widerfährt. Sie sind dankbar dafür, dass es ihnen im Großen und Ganzen gut geht, und zuversichtlich, weil sie wissen, dass sich alles auch wieder zum Guten wenden wird. Diese positiven Gedanken können bei den kleinen Ärgernissen des Alltags bereits viele negative Emotionen vertreiben.

Die Kunst liegt darin, uns diese positiven Gedanken auch dann zunutze zu machen, wenn das Negative in unserer Wahrnehmung gerade dominant ist. Zum Beispiel, wenn wir im falschen Job gefangen und darüber unglücklich sind.

Über den Wolken: Wie Sie die Vogelperspektive einnehmen

Um in solch festgefahrenen Situationen wieder Positivity ins Denken zu bringen, ist ein Perspektivenwechsel vonnöten. Wenn wir uns in negativen Emotionen gefangen fühlen, können wir uns so daran erinnern, dass wir eigentlich frei sind.

Grenzenlose Freiheit ist seit Menschengedenken eines der erstrebenswertesten Ziele. Ihr begegnen wir, einem bekannten deutschen Schlager zufolge, nur über den Wolken. Ich kann die Emotionen, die bei diesem Text unweigerlich aufkommen, nur aus meiner fliegerischen Tätigkeit bestätigen. Dass der Liedermacher Reinhard Mey, der Autor dieser Zeilen, Hobbypilot war, überrascht mich nicht im Mindesten.

Der vielleicht schönste Aspekt meiner Arbeit ist das Gefühl von Freiheit, Unbeschwertheit und innerem Frieden, das mich auch nach über einer Dekade noch wie am ersten Tag erfüllt, wenn ich aus dem Cockpitfenster auf die Erde schaue. Von der Hektik, den Problemen, den Sorgen der Menschen dort unten spüre ich über den Wolken nichts. Ich sehe sprichwörtlich das große Ganze in seiner Schönheit.

Dieser distanzierte Blick auf die Dinge ist ein gutes Sinnbild für Positivity. Mal ehrlich: Wie viele der Probleme und Umstände, die uns jeden Tag so beschäftigen und besorgen, ärgern und aufregen, sind denn wirklich wichtig und von Bedeutung? Positivity bedeutet, diese innere Haltung anzunehmen und in der Vogelperspektive auf unser Leben, auf unsere derzeitigen Schwierigkeiten und unseren momentanen Ärger zu blicken. Genauso natürlich auf das Erfreuliche darin! Wie wir negative Erlebnisse verarbeiten, wie wir mit schlechten Gefühlen umgehen, ist in hohem Maße eine Frage der Perspektive!

Wenden wir nun Positivity für unser Beispiel des ungeliebten Jobs an: Wenn Sie nur den evolutionären Warnhinweisen Ihres Unterbewusstseins folgen, stellen Sie sich nicht die entscheidenden Fragen: Bin ich vielleicht falsch in meinem Beruf oder an diesem Arbeitsplatz? Sollte ich nicht endlich kündigen und mein Leben so gestalten, wie ich es eigentlich möchte? Was wäre, wenn ich morgen nicht mehr hierherkommen müsste?

15 Prozent aller deutschen Arbeitnehmer haben innerlich gekündigt. Warum stellen sich diese Menschen diese Fragen nicht? Weil es wehtun würde. Es würde bedeuten, sich das eigene »Scheitern« in diesem Job einzugestehen. Zuzugeben, dass sie über- oder unterfordert sind oder einfach nicht reinpassen. Wenn sie sich das jedoch eingestehen würden, dann stünden sie vor der logischen Konsequenz, dass etwas passieren muss. Eine grundlegende Veränderung.

Genauso ging es mir damals während der Testvorbereitung beim General. Mein Unterbewusstsein rebellierte, indem es mir sagte: »Du kannst das nicht.« Aber ich konnte den alten Code schließlich überschreiben und widersprechen: »Ich kann es doch. Ich, Philip Keil, sage dir, dass es geht. Wollen wir doch mal sehen, wer am Ende recht behält.«

Es war nur eine Entscheidung. Nur eine Frage der Überwindung einer weiteren von vielen mentalen Hürden auf dem Weg ins Cockpit. Eine Überwindung der negativen, destruktiven Gefühle: das Scheitern einzugestehen und mich den negativen Gefühlen zu stellen. »Okay, so ist es eben.« Um in sofortiger Konsequenz fortzufahren: »Wie mache ich jetzt weiter? Auf jeden Fall anders, denn so wird es nichts.«

Das ist der erste Schritt: die Überwindung. Mit ihr stellt sich die Vogelperspektive fast automatisch ein. Plötzlich nehmen wir die Realität ganz anders in den Blick. Wir sehen den Istzustand zum ersten Mal klar. Wir sehen vielleicht bedrückt, was nicht gut ist. Aber wir sehen auch hoffnungsvoll, wie es sein könnte.

Ruhig mal schwarzmalen: Negativszenarien für positives Denken

Wenn Sie es in die Vogelperspektive geschafft haben, können die negativen Gefühle plötzlich durch positive Szenarien ausgekontert werden. Um es sich leichter zu machen, empfehle ich Ihnen, diesen Schritt ganz bewusst zu gehen: Was würde passieren, wenn ich in dieser negativen Situation verharre?

Klare Sache: Alles würde noch schlimmer werden. Der unpassende Job würde Ihre Gesundheit und Ihr Lebensglück irgendwann vielleicht vollends ruinieren. Sie würden irgendwann sterben, ohne zu wissen, wie es hätte sein können, wenn Sie Ihren Träumen gefolgt wären und sich neu orientiert hätten.

Stellen Sie sich ganz bewusst dem inneren Kind: Wie würden Sie ihm erklären, dass Sie seine Träume in den Wind geschossen haben, nur weil Sie »vernünftig« geworden sind?

Wenn Ihnen das aus irgendwelchen Gründen schwerfällt, machen Sie sich einen psychotherapeutischen Kniff zunutze. Projizieren Sie Ihre Situation auf die Lebenssituation eines Freundes. Tun Sie so, als ob er all diese Probleme hätte. Dann fällt es Ihnen leichter, distanziert von außen zu betrachten. Was würden Sie diesem Freund raten, wenn es um ihn ginge? Was würden Sie ihm auf die Sinnfragen antworten: »Was ist wirklich wichtig?« »Warum tun wir das, was wir tun?«

Jetzt haben Sie den inneren Schweinehund am Halsband. Schauen Sie ihm tief in die Augen und schütteln Sie ihn ordentlich durch: Was könnte denn schlimmstenfalls passieren, wenn Sie sich der Herausforderung stellen und etwas verändern? Was würden Sie tun, wenn dieses Negativszenario tatsächlich eintritt? Wie können Sie dem durch taktisches Vorgehen von Anfang an gezielt entgegenwirken?

Wissen Sie, wo Sie jetzt sind? Sie sind im Simulator. Sie sind der Pilot, der den Ernstfall nachstellt. Tun Sie, was er tut: Gehen Sie den Ablauf immer und immer wieder durch. Verinnerlichen und vertiefen Sie ihn. Machen Sie ihn zu einem »automatischen« Reflex.

Durch Ihre Gedanken helfen Sie dem Unterbewusstsein zu verstehen: Das ist nicht die Bedrohung, das ist die Überlebensstrategie. Die Veränderung ist der Weg. Es fühlt sich gut an, ihn zu gehen.

Der Flow ist kein Selbstläufer

Was Sie dann an sich selbst beobachten, nennen wir einen »Flow«. Wir erleben ihn, wenn wir eine Aufgabe oder Tätigkeit als sinnhaft erleben. »Motivation erhalte ich aus der gefühlten Attraktivität, der Sinnhaftigkeit eines Ziels«, hat der schreibende Pilot Antoine de Saint-Exupéry einmal gesagt.[14]

Aufgaben und Herausforderungen, die uns Überwindung kosten, gehören zum Leben nun einmal dazu. Oft stellen sie sogar die notwendige Hürde dar, die es zu überwinden gilt, um sich Wünsche und Träume zu erfüllen – eine Art Eignungsprüfung für ein sinnhaftes Wirken. Doch unsere Prioritäten und der Großteil unserer beruflichen und privaten Zeit sollten sinnerfüllt sein. Sinnhaftigkeit ist die Voraussetzung für das Gefühl des Flows, wie ich ihn bei meinem Eignungstest erlebt habe. Mihály Csíkszentmihályi, Glücksforscher und Gründer des Quality of Life Research Center (QLRC), hat in Gesprächen mit den erfolgreichsten Menschen der Welt festgestellt, dass fast alle von ihnen dieses Lebensgefühl gemeinsam haben: Sie sind in ihrem Element, gehen in ihrer Tätigkeit auf und vergessen dabei die Zeit. Sie haben nicht das Gefühl, sich anzustrengen. Wer für seine Tätigkeit voll und ganz lebt, also einen tieferen Sinn darin sieht, wird sich nie wie in einem Hamsterrad fühlen.

»Im Flow besteht eine gute Balance zwischen dem notwendigen Können und den Anforderungen der Situation«, schreibt die Psychologin Marlies Terstegge in ihrem Buch über den Flow.[15] Situationen, in denen wir Flow empfinden, zeichnen sich also dadurch aus, dass wir weder über- noch unterfordert sind.

Piloten vollbringen ihre Spitzenleistungen dann, wenn sie mit Herausforderungen konfrontiert werden, auf die sie gut vorbereitet sind. Ausgerechnet in diesen schwierigen Situationen ist das Fehlerpotenzial am niedrigsten. Adrenalin wird ausgeschüttet, die Konzentration ist auf ihrem höchsten Level – und gleichzeitig ruhen wir im Bewusstsein, mit dieser schwierigen Situation umgehen zu können. Schließlich haben wir sie wieder und wieder trainiert und beherrschen die Abläufe im Schlaf.

Der Flow ist kein Selbstläufer, doch er lässt sich herbeiführen. Indem wir den Großteil unserer Zeit darauf verwenden, das zu tun, was uns motiviert – und gleichzeitig akzeptieren, dass es dabei auch Herausforderungen anzunehmen und Hürden zu überwinden gilt.

Tatsächlich haben Psychologen herausgefunden, dass wir allein schon dadurch zufriedener werden, wenn wir negative Gefühle annehmen und das Leben so akzeptieren, wie es ist.[16] Nachweisen lässt sich die positive Wirkung der Akzeptanz zum Beispiel bei chronisch Kranken wie Depressiven oder Schmerzpatienten. Diese Menschen kommen meistens erst in Behandlung, wenn sie bereits chronisch krank sind. Dort wird ihnen dann genau das beigebracht: verstehen, annehmen und erst dann daran arbeiten. Das ist ähnlich zu unserer Trauer: Solange wir den Schmerz der Trauer unterdrücken (indem wir uns z.B. ablenken), können wir ihn nicht verarbeiten.

Der Psychologe Jens Corssen hat diese Haltung auf den Punkt gebracht: »Was ist, ist. Und wie ich es beurteile, ist mein ganz persönlicher Beitrag zum Leben.«[17]

Sinnhaftigkeit, Akzeptanz und Training sind die Voraussetzungen, um einen Flow zu erreichen. Aus ihnen erwächst die mentale Stärke, die wir an erfolgreichen Menschen bewundern, denen alles zu gelingen scheint. Ihre größten Leistungen vollbringen auch diese Menschen nicht, wenn alles läuft wie geschmiert. Sondern gerade dann, wenn der Weg holprig ist. Denken Sie daran, wenn Ihnen das Leben mal wieder ungerecht erscheint.

Mentale Stärke trainieren: Wie Sie Herausforderungen lieben lernen

Mentale Stärke kommt aus der inneren Haltung gegenüber den Herausforderungen des Lebens – und aus der Sicherheit, damit umgehen zu können. Genau aus diesem Grund muss ich alle sechs Monate meine Fähigkeiten im Simulator unter Beweis stellen. Vier Stunden dauert der Test, bei dem jedes nur denkbare Horrorszenario täuschend echt nachgestellt werden kann. Hinter mir sitzt ein prüfender Pilot, und die Daten aus diesem »Flug« gehen direkt an das Luftfahrtbundesamt. Nur so kann sichergestellt werden, dass ich für den Ernstfall gewappnet bin.

Wie für einen Sportler oder Musiker sind vor allem komplexe Handlungsabläufe auch für einen Piloten nur durch ständiges und regelmäßiges Training beherrschbar. Wie ein Muskel muss das Gehirn mithilfe solcher Stresssituationen stimuliert werden, um fit zu bleiben und funktional wachsen zu können. Deshalb nennen wir das etwa sieben Millionen Euro teure Foltergerät in Pilotenkreisen auch »S(t)imulator«.

Lust auf diesen regelmäßigen Termin hat kein Pilot: Das ist eine unangenehme Situation. Wenn ich dort scheitere, ist meine Lizenz in Gefahr. Es geht um meine berufliche Existenz. Das ist purer Stress und aufgrund der schwierigen Szenarien, zum Beispiel Notwassern oder Landen bei Scherwinden, auch vier Stunden knüppelharte Arbeit. Doch diese Erfahrung macht mein Unterbewusstsein stark. Allein der Gedanke an die Erfahrung sorgt bereits für ein starkes Selbstbewusstsein. Beides führt zu der positiven Haltung: Klar schaffe ich das auch in der Luft, wenn es drauf ankommt.

Das Geheimnis der mentalen Stärke liegt also in der Kombination: Wir können unsere Wahrnehmung beeinflussen, indem wir bewusst positiv denken. Wir können ebenso die Unterstützung unseres Unterbewusstseins für unsere Ziele bekommen, indem wir es gezielt durch positive Erfahrungen umprogrammieren.

Beides braucht Training. Die ersten Ergebnisse werden wir sehr schnell spüren, doch zuvor müssen wir uns überwinden. Wir müssen eine bewusste Entscheidung gegen die Einwände unseres Unterbewusstseins treffen, das auf Sicherheit bedacht ist.

Ich sage es Ihnen gleich: Das ist der schwerste Part im ganzen Prozess. Wenn Sie den Blick in den Spiegel überstanden haben, geht es kontinuierlich aufwärts. Nicht jeden Tag und nicht ohne Rückschläge. Doch alles, was Sie tun müssen, ist, immer wieder in den S(t)imulator zu steigen. Auch und gerade an den schlechteren Tagen. Bis Sie bereit sind für die guten.

Final Call: S(t)imulator

- Gehen Sie in den S(t)imulator: Stellen Sie sich unangenehmen Herausforderungen zunächst gedanklich, anstatt ihnen auszuweichen.
- Negativszenarien auskontern: Fragen Sie sich gezielt, was schlimmstenfalls passieren könnte, wenn Sie die Herausforderung annehmen und scheitern. Ganz wichtig: Fragen Sie sich gleichzeitig auch, was passieren wird, wenn Sie es nicht tun.
- Erstellen Sie einen Plan für den Ernstfall: Was würden Sie tun, wenn der Worst Case tatsächlich eintritt?
- Beugen Sie vor: Was können Sie jetzt tun, um den

Worst Case aktiv zu vermeiden und bei Enttäuschungen nicht das Handtuch zu werfen?

- Priming for Positivity: Vertiefen Sie den Ablauf und gehen Sie ihn immer wieder durch, bis Sie keine Angst mehr empfinden, sondern sich beweisen wollen.

KAPITEL 3

Chair Flying: Ziele visualisieren

Das finale Verhör liegt hinter mir. Die feuchten Hände sind wieder da – obwohl ich das Gefühl habe, meine Sache gut gemacht zu haben. Obwohl ich eben noch im Flow war. Ich habe alles gegeben. Jetzt kann ich nichts mehr tun. I have no control. Das gefällt mir gar nicht. Kein Wunder: Gleich wird über mein Schicksal entschieden.

Wieder sitze ich der Kommission gegenüber, die mich eben noch mit allen Mitteln der Verhörkunst an die Wand zu fahren versucht hat. Den fünf Psychologen und dem Flugkapitän. Auf dem Stuhl, der mich in eine unbequeme Haltung zwingt. Ein bisschen fühle ich mich wie ein Schüler, der beim Direktor antreten muss. Meine Gedanken springen hin und her zwischen »Ich hatte auf alles die passende Antwort – das muss doch geklappt haben!« und »Was, wenn nicht?«

Einer von 20 … Ich werde Pilot … Einer von 20 … Bin ich es? … Einer von 20 … Ich will es jetzt wissen!

Die sechs Augenpaare schauen mich genauso durchdringend an wie zuvor. Dann bricht der Flugkapitän, unvermittelt und ohne weitere Vorrede, das Schweigen: »Herzlichen Glückwunsch, Herr Keil! Sie haben bestanden und können Ihre Ausbildung zum Piloten antreten.«

Ich sacke auf dem Stuhl in mich zusammen. Der Kapitän spricht weiter, aber ich bekomme nicht viel mit von dem, was er sagt. Plötzlich ist die ganze Anspannung weg. Einer der wichtigsten Momente meines Lebens ist gerade einfach so über mich hinweggerollt: Mit einem Riesensatz bin ich meinem großen Ziel um Meilen nähergekommen. Die Kommission hatte es nicht geschafft, mich plattzumachen – dieser Moment hingegen schon. Ich möchte gleichzeitig schreien vor Freude und heulen vor Erschöpfung.

Ich kann nur noch eines denken: Ich werde Pilot!

* * *

Plötzlich wieder Schule

Einige Zeit später stand in meiner ersten eigenen Wohnung ein Schild mit dem gleichen Satz: »Ich werde Pilot!« Eigentlich war es nur ein Stück Papier mit drei Wörtern, aber es sollte mich durch die gesamte Ausbildung begleiten. Denn es war natürlich viel mehr als ein Zettel. Es war mein Ziel.

Meine Ausbildung zum Berufspiloten begann im Mai 2002. Endlich hatte ich die große Hürde der Tests übersprungen und war auf dem direkten Weg zu meinem Ziel. Positive Anspannung minus die große Unsicherheit, ob mein Traum realistisch war: Das war eine ganz neue Herausforderung mit anderen, ganz realen Hürden. Den gleichen, die jeder kennt, der auf ein großes Ziel hinarbeitet.

Einerseits war es eine aufregende Zeit. In Bremen, wo der Theorieteil der Pilotenausbildung stattfand, bezog ich meine erste eigene kleine Wohnung. Zum ersten Mal in meinem Leben füllte ich eine Rolle aus, die ich selbst gewählt hatte. Mit der Gewissheit im Rücken, dass ich mir diesen Zustand allein erarbeitet hatte: Ich lebte meinen Traum.

Einfach war es dennoch nicht. Die theoretische Ausbildung war hart. Plötzlich war ich wieder in der Schule – nicht gerade mein liebstes Spielfeld. Nun musste ich meine Tage wieder in einem Klassenzimmer verbringen. Der Prüfungsdruck war immens. Die Tage waren lang, manche Wochen schienen nicht enden zu wollen. Sechs Monate lang büffeln, von morgens bis abends, bei wenig Freizeit und wenig Abwechslung. Schließlich war ich, der Bayer, in Norddeutschland zum ersten Mal weit weg von daheim, von meiner Familie und meinen Freunden. Ein großer Schritt mit 20 Jahren und wenig Lebenserfahrung. Die spärlichen ruhigen Momente wurden fast automatisch zu Momenten der Einsamkeit.

Das waren auch die Augenblicke des Zweifelns. Wenn ich in der kleinen Wohnung die weiße Wand anstarrte, plagten mich manchmal ohne handfesten Grund und ohne konkreten Anlass Zweifel, ob ich meinen Traum je erreichen würde. Ob mein Ziel wirklich in so greifbarer Nähe war, wie die bestandenen Aufnahmetests es mir suggeriert hatten. Nach der Euphorie darüber, als Pilot tatsächlich eine Chance zu bekommen, hatte ich nun wieder mit den Tücken des Alltags zu kämpfen: ständig volles Programm, immer die beste Leistung bringen, permanent einem hohen Erfolgsdruck ausgesetzt sein. Das ging nur mit starkem Willen und viel Disziplin. Ich wollte Pilot werden, ich wollte fliegen – nicht die Schulbank drücken. Aber das eine war nun mal die Voraussetzung für das andere.

Diese Momente der Schwäche kennt jeder Mensch. Selbst die Überflieger, von denen wir das nie erwartet hätten. Zweifel quälen jeden von uns. Das ist aber auch gut so, denn Zweifel gehören zur Entwicklung dazu. »Wer Recht erkennen will, muss zuvor in richtiger Weise gezweifelt haben«, hat schon Aristoteles gesagt.

Zwei einfache, aber extrem motivierende Tricks haben mir während meiner Ausbildungszeit geholfen, mich aus solchen Tiefpunkten am eigenen Kragen wieder herauszuziehen.

Das Schulungsgebäude lag direkt neben dem kleinen Bremer Flughafen. Wenn ich einen besonders harten Tag hinter mir oder eine Pause zwischen zwei Unterrichtseinheiten hatte, ging ich oft hinüber ins Terminal und stellte mich auf die Besucherterrasse. Dort stand ich für eine Weile, sog die Atmosphäre des Flugbetriebs ein und dachte mich in die Flugzeuge hinein. Ich stellte mir vor, ich säße statt der Piloten im Cockpit, deren Uniformen und Sonnenbrillen ich aus der Ferne erahnen konnte. Wo mag der jetzt wohl hinfliegen, fragte ich mich dann. Was tut er jetzt gerade? Geht er die Checkliste durch? Funkt er mit dem Tower? Wird er heute vielleicht in Italien oder Spanien übernachten? Wohin wird er morgen unterwegs sein? Diese Überlegungen erfüllten mich ein ums andere Mal mit einer unbändigen Freude. Was für ein großartiges Leben diese Piloten führten!

Dieses Leben war meine Vision. Dort, auf der Terrasse in Bremen, hatte ich sie direkt vor Augen. »Das Pilotenleben wartet auf dich!«, sagte ich mir dann. »Greif zu, Philip!«

Damit diese Motivation mich auch in meiner Wohnung beim nächtlichen Lernmarathon nicht verließ, bastelte ich mir dieses Schild: »Ich werde Pilot!« Ich nahm dafür das größte Stück Papier, das ich zur Hand hatte, und schrieb die Worte in Plakatgröße fett nachgezogen darauf: »Ich werde Pilot!« Fortan stand es auf meinem Schreibtisch, in ständiger Sichtweite.

Mit diesen Motivationshilfen schaffte ich es durch die theoretische Ausbildung: Immer wenn es schwierig wurde, immer wenn mich Zweifel plagten, nahm ich mein Ziel noch fester ins Visier. Ich motivierte mich, indem ich mir vorstellte, wie es sein würde, wenn ich es erreicht haben würde. Das gab mir Kraft.

Diese Phasen erleben Sie auch. Jede Karriere ist mal schwierig, jede Beziehung hat mal einen Tiefpunkt, jeder Weg ist mit Unebenheiten gespickt. Wenn der Erfolg und das Glück in weiter Ferne scheinen und große Herausforderungen haushoch vor Ihnen aufragen, ist ein mentaler Zeitraffer die beste Motivationshilfe: sich die Schritte auf dem Weg und das Ziel vor Augen zu führen.

Piloten nutzen diese Strategie in ihrer Vorbereitung darauf, die fliegerischen Herausforderungen in der Realität zu meistern. Das sogenannte »Chair Flying« kommt schon in der Ausbildung zum Einsatz.

Das funktioniert so: Ich sitze auf einem Stuhl. Egal wo – zum Beispiel zu Hause auf dem Küchenstuhl. Deshalb nennen wir das »Chair Flying«. Ich schließe die Augen und sehe das Cockpit vor mir. Jeden Schalter, jedes Instrument. Dann versetze ich mich mental in die Flugsituation. Ich male mir vor dem inneren Auge aus, was im Cockpit passiert. Was ich in dieser Situation tun muss. Bis ins kleinste Detail: jedes Umlegen eines Schalters, jede Hand- und Fußbewegung an der Steuerung, jeden Funkspruch. Immer und immer wieder. Damit ich diesen Handlungsablauf im realen Cockpit verzögerungsfrei abrufen kann – die Situation erfolgreich meistern, selbstbewusst und routiniert. Das Flugzeug sicher landen, als hätte ich das schon tausendmal gemacht.

Habe ich schließlich auch. Fiktiv. Auf dem Küchenstuhl.

Ziele zu fokussieren und intensiv zu visualisieren ist beides zugleich: Eine Motivationsstrategie für den Kopf und eine Erfolgsstrategie für die Umsetzung. Es funktioniert in schweren Zeiten genauso wie bei ganz alltäglichen Aufgaben. Wir Piloten nutzen diese Strategie für ganz konkrete Situationen im Fliegeralltag und mir hat sie auch durch die härtesten Phasen meiner Ausbildung geholfen. Nutzen auch Sie sie für Ihre ganz persönlichen tagtäglichen Herausforderungen und genauso, um Ihre größten Ziele zu erreichen! Ich zeige Ihnen wie.

Warum die meisten Menschen nur mäßig erfolgreich sind

Zuerst muss ich Sie mit einer unangenehmen Tatsache konfrontieren: Bei unseren Lebenszielen sind wir unterbewusst rückwärtsgewandt. Deshalb sind 95 Prozent der Menschen nur mäßig erfolgreich und nicht sonderlich glücklich. Wir leben in einem Kulturkreis und in einer Zeit, in der uns privat und beruflich alle Türen offen stehen. Die Entfaltungsmöglichkeiten sind praktisch unendlich. Dennoch macht der überwiegende Teil der Menschen ein Leben lang Dienst nach Vorschrift. Auch im Privatleben. Die wenigsten von uns nutzen all die fantastischen Chancen, die sich uns bieten. Warum bloß?

Weil wir unsere Ziele im Rückspiegel suchen.

Wenn ich während meiner Ausbildung in ein Tief geriet, dann letztlich aufgrund der gleichen Mechanismen, die mir schon im Haus des Generals zugesetzt hatten. Es ist die gleiche Denkfalle, die Sie quält, wenn Sie vor einer angsteinflößenden Herausforderung stehen: Negativität erzeugt Stillstand. Unsere Gedanken steuern unsere Gefühle, und unsere Gefühle beeinflussen unser Verhalten. Destruktive Gedanken lotsen uns in die Ohnmacht, wenn wir nicht gegensteuern.

Der Mensch ist ein Gewohnheitstier. Wir richten unser Verhalten bewusst, vor allem aber unterbewusst entlang von Erfahrungen aus, die wir zu einem früheren Zeitpunkt gemacht haben. Wir sind so programmiert, dass wir unsere Zukunft aus unserer Vergangenheit gestalten.

Wie können wir unser Gehirn dazu bringen, nach vorn zu blicken, statt zurück? Wie können wir unser Denken und Handeln auf eine Zukunft einstellen, die wir noch nicht erlebt haben? Um das grenzenlose Potenzial des menschlichen Gehirns zu entfesseln, dem wir Errungenschaften wie das Flugzeug, das Penicillin oder das iPhone zu verdanken haben, müssen wir lernen, unsere Vorstellungskraft zu entfalten. Wir müssen uns selbst die Chance einräumen, uns auf eine Fiktion von unserem Leben auszurichten. Obwohl es dafür keine Garantie gibt. Obwohl wir unterwegs scheitern könnten. Obwohl unsere Eltern und manch andere vielleicht sagen: Das ist doch unrealistisch.

Wie realistisch war wohl Steve Jobs' Traum, Microsoft Konkurrenz zu machen? Wie realistisch das Ziel von Michael Jordan, der beste Basketballer aller Zeiten zu werden, als sein Coach in der High School ihm sagte, er habe zu wenig Talent? Wie realistisch war der Traum der Luftfahrtpioniere vom Fliegen?

Die meisten Menschen, die mit ihrem Leben unzufrieden sind, kranken nicht an realen Begrenzungen. Sondern daran, dass sie als Gewohnheitstiere in den Beschränkungen ihrer Vergangenheit hängen bleiben und sich von den Gewohnheitstieren in ihrer Umgebung beeinflussen lassen.

Die Plattitüden, mit denen wir unsere eigenen Potenziale künstlich einschränken und einschränken lassen, klingen so: »Das habe ich noch nie geschafft!«, »Dafür bin ich nicht gemacht!«, »Es bringt doch nichts, sich Illusionen hinzugeben!« oder folgendes Demotivationsmantra vieler besorgter Eltern: »Träume sind ja schön und gut, aber im Leben musst du realistisch bleiben. Sonst wirst du nur enttäuscht.«

Menschen, die Großes erreicht haben, reden ganz anders über Ziele. Der Rekord-Bergsteiger Reinhold Messner zum Beispiel gibt dem Willen den Vortritt vor dem, was wir gemeinhin »Realismus« nennen: »Der Glaube kann Berge versetzen. Der Mensch kann alles schaffen, was er will. Aber ein normaler Mensch will nur, was er kann.«

Ein Wunsch ist noch kein Ziel

Ein Wunsch ist nicht dasselbe wie ein Ziel. Ein Wunsch ist zum Beispiel: »Ich will mit dem Rauchen aufhören.« Ein beliebter Neujahrsvorsatz. Bezeichnenderweise gehen die meisten Menschen, die diesen Wunsch hegen, allein deshalb jedoch nicht den ersten Schritt. Mit dem Alltagsstress verschwindet die Idee wieder aus dem Kopf – bis zum nächsten Jahreswechsel. Je öfter sich diese Schleife wiederholt, desto geringer ist die Wahrscheinlichkeit, dass der Wunsch sich erfüllt. Im Unterbewusstsein vertieft sich jedes Mal die Erfahrung: Ich schaffe das nicht.

Dabei haben Sie es noch gar nicht wirklich versucht! Weil »mit dem Rauchen aufzuhören«, »mehr Sport zu treiben« oder »abzunehmen« an diesem Punkt nur ein Wunsch ist. Viele Träume bleiben im Laufe unseres Lebens in diesem Stadium stecken, weil wir es verpassen, sie konsequent anzupacken.

»Wie viele Ihrer Ziele verfolgen Sie entschlossen und wie viele halten Sie sich zum Vergnügen, so wie man sich zum Beispiel Aquarienfische hält?«, fragt der Hirnforscher und Autor Rolf Dobelli jene, die im Stadium des Wunschdenkens stehen bleiben.[18] Oft hören wir Menschen auch von ihrer »Leidenschaft« sprechen. Den Hobbyfotografen, der mit stolzgeschwellter Brust seine Urlaubsbilder vorführt. Den Kleingärtner, dessen Augen leuchten, wenn er von seinem Obst spricht. Den Technikfreak, der gar nicht mehr aufhören kann, über Bits und Bytes zu dozieren.

Haben diese Menschen die Prioritäten für ihr Leben richtig gesetzt? Zählen Sie mal zusammen, wie viele »leidenschaftliche Sportler«, »leidenschaftliche Musiker« oder »leidenschaftliche Reisende« es in Ihrem Bekanntenkreis gibt. Dann rechnen Sie mal gegen, wie viele davon ihre Leidenschaft tatsächlich zu ihrem Lebensinhalt gemacht haben – als Leistungssportler, Berufsmusiker oder Reiseführer zum Beispiel. Wie viele davon sind stattdessen in völlig andere Berufe eingestiegen und aus Angst vor Veränderung dort geblieben – mäßig erfolgreich und nicht sehr zufrieden?

Natürlich muss die Leidenschaft Hürden überstehen, wenn wir sie zum Beruf machen. Klar steht sie plötzlich unter ganz anderen Vorzeichen. Fraglos kann mancher Traum sich dann auch als Enttäuschung entpuppen. Doch warum sollte diese Möglichkeit Sie davon abhalten, es zu versuchen? Ist eine Leidenschaft, die nicht mit allen Mitteln verfolgt wird, immer noch eine Leidenschaft?

Woran hapert es, wenn wir tiefe Wünsche haben und sie dennoch nicht verfolgen? Es ist nicht so, dass es uns einfach nur an Motivation oder Ermutigung mangelt. Die klaffende Lücke zwischen Wunsch und Erfüllung hat auch viel damit zu tun, wie wir unsere Zeit nutzen. Der Glücksforscher Matt Killingsworth hat in einer Studie herausgefunden, dass wir die Hälfte unserer wachen Zeit geistig abwesend sind.[19] Was bedeutet das? Geistige Abwesenheit heißt, dass wir die Hälfte unserer bewussten Zeit über unfokussiert herumirren. Wir sind auf Autopilot. Dabei könnten wir zum Beispiel die ein, zwei Stunden, die viele von uns auf dem Weg zur Arbeit im Auto verbringen, dazu nutzen, uns immer wieder intensiv und detailliert mit unseren Zielen zu beschäftigen. Gedanken steuern unser Handeln. Nützen kann uns das jedoch nur, wenn wir richtig denken: in Zielen, nicht in Wünschen.

»Normale« Menschen geben sich mit Wünschen zufrieden. Überdurchschnittlich erfolgreiche und zufriedene Menschen haben Ziele – und tun alles, um sie zu erreichen. Leidenschaftlich.

Ziele durch Planung erreichen: Wie es wirklich klappt

Motivation ist ein wichtiger Erfolgsfaktor für die Zielerreichung. Doch ohne gute Planung greift auch die beste Motivationsstrategie ins Leere.

Der Verwirklichung Ihrer Träume kommen Sie schon ein großes Stück näher, indem Sie Ihre Wünsche zu Zielen machen. Das funktioniert bei Vorhaben wie dem Rauchstopp oder dem Abnehmen letztlich genauso wie bei den großen Lebens- und Karrierezielen: Ein Ziel ist im Vergleich zu einem Wunsch *konkret.* Es existiert nicht nur in Ihrem Kopf, sondern wird in die Lebensrealität getragen. Es hat klare Parameter, an deren Einhaltung Sie Ihre Fortschritte und später auch den Erfolg messen können. Nur so können positive Erfahrungen entstehen – Erfolgserlebnisse, die Ihrem Unterbewusstsein dabei helfen, die Veränderungen als positiv wahrzunehmen und zu unterstützen.

Um einen Wunsch in ein Ziel zu verwandeln, können Sie sich grundlegend an die folgende Handlungsabfolge halten – unabhängig davon, ob Sie mit dem Rauchen aufhören wollen oder Ihre Karriere planen.

Lebensprioritäten festlegen

Ihre Prioritäten können Sie nur durch Selbstreflexion bestimmen. Führen Sie zunächst einen Faktencheck durch, indem Sie Zwischenbilanz über Ihr bisheriges Leben ziehen:

- Was ist mein Wunsch/Lebenstraum?
- Wo stehe ich heute auf dem Weg zur Erfüllung?
- Wo will ich hin, was ist das ultimative Ziel?

Ziele formulieren

Um Ihren Wunsch nun in ein Ziel umzuformulieren, muss aus der vagen Idee eine ganz konkrete Vorstellung werden. Um sich mental nicht zu überfordern, ist es sinnvoll, das Ziel in Etappenziele aufzuspalten, deren Erreichung Ihnen realistisch erscheint.

Fixieren Sie Ihr Ziel unbedingt schriftlich. Die Zielformulierung muss klar festlegen, was genau Sie vorhaben und wie Sie es erreichen wollen. Am besten anhand der W-Fragen:

- **Was?** Was genau wollen Sie erreichen? (z.B.: Wie lautet mein Zielgewicht? In welcher Position will ich arbeiten? Wie viel Jahresumsatz soll mein Unternehmen machen?)
- **Warum?** Was ist der Sinn Ihres Ziels? Was genau versprechen Sie sich davon? (z.B.: Ich will abnehmen, um beim Halbmarathon nächstes Jahr konkurrenzfähig zu sein. Ich will Schichtleiter werden, um mein Organisationstalent ausleben zu können, und nicht mehr am Fließband stehen, wo ich mich unterfordert fühle. Ich will diesen Umsatz erreichen, um mich mit 60 zur Ruhe setzen zu können.)
- **Wie?** Welche konkreten Schritte werden Sie unternehmen? Versuchen Sie es mit FdH (»Friss die Hälfte«) oder mit Low Carb? Wenn Sie Ihr Programm für die Zielerreichung gefunden haben, unterteilen Sie Ihre Zielstellung in Etappenziele, die Sie herausfordern, aber nicht abschrecken. (Zum Beispiel erst einmal drei Kilo, dann weitere zwei Kilo usw.; erst einmal einen zusätzlichen Aufgabenbereich übernehmen, dann die Beförderung; erst einmal den ersten Kunden akquirieren, dann den zweiten usw.)
- **Wann?** Legen Sie den Zeitraum für die Etappenziele und das Gesamtziel genau fest: drei Kilo bis zum Ende des ersten Monats, weitere zwei Kilo bis zum Ende des zweiten usw.

Wichtig ist dabei, dass Sie Ihre Ziele absolut formulieren, nicht relativ. »Ich will in drei Monaten besser reden können als XY« hilft Ihnen nicht, weil es nicht konkret genug ist. Die relative Formulierung lenkt den Blick weg von Ihnen selbst und damit weg aus Ihrem eigenen Einflussbereich. Nehmen Sie sich stattdessen vor, in drei Monaten 6 Kilo abgenommen zu haben und dieses Gewicht fortan zu halten.

Zielbilder: Wie (Über-)Flieger sich erfolgreich visualisieren

Eine Stütze, die Ihnen schon bei der Zielformulierung enorm helfen kann, ist, Ihr Vorhaben buchstäblich »sichtbar« zu machen. Unser Gehirn kann visuelle Eindrücke besser verarbeiten als abstrakte Informationen. Deshalb sollten Sie Ihr Ziel optisch erfassen können. Experten nennen das ein »Zielbild«.

Nehmen Sie diesen Begriff wörtlich. Ihr Zielbild kann zum Beispiel ein Foto von etwas sein, das Sie mit der Verwirklichung Ihres Ziels in Verbindung bringt. Wenn Sie früher schon einmal Ihr Wunschgewicht hatten, kann ein Foto aus dieser Zeit Ihnen helfen. In meinem Fall war es während der theoretischen Pilotenausbildung das Schild mit dem Satz »Ich werde Pilot!«

Die optische Zielerfassung hat zwei Vorteile. Das Ziel buchstäblich vor Augen zu haben

- erhöht den Glauben, dass es möglich ist. Was wir sehen, ist auch für das Gehirn real und keine Einbildung;
- steigert die Disziplin bei der Umsetzung. Was wir vor uns sehen, können wir nicht ignorieren – der Anblick erinnert uns zugleich an die Pflichten, die hinter dem Ziel stecken.

Die intensive Imagination des Ziels, es sich so plastisch wie möglich vor Augen zu führen, unterstützt also unser Unterbewusstsein dabei, sich zukunftsgewandt auszurichten. Hirnforscher haben herausgefunden, dass allein durch die Erwartung eines klaren Ziels Glückshormone ausgeschüttet werden. Neben guter Laune, die sie hervorrufen, versetzen sie den Körper auch in erhöhte Handlungsbereitschaft.[20] Das Zielbild erzeugt positive Gefühle, welche die erwartete Erfahrung beim Erreichen des Ziels simulieren. Dieser Effekt verstärkt sich mit jedem erreichten Etappenziel: Je mehr Sie schon geschafft haben, desto mehr wächst Ihre Überzeugung, auch das Gesamtziel erreichen zu können.

Fast alle Spitzenleistungen im Sport, aber auch in der Wirtschaft beruhen unter anderem auf Visualisierungsstrategien.[21] Architekten bauen zum frühestmöglichen Zeitpunkt bis ins kleinste Detail ausgefertigte Modelle, die allen an einem Bauprojekt Beteiligten als exaktes Zielbild des Vorhabens dienen. Autohersteller erstellen Studien von Fahrzeugen, die Mobilitätstrends der Zukunft vorwegnehmen und sich oft in hohem Maße auf die Serienmodelle der Folgejahre auswirken. Unternehmen setzen sich oft mehrere Jahre im Voraus konkrete Umsatzziele, die in Etappenziele aufgegliedert sind und auch den einzelnen Geschäftsbereichen in Form von Vorgaben und Aktionsplänen die Zielvorgaben nennen. Spitzensportler legen ihre Ziele von einer Meisterschaft zur nächsten bis auf die Hundertstelsekunde genau fest und richten ihre Trainingspläne akribisch darauf aus – die Goldmedaille immer fest im Blick.

Ein Gefühl für den Erfolg entwickeln

Ob in der Wirtschaft, in den Medien oder im Sport: Die erfolgreichsten Menschen auf jedem Spielfeld sind Vollprofis in Sachen Vorausplanung *und* Zielerfassung. Denn beides ist eng miteinander verwoben.

Um sich auch emotional voll auf ein Ziel einzustellen, ist es wichtig, es *intensiv* zu visualisieren. Dazu gehören zwei Aspekte:

- Stellen Sie sich so plastisch wie möglich vor, wie es sein wird, wenn Sie das Ziel erreicht haben – oft und regelmäßig.
- Malen Sie sich auch jedes kleine Detail der Etappen auf dem Weg dahin aus.

Warum ist es so wichtig, dem Unterbewusstsein mit diesen Kniffen auf die Sprünge zu helfen? Weil intensive Visualisierung reale physische und mentale Reaktionen zur Folge hat. Wenn Sie sich intensiv vorstellen, wie Sie in eine bittere Grapefruit beißen, wird Ihr Speichelfluss aktiviert. Wenn Sie nur an Ihre Leibspeise denken, läuft Ihnen ebenfalls buchstäblich das Wasser im Munde zusammen. Möglicherweise beginnt sogar Ihr Magen zu knurren. Ein besonders eindrucksvolles Beispiel ist der Placeboeffekt, den wir aus der Medizin kennen: Wenn Probanden in Studien statt des echten Medikaments eine wirkungslose Ersatzsubstanz erhalten, berichten Sie oft dennoch von einer Verbesserung ihres Zustands. Diese rührt allein daher, dass sie an eine Besserung durch das Medikament *glauben*.

Neue Handlungsmuster programmieren

Bisher haben wir uns auf Ihre Gedanken und Emotionen konzentriert. Wie steht es um Ihre Handlungskompetenz? Wie kann das Chair Flying Sie bei der Umsetzung unterstützen?

Hier liegt der große Vorteil des intensiven Visualisierens gegenüber reinen Motivationsstrategien: Es prägt auch unser Handeln. Das Prinzip Chair Flying unterstützt die Formung von sogenannten Heurismen. Das sind Problemlösungsverfahren bzw. methodische Anleitungen, um neue Erkenntnisse zu gewinnen.

Auf das Fliegen bezogen bedeutet das, vereinfacht umschrieben: Wenn ich auf dem Stuhl sitze und in Gedanken fliege, vertiefe ich dabei Handlungsmuster. Die Situation, die ich intensiv visualisiere, kann ich dann auch in der Realität bewältigen. Zum Beispiel trainiere ich beim Chair Flying »auf dem Trockenen« den Ablauf bei einem Strömungsabriss: Steuerhorn vordrücken, statt nach hinten ziehen – Flugzeugnase runter, nicht rauf.

Der Effekt, der durch die intensive Visualisierung beim Chair Flying eintritt, ist der, dass der richtige Lösungsweg zum Automatismus wird. Sehen Sie sich der Herausforderung real gegenüber, ist der erforderliche Handlungsablauf, entsprechende Konzentration vorausgesetzt, ein Selbstläufer.

Das gleiche Prinzip können wir uns auch bei den schwierigsten Herausforderungen und der Erfüllung unserer größten Träume zunutze machen, um souverän über die Ziellinie zu laufen. Erfolgreiche Menschen, vor allem Profisportler, tun genau das. Die intensive Visualisierung ist ein Teil ihres Erfolgsgeheimnisses. Sie unterstützt nämlich nicht nur die technische Brillanz, sondern fördert auch in hohem Maße das Selbstbewusstsein.

Diese Überflieger konnten das jedoch auch nicht von Geburt an. Sie haben es mithilfe von Mentaltrainern und Psychologen gezielt gelernt. Spezialisten haben ihnen beigebracht, vor einem Elfmeter oder dem entscheidenden Put beim Golf keinen Gedanken an das Scheitern zu vergeuden. Sondern sich gedanklich so intensiv und plastisch mit dem Ziel und dem Erfolg zu beschäftigen, dass das Eintreten nur noch Formsache ist. Durch unzählige Wiederholungen, also Simulationen während des Trainings, können sie sich in einen tranceähnlichen Zustand tiefster Konzentration und Ruhe versetzen. In diesem tiefenfokussierten Zustand spielen sie den kommenden Spielzug vor dem geistigen Auge ab.

Wenn ein Tiger Woods vor dem 18. Loch steht und sich konzentriert, dann geschieht in seinem Kopf genau das: Er sieht den Ball exakt auf der von ihm austarierten Bahn über den Rasen rollen und ins Loch fallen, bevor er auch nur mit dem Putter ausgeholt hat. In einem Interview hat Tiger Woods einmal erklärt, dass Ziele zu visualisieren das Geheimnis seines Erfolgs sei. Er »primt« sich sozusagen darauf, den Ball ins Loch zu schlagen: »Ball ins Loch! Ball ins Loch!« Auf diese Weise aktiviert er die Hirnareale, die dafür zuständig sind, die Bewegungen genauso auszuführen, dass der Schlag tatsächlich gelingt. Denn die sind bis ins Feinste austrainiert – durch wirklichkeitsgetreues Chair Flying in ständiger Wiederholung. Die präzise Ausführung ist dann nur noch ein Automatismus, der in den meisten Fällen zum Erfolg führt.

Nicht anders ist das bei Fußballkönig Cristiano Ronaldo. Viele empfinden ihn als eingebildet und arrogant, wenn er breitbeinig dasteht wie ein Cowboy, die Hände in die Hüften gestützt, und das Tor fixiert, bevor er den Freistoß verwandelt. Mit einem Ausdruck im Gesicht, als ob der Ball schon drin wäre: »Schaut her, ich bin der Größte und ihr dürft mir beim Zaubern zusehen.«

Tatsächlich macht ihn gerade das zu einem der Besten seiner Zunft. Sein unerschütterliches Selbstvertrauen rührt daher, dass er das Ziel visualisiert und den Ball tatsächlich schon im Netz sieht. Genau da, wo er ihn hin haben will.

Die meisten Menschen würden eine solche Drucksituation als unangenehm empfinden. Für ihn ist sie ein willkommener Anlass, mal wieder der ganzen Welt zu demonstrieren, dass es keinen Besseren gibt. Das Chair Flying sorgt dafür, dass Ronaldo gerade dann besonders verlässlich trifft.

Überdurchschnittlich erfolgreiche Menschen haben gelernt, die Realität durch intensives Visualisieren ihren Überzeugungen anzupassen – nicht umgekehrt.

Vorbilder sind auch Zielbilder

Vorbilder wie Ronaldo oder andere Höchstleister zu haben, ist durchaus hilfreich. Ihren Erfolgen nachzueifern, indem wir uns vorstellen, es wären unsere eigenen, ist auch eine Form der Zielvisualisierung. Ich habe früher aktiv Tennis gespielt. Mein großes Vorbild war damals Stefan Edberg. Aus seinen Erfolgen habe ich viel Energie gezogen.

Das Nachahmen ist eine wesentliche Überlebensstrategie des Menschen. Kinder, die isoliert aufwachsen, sind kaum lebensfähig. Die grundlegenden Fähigkeiten, die wir uns zuerst aneignen müssen – Greifen, Essen, Laufen usw. –, lernen wir, indem wir unsere Eltern nachahmen. Unser Gehirn ist darauf eingestellt, Vorbilder zu imitieren.

Biologisch ist das durch die sogenannten Spiegelneuronen begründet, die ein Forscherteam der Universität Parma 1992 entdeckte.[22] Das sind Nervenzellen, die beim reinen Betrachten eines Vorgangs die gleiche Aktivität aufweisen, als würden wir diese Handlung selbst ausführen. Deshalb glauben viele Wissenschaftler, dass sie eine große Rolle bei unseren Lernprozessen spielen – nämlich wenn wir uns Verhaltensweisen anderer aneignen, indem wir sie imitieren.[23]

Diese Neuronen sind überall in unserem Gehirn zu finden, also nicht auf bestimmte Areale und damit Handlungsweisen beschränkt. Sogar im Schmerzzentrum wurden sie nachgewiesen. Evolutionär kommt ihnen vermutlich große Bedeutung zu: Wenn wir zum Beispiel wahrnehmen, dass andere Angst haben (zum Beispiel weil ein Artgenosse den

Säbelzahntiger oder den Chef zuerst entdeckt hat), kann es überlebenswichtig sein, dass auch wir auf der Hut sind.

Die große Zahl von Spiegelneuronen im Gehirn ist wahrscheinlich der Grund, warum wir von Vorbildern so effektiv lernen können. Deshalb tun wir gut daran, ihr Verhalten genau zu beobachten: Was macht der oder die anders als ich, und was kann ich mir abschauen?

Wenn ein Cristiano Ronaldo zum Beispiel vor jedem Freistoß fünf Schritte zurückgeht, die Hände in die Hüften stemmt und das Tor fixiert, dann gibt es dafür einen Grund. Es ist sein Ritual, das ihm hilft, sich zu konzentrieren und sein Ziel zu visualisieren. Die meisten extrem erfolgreichen Menschen arbeiten mit Ritualen, wenn es Höchstleistungen abzurufen gilt. Sie dienen dem Gehirn als Stütze, um antrainierte Abläufe optimal abrufen zu können.

Schaffen auch Sie sich Rituale, die Ihnen beim Fokussieren helfen, wenn es brenzlig wird. Das erleichtert Ihnen die Visualisierung und hilft Ihnen, sich voll auf die verinnerlichten Abläufe zu konzentrieren.

Success is a journey: Die Leichtigkeit des Erfolgs

Noch etwas können wir von den Superstars lernen: Erfolg ist ein Ergebnis disziplinierter Arbeit. Konstanter Erfolg ist ein Ergebnis konstanter disziplinierter Arbeit. Chair Flying auf dem Weg zum großen Ziel nützt nichts, wenn Sie sich einmal dazu überwinden und es dann wieder sein lassen. Wie bei jedem Training für Höchstleistungen lässt sich der Wirkungsgrad mit der Anzahl der Wiederholungen erhöhen.

Profisportler arbeiten tagtäglich unglaublich hart, indem sie bestimmte Fähigkeiten ständig trainieren – und zusätzlich immer wieder visualisieren. Bevor sie sie abrufen und auch außerhalb des Spielfelds. Millionenfach im Laufe einer

Karriere. Die meisten, die über die Millionengehälter der Stars lästern, machen sich das nicht bewusst: Auch für diese Menschen klingelt am Montagmorgen um halb sechs der Wecker. Die sogenannten »Ausnahmeerscheinungen« in allen Disziplinen, im Sport wie in der Wirtschaft, arbeiten härter als alle anderen. Ihre konstante Disziplin hat einen viel größeren Einfluss darauf, dass sie ganz oben stehen, als ihr Talent. Das zeigen die Kameras uns nicht, denn diese unbequeme Wahrheit passt nicht zum Starkult. Nicht irgendeine gottgegebene Fügung macht diese Menschen so erfolgreich, sondern ihre kompromisslose Hingabe an ihr Ziel. Das konstante Training, physisch wie mental, gibt den Ausschlag.

Ohne die unzähligen Simulator-Schulungen im Laufe meines Berufslebens hätte ich beim Beinahe-Crash über Hurghada vermutlich auch nicht automatisch richtig reagieren und meine Höchstleistung abrufen können. Vielleicht wäre es mir stattdessen ergangen wie dem türkischen Piloten der Birgenair-Maschine, die am 6. Februar 1996 bei Puerto Plata abstürzte. Der Pilot hatte versucht, bei einem Strömungsabriss hochzuziehen, anstatt die Nase des Flugzeugs zu senken. Er hatte zwar nachvollziehbar, aber eben falsch reagiert – weil der Ablauf nicht durch unablässiges Training und zahllose Visualisierungen eingeprägt war. Die Vertiefung liegt in der Wiederholung.

Noch etwas entsteht durch die konstante Praxis: die Leichtigkeit.

Ich verrate Ihnen ein kleines Geheimnis, dass Sie eigentlich erst erfahren würden, wenn Sie das Prinzip Chair Flying in der Praxis ausprobieren: Es wird immer leichter. Mit jeder Wiederholung. Die gefürchtete Situation, die Ihnen schon Stress bereitet, wenn Sie nur daran denken: Sie wird Ihnen viel, viel leichter fallen, wenn Sie Ihren Handlungsablauf viele Male intensiv visualisiert haben.

Sagen wir, Sie fiebern einer besonders wichtigen Verkaufspräsentation entgegen. Die große Chance – vielleicht sogar die, die Ihrer Karriere den entscheidenden Kick verpassen kann. Gehen wir davon aus, dass Sie meinen Rat beherzigen und Ihr Ziel intensiv visualisieren: den Abschluss. Das Gefühl des Triumphs, wenn der Kunde einschlägt. Vielleicht haben Sie sogar schon die Provision verplant, für einen besonders schönen Urlaub oder eine lang ersehnte Anschaffung. All das stellen Sie sich immer wieder vor, ganz plastisch.

Genauso detailliert führen Sie sich alle Schritte dahin vor Augen: Sie stellen einen detaillierten Plan entlang der oben beschriebenen Parameter auf und visualisieren jedes Detail Ihrer Präsentation. Jedes Argument, jeden Slide, jede Sprechpause, jeden möglichen Einwand des Kunden, jede schlagfertige Erwiderung – soweit das eben möglich ist. Sie fangen so früh wie möglich damit an und nutzen sogar noch die Zugfahrt zum Termin, um sich den Ablauf und den Moment des Erfolgs erneut in allen Farben auszumalen.

Dann stehen Sie vor dem Kunden, die Fernbedienung für die Präsentation in der Hand, und atmen tief durch. Ihre Zuhörer blicken Sie erwartungsvoll an. Sie legen los.

Plötzlich merken Sie: »Hey, ich kann das! Ich habe das total drauf! Das ist nicht halb so schlimm, wie ich dachte!«

Damit will ich die großen Prüfungen im Leben auf keinen Fall kleinreden. Doch sie sind um vieles leichter zu bewältigen, wenn Sie statt dem Stress Ihr eigentliches Ziel in den Fokus nehmen und sich intensiv damit auseinandersetzen.

Wenn Sie also das nächste Mal zuschauen, wie ein Lionel Messi seine Gegner scheinbar mühelos schwindlig dribbelt oder ein Roger Federer im Tie Break unter dem denkbar größten Druck Asse serviert, als wäre das eine entspannte Aufwärmübung, dann werden Sie diese Leichtigkeit mit anderen Augen sehen. Sie ist hart erkämpft.

Gewohnheitstiere sind in der Herde erfolgreicher

Gemeinsam lässt sich fast jedes Ziel leichter erreichen. Was wir heute Schwarmintelligenz nennen, geht auf unsere genetische Programmierung zurück: Menschen sind Herdentiere. Schon unsere frühesten Vorfahren stellten sich den täglichen Herausforderungen in Gruppen. Warum? Jagen und Sammeln sind gemeinsam weitaus erfolgversprechender als allein. Erlegen Sie mal allein einen Bären, wenn Sie nichts weiter haben als Steine zum Werfen und einen hölzernen Speer ... In der Gruppe ist ein positiver Ausgang dieses Unterfangens erheblich wahrscheinlicher. Hinzu kommt, dass wir in der Gruppe voneinander lernen und uns mit unseren individuellen Talenten ergänzen können.

Als Gewohnheitstiere tun wir uns leichter damit, alte Muster zu durchbrechen, wenn andere mit an Bord sind. Es gibt zahlreiche Beispiele dafür, dass wir Ziele in der Gruppe leichter erreichen. Das Phänomen »Crowdfunding« in der Wirtschaft beruht sogar auf diesem Prinzip: Start-ups berichten der Netzgemeinschaft online von ihren Projekten und bitten um Unterstützung bei der Finanzierung. Dafür bekommen die Unterstützer aus der »Crowd« je nach geleistetem Beitrag natürlich Gegenleistungen, zum Beispiel in Form der finalen Produkte.

Der Erfolg vieler Crowdfunding-Kampagnen mit Fördersummen im sechs- und siebenstelligen Bereich ist ein weiterer Beweis dafür, wie effektiv Visualisierungsstrategien sind: Die Entwickler stellen ihre Produkte im Detail vor – einschließlich hochauflösender Produktbilder und exakt ausgearbeiteter Projektpläne. Was die Gründer vorab tun und auch ihrer »Crowd« mit dieser akribischen Vorbereitung ermöglichen, ist letztlich nichts anderes als Chair Flying: Sie spielen das Projekt fiktiv in jedem Aspekt durch, bevor es überhaupt in die Umsetzung geht. Damit motivieren sie nicht nur sich selbst, sondern reißen sogar andere mit.

Schon viele Vorhaben sind auf diese Weise um ein Vielfaches über das eigentliche Förderungsziel hinausgeschossen.

Setzen Sie sich Ziele nicht nur allein, sondern teilen Sie sie mit Ihrem Team, mit Freunden oder der Familie. Visualisieren Sie das Zielbild so, dass es auch andere mitreißt. Lassen Sie Ihr Umfeld an Ihren Zielen und Ihren Fortschritten teilhaben.

Chair Flying: Motivationstraining für Gewohnheitstiere

Damals, in der Pilotenschule in Bremen angekommen, musste ich feststellen, dass zwischen mir und meinem Ziel noch große Hürden lagen. Durch diese steinige Phase half mir die Strategie des Chair Flying.

Auch Sie können diese Strategie nutzen, um Ihre Ziele zu erreichen. Ihr Ziel vor Augen zu haben, wird Sie motivieren. Die notwendigen Schritte gedanklich vorzubereiten, lässt jede Herausforderung um vieles machbarer erscheinen. Den ganzen Weg immer wieder intensiv zu visualisieren, wird Ihnen Sicherheit geben. Das Chair Flying wird sich somit direkt auf Ihre Leistungsfähigkeit auswirken. Ganz egal, ob Sie einen wichtigen Deal oder ein hochfliegendes Karriereziel anstreben: In den entscheidenden Momenten werden Sie nicht nur bereit sein, sondern auch selbstsicher. Weil Sie auf die Unterstützung Ihres Unterbewusstseins bauen können: »Ich habe diese Situation schon viele Male gemeistert. Ich kann das.«

Sie werden überrascht sein, welchen Unterschied das macht. Wenn Sie loslegen und unter höchstem Druck Ihre Bestleistung abrufen, wird das für alle anderen aussehen wie bei Ronaldo, der scheinbar mit Leichtigkeit den schwierigen

Freistoß verwandelt. Ziele intensiv zu visualisieren, ist mehr als eine Motivationsstrategie. Es funktioniert. In der Realität genauso wie in Ihrem Kopf. Es ist ein Erfolgsgeheimnis, das Sie ab heute mit den ganz Großen gemeinsam haben.

Final Call: Chair Flying

- Normal ist egal: Die erfolgreichsten Menschen passen die Realität ihren Überzeugungen an, nicht umgekehrt. Streichen Sie »normal« aus Ihrem Wortschatz und widerstehen Sie negativen Glaubenssätzen.
- Zielfindung: Wünsche sind noch keine Ziele, denn sie sind nicht handlungsorientiert. Transformieren Sie Ihre Wünsche in Ziele, indem Sie sie konkretisieren.
- Visualisierung: Der Erfolg liegt in der optischen Zielerfassung. Finden Sie ein möglichst plastisches Zielbild, das Sie sich jederzeit vor Augen führen können – ein Foto, eine Botschaft auf einem Zettel, ein Flugticket, …
- Planung: Stellen Sie einen detaillierten Plan auf: Wie können Sie Ihr Ziel konkret erreichen? Welche Schritte sind dafür nötig? Legen Sie Etappenziele fest und planen Sie entlang der vier W-Fragen.
- Chair Flying: Visualisieren Sie Ihr Ziel und jeden Schritt dahin intensiv und so oft wie möglich. Nutzen Sie freie Zeit bewusst, um sich mit Ihrem Ziel zu beschäftigen.

KAPITEL 4

I have control: Verantwortung übernehmen

Der Sitz rechts neben mir ist leer. Zum ersten Mal. Ein paar Sekunden verharrt mein Blick darauf. Ich will diesen Moment auskosten, auf den ich so lange gewartet habe. Noch einmal sehe ich mich um und lasse meine Augen über die Wüste schweifen, die mich umgibt. Sehe den kleinen Shelter, in dem die Propellermaschinen parken. Die flirrende Luft über der kurzen Startbahn. Ich bin völlig entspannt und absolut fokussiert. Ich will nur das eine. Dann drücke ich den Schubhebel durch, wirble den Wüstenstaub auf und hebe ab. Ohne Sicherheiten, ohne einen zweiten Piloten neben mir. I have control. Meine Güte, ist das geil.

Es ist meine Solo-Premiere. Mein erster Alleinflug – das Highlight jeder Pilotenlaufbahn.

Bisher habe ich gerade einmal zwölf Flugstunden absolviert. Nach sechs Monaten theoretischer Ausbildung darf ich endlich fliegen. Meine ebenfalls sechsmonatige praktische Fliegerausbildung findet, wie bei allen Piloten der Lufthansa, in Goodyear, Arizona statt. Hier herrschen das ganze Jahr über perfekte Flugbedingungen: blauer Himmel, wenig Wetterphänomene, viel Platz. Der kleine Nachteil ist, dass es verdammt heiß wird unter dem feuerfesten Overall in den kleinen Propellermaschinen. 40 Grad herrschen hier tagsüber. Im Cockpit ist es noch heißer. Die praktische Ausbildung unter den Wüstenbedingungen führt uns alle an unsere physischen Belastungsgrenzen.

Doch das ist gerade nebensächlich. Für mich ist der Moment der Wahrheit gekommen. Eben habe ich noch Platzrunden unter Aufsicht meines amerikanischen Ausbilders gedreht: Starten, Platzrunde, landen. Starten, Platzrunde, landen. Mehrere Male. Dann, zurück auf der Piste, hat er plötzlich und ohne Vorwarnung gesagt: »Philip, du drehst jetzt ein paar Platzrunden ohne mich. Du funkst und fliegst allein. Viel Spaß.« Dann hat er die Tür der Piper Archer 28 von außen zugemacht.

Ich schaue auf den leeren Sitz neben mir, ich blicke in die Wüste und dann hebe ich ab. Einfach so. Eine Runde nach der anderen: Start, Platzrunde, Landung. Start, Platzrunde, Landung. Klingt einfach, ist es aber ganz und gar nicht: Platzrunden gehören zu den anspruchsvollsten Übungen in der Fliegerei, denn sie beinhalten viele Manöver in kurzer Folge. Erst der komplette Startablauf, dann sofort nach rechts abdrehen, steigen, wieder nach rechts, parallel zur Landebahn, sinken, Endanflug, Klappen ausfahren, landen. Dabei im richtigen Moment und im korrekten Wortlaut funken. Gleich nach der Landung wieder von vorn: Durchstarten, abheben, nächste Runde. Ein halbes Dutzend Male hintereinander an diesem Tag.

Ich mache keine Fehler. Mein erster Alleinflug verläuft perfekt.

Meine Güte, ist das geil.

★★★

Verantwortung bedeutet Freiheit

Als ich damals in Arizona auf den leeren rechten Sitz blickte, empfand ich ein tiefes Gefühl der Freiheit. Von diesem Moment träumt jeder Pilot, während er sich durch die harte Ausbildung kämpft.

Was macht diesen Augenblick so speziell?

Wenn der Ausbilder sagt, du fliegst jetzt allein, dann bedeutet das: Du hast die Kontrolle. Zum ersten Mal die Verantwortung für die Maschine übertragen zu bekommen, heißt nichts anderes als: »Du bist so weit. Du kannst jetzt allein fliegen. Ich traue es dir zu. Du kannst das.« Das ist es, was diesen Moment zum spannendsten und schönsten Erlebnis in einem Pilotenleben macht.

Verantwortung ist ein so großes Wort. Im Alltag empfinden wir sie oft als Belastung. Verantwortlich zu sein heißt: Wir dürfen keinen Mist bauen. Aber es heißt auch: Jemand traut uns das zu. Der Ausbilder, der Chef, der Partner glaubt daran, dass wir das schaffen und unserer Verantwortung gerecht werden.

Als ich auf der Piste in Arizona den Schubhebel durchdrückte, empfand ich die Verantwortung ganz und gar nicht als belastend. Weil ich mental stark war, souverän und mir diese Chance lange herbeigesehnt hatte, waren da keine Sorgen. Sondern einfach nur Freude.

Dass es schon nach zwölf Flugstunden soweit war, ist symptomatisch für die Pilotenausbildung: Wir werden früh und ohne Vorwarnung in die Verantwortung gezwungen. Das gehört zum Programm.

Der Schritt in die Verantwortung passiert im Kopf: Das Flugzeug fliegt sich gleich, egal, ob der Sitz neben mir besetzt oder leer ist. Faktisch gab es keinen Unterschied zwischen den Platzrunden, die ich zuvor mit meinem Ausbilder an meiner Seite gedreht hatte, und dem Alleinflug. Der Unterschied ist allein mental: Jetzt ist da niemand mehr, der mir die Verantwortung abnimmt. Niemand sonst, der die Kontrolle übernehmen und meine Fehler korrigieren könnte. Jetzt bin ich gezwungen, es allein zu schaffen.

Wenn ein Pilot das Steuer übernimmt, dann sagt er ein festgelegtes Callout: »I have control.« Ein schematisiertes Kommando, um zu signalisieren: Ich habe jetzt den Hut auf, ich steuere die Maschine. Doch es hat die viel tiefere Bedeutung: Ich übernehme jetzt aus freiem Willen und in vollem Bewusstsein der Konsequenzen die Verantwortung.

Im Leben liegt genau darin oft der Knackpunkt. Diese Verantwortung wollen viele nicht tragen oder trauen sie sich vielmehr häufig nicht zu. So war das bei mir früher auch. Bevor ich meinen Traum vom Fliegen entdeckte, weigerte ich mich, die Kontrolle über mein Leben an mich zu reißen. Ich ließ es einfach laufen, ohne mich anzustrengen.

Wenige Jahre später, auf der Piste in Arizona, sah das ganz anders aus. Ich wollte unbedingt die Verantwortung haben. Mehr als alles andere wollte ich diesen Satz sagen: »I have control.« Weil dieser Satz Freiheit bedeutet.

Auf dem Weg zu diesem Punkt möchte ich auch Sie unterstützen. Die Verantwortungsübernahme ist der Startschuss für jede Veränderung, jede Steigerung, jedes Ziel, das Sie ins Visier genommen haben. Solange Sie nicht freiwillig und aktiv das Steuer in die Hand nehmen, ist das größte Ziel nicht viel wert. Dann träumen Sie, nüchtern betrachtet, nur in den Tag hinein.

Wenn Sie dagegen heiß darauf sind, diesen Satz zu sagen, dann quälen Sie sich nicht mehr. Dann wollen Sie leisten, wovon Sie träumen. Sie empfinden die Mühen und Konsequenzen nicht mehr als Belastung. Die Verantwortungsübernahme ist der Moment, in dem Sie vom Denken ins Handeln kommen. Auch bei diesem Schritt auf Ihrem Weg können die Strategien der Profipiloten Ihnen helfen.

Raus aus der Opferrolle: Das Warteschleifen-Syndrom besiegen

Wenn wir in der Routine gefangen sind, empfinden wir uns als ohnmächtig. Wir haben das Gefühl, dass das Leben an uns vorbeiläuft, während die spannenden Dinge ohne uns passieren. In der Fliegerei nennen wir diesen Effekt das »Warteschleifen-Syndrom«. Wer Entscheidungen vertagt, unendlich grübelt, ihnen aus Angst vor den Konsequenzen aus dem Weg geht, befindet sich in der mentalen Warteschleife: Er dreht sich im Kreis und kommt nicht vom Fleck. Er verweigert die Verantwortung.

Viele von Ihnen kennen vielleicht so eine Situation. Wenn Sie lange genug in der gefühlten Opferrolle verharren, verlieren Sie die Motivation. Ganz gleich, worauf Sie warten: auf mehr Einbeziehung, auf die große Chance, sich zu beweisen, auf die Beförderung, auf das Jobangebot, auf den Traumpartner. Wer sich ohnmächtig fühlt, also ohne Macht, denkt sich selbst machtlos. Die Eigeninitiative sinkt und das Verantwortungsbewusstsein für das eigene Leben geht verloren.[24]

Manche haben gar noch nie erfahren, wie es sich anfühlt, die Kontrolle zu übernehmen. Sie glauben, dass das Leben in vorbestimmten Bahnen an ihnen vorbeizieht, ganz nach dem Motto: »Es ist, wie es ist – ich kann daran sowieso nichts ändern!«

Mit dieser Haltung verschenken wir unser Leben. An jemanden, der gern die Kontrolle übernimmt – den Arbeitgeber, die Kollegen, den Partner. Menschen, die in der mentalen Warteschleife gefangen sind, fliehen sich in die Fremdbestimmung und lassen sich ihr Leben diktieren. Von anderen und von der Routine. Verantwortung empfinden sie als Druck und Risikoquelle: Wer nichts macht, macht auch nichts falsch.

Falls Sie in der Routine gefangen sind, im Job oder auch

in Ihrem privaten Umfeld: Warten Sie nicht darauf, bis der Knoten in Ihrem Herzen platzt. Verstecken Sie sich nicht in der Defensive. Beschränken Sie sich nicht darauf, zu reagieren wie ein Tier, das in die Ecke gedrängt wird. Kommen Sie ins Handeln. Bemühen Sie sich aktiv um Veränderung. Nichts anderes bedeutet es, die Verantwortung zu übernehmen: Entscheidungen selbst und ohne Verzögerung zu treffen, wenn sie anstehen – und selbst zu handeln, anstatt es anderen zu überlassen.

Die Rolle der Angst in unserem Leben

Der erste Schritt dazu ist, dass Sie die Angst überwinden, Fehler zu machen. Die Angst vor den Konsequenzen ist das einzige, was zwischen Ihnen und der Veränderung steht. Sie allein hält Sie davon ab, die Verantwortung für Ihr Vorankommen selbst zu übernehmen. Deshalb ist es wichtig zu verstehen, welche Rolle die Angst in unserem Leben spielt.

Wie alle negativen Gefühle ist auch die Angst evolutionären Ursprungs. Zum Beispiel die Angst vor dem Fliegen. Jeder Zehnte hat wegen Flugangst noch nie ein Flugzeug bestiegen. Stellen Sie sich vor, was zehn Prozent der Bevölkerung verpassen! Immerhin bleiben die meisten Länder dieser Welt jenen verschlossen, deren Flugangst die Neugier auf neue Erfahrungen besiegt. Nie nach Amerika, nach Asien oder Australien reisen zu können! Natürlich gibt es andere Verkehrsmittel, aber die verlangen den Reisenden oft tage- oder wochenlange Strapazen ab – was erneut abschreckend und einschüchternd wirken kann. Heute steht uns die Welt offen, doch diese Menschen können sie nicht kennenlernen. Ist das nicht bitter?

Viele dieser Menschen nehmen ihr Schicksal nicht einfach hin – sondern überwinden ihre Flugangst aus schierer

Lust auf die Welt, nehmen notfalls eine Beruhigungs- oder Schlaftablette ein oder machen sogar eine Angsttherapie.

Nun frage ich Sie: Warum lassen wir uns in so vielen anderen Lebensbereichen von unserer Angst ausbremsen? Warum packen wir unsere Angst vor Fehlern, vor der Ungewissheit eines neuen Karriereschritts oder auch einer Trennung nicht genauso pragmatisch an wie manche ihre Flugangst? Weil hier noch viel mehr auf dem Spiel steht: Zukunftschancen, Erfolg, Zufriedenheit – Lebensglück.

Viele Menschen leiden an einer unverhältnismäßigen Risiko-Aversion. Eine Studie des Instituts für Demoskopie Allensbach hat schon 2010 ergeben, dass die Mehrheit der Deutschen auf Sicht von zehn Jahren u.a. mit sinkendem Wohlstand und wachsender Arbeitslosigkeit rechne.[25] Obwohl diese Befürchtungen sich bis heute, also nach Ablauf der Hälfte dieses Zeitraums, kaum bewahrheitet haben, bleibt die Zukunftsangst nach wie vor ungebrochen. Wie die Flugangst, gemessen am statistischen Absturzrisiko, völlig überzogen anmutet, verhält es sich mit der Angst vor der immer schlechter und unsicherer werdenden Zukunft. Am alten Klischee von der »German Angst« scheint tatsächlich etwas dran zu sein. Der Ex-Swissair-Manager und Bestsellerautor Rolf Dobelli führte in einem Interview[26] aus, dass viele unserer Ängste überzogen sind, weil unsere Wahrnehmung in einer Schieflage ist: Spektakuläre Ereignisse wie Flugzeugkatastrophen, Börsencrashs und Unternehmensskandale bekommen in den Medien viel mehr Aufmerksamkeit als positive Neuigkeiten. Die sozialen Netzwerke haben diesen Effekt eher noch verstärkt. Die negativen Nachrichten, die geeignet sind, unsere Ängste zu schüren, haben also ein Übergewicht.

Wir lassen uns bei unserem Risikoempfinden also ordentlich manipulieren. Deshalb überschätzen wir beispielsweise die Gefahr, mit dem Flugzeug abzustürzen, während wir das Risiko, an Diabetes zu erkranken, unterschätzen. Dabei können wir gegen Letzteres aktiv etwas tun, gegen die geringe Wahrscheinlichkeit eines Flugzeugabsturzes dagegen nicht! Ist unsere Risikoabwägung nicht ziemlich absurd? Hier verhält es sich wie bei der mentalen Stärke: Unser Unterbewusstsein steht der persönlichen Entwicklung im Weg, solange wir es nicht aktiv beeinflussen.

Ein Beweis für diese Theorie ist beispielsweise der Umstand, dass nur ein Bruchteil der Deutschen Aktien hält, obwohl sie bei langfristiger Betrachtung erwiesenermaßen die sicherste Geldanlage darstellen. Nur 13,8 Prozent sind direkt oder indirekt in Aktien engagiert.[27] Der Grund: Wir alle haben die Nachrichten über den Dot.com-Crash im Jahr 2000 in Erinnerung. Tatsächlich hat die Hirnforschung gezeigt, dass sich Verluste deutlich stärker auf unser Verhalten auswirken als Gewinne. Die Angst, kurz vor dem nächsten Börsenkollaps einzusteigen, ist so groß, dass wir Aktien entgegen aller Fakten als prinzipiell unsicher einstufen. Lieber schauen wir jahrzehntelang zu, wie die Inflation nach und nach unsere Ersparnisse auffrisst. Wer dagegen einmal die Erfahrung gemacht hat, dass sich mit Aktien ordentlich Geld verdienen lässt, macht weiter – und nimmt dabei bewusst in Kauf, irgendwann auch mal ein zu hohes Risiko einzugehen.

Was macht die Angst mit Ihnen?

Ich möchte Sie zu einem Gedankenspiel einladen: Betrachten Sie einmal Ihre aktuelle Situation und prüfen Sie, womit Sie unzufrieden sind. Dann stellen Sie sich die Frage: Welche Angst steckt dahinter?

Fast immer sind es tief sitzende Ängste, die unseren Vorwärtsdrang hemmen. Deshalb sind in den meisten Fällen Ängste auch die Ursache für Unzufriedenheit. Sie sorgen dafür, dass wir uns defensiv verhalten und zurückziehen, anstatt uns angstbesetzten Situationen wie einem Jobwechsel oder einer Trennung zu stellen – obwohl uns bewusst ist, dass wir solche Entscheidungen nur selbst adäquat treffen können. Ängste schalten unsere Selbstverantwortung aus.

Jetzt kommt die gute Nachricht: Diese Feststellung enthält bereits den Lösungsansatz. Wenn unsere Ängste uns ausbremsen, dann führt der Weg zur Selbstverantwortung über sie. Nicht über irgendeinen unkontrollierbaren externen Gegner, sondern über unseren eigenen Kopf. Wir müssen lediglich dafür sorgen, dass unser Wunsch nach Veränderung, nach einem selbstverantwortlichen, selbstgesteuerten Leben stärker wird als die Angst.

Die großen Pioniere der Luftfahrt sind dafür leuchtende Beispiele. Nicht nur Menschen aus früheren Epochen, wie beispielsweise Leonardo da Vinci oder die Gebrüder Wright. Sondern auch moderne Flugabenteurer wie der Franzose Bertrand Piccard. In seiner Familie wird das Abenteurergen scheinbar von Generation zu Generation weitergereicht. Sein Großvater, Auguste Piccard, sah 1931 als erster Mensch mit eigenen Augen, dass die Erde tatsächlich rund ist. Er war mit einem Ballon in die Stratosphäre aufgestiegen. Dessen Sohn, Bertrand Piccards Vater Jacques, tauchte 1960 tiefer, als jemals ein Mensch getaucht war: bis auf den Grund des Marianengrabens in knapp elf Kilometern Tiefe.

Klar, dass auch Bertrand Piccard einen Rekord brechen musste. Journalisten verriet er sein Motto: »Wenn etwas unmöglich scheint, muss man es versuchen.« Einmal hat er das bereits getan: In den 90er-Jahren hat er als erster Mensch die Welt mit einem Ballon umrundet. Nach der Höhe und der Tiefe hat die Familie Piccard mit ihm also auch die Weite der Welt erobert.

Derzeit arbeitet der 1958 geborene Pilot, promovierte Psychologe, Redner und Autor an seinem nächsten Rekord: Dieses Mal will er die Welt mit einem Solarflugzeug umrunden.

Ein Aspekt seiner Geschichte macht Piccard ganz besonders zu einem Vorbild für alle, die mit ihren Ängsten zu kämpfen haben. Sie werden es kaum glauben: Der Rekordflieger hatte früher Höhenangst. Ausgerechnet der Nachfahre der großen Abenteurer Auguste und Jacques Piccard.

Doch er hatte auch etwas anderes: den Traum vom Fliegen. Schon als Kind entdeckte er die Faszination der Luftfahrt für sich und verschlang Bücher über den Weltraum. Als er zehn Jahre alt war, zog seine Familie nach Florida, an den Ort seiner Träume: Dort befinden sich die Raumfahrtbasis Cape Canaveral und das Kennedy Space Center, das weltweit führende Luft- und Raumfahrt-Forschungszentrum. Er begegnete dem legendärsten aller Piloten, Charles Lindbergh, der als Erster allein den Atlantik überquert hatte. Auch den Fliegerveteran Chuck Yeager und den Leiter des Apollo-Programms, Wernher von Braun, lernte er kennen.

Nur eines hatte er immer noch: seine Höhenangst. Die Begegnung mit seinen Helden half ihm, sie zu überwinden. Er erkannte, dass seine »Träume und die Wirklichkeit gar nicht so weit auseinanderliegen.«

Mit 16 Jahren erfüllte sich Piccard zum ersten Mal seinen Traum: Er flog mit einem Luftdrachen. Trotz seiner Höhenangst. Gegen seine Höhenangst. »Grenzen«, sagt Piccard heute, diverse fliegerische Weltrekorde später und seine größte Mission vor Augen, »gibt es nur im Kopf.«

Das Überwinden seiner eigenen Ängste ließ in ihm einen weiteren Traum reifen, dem er sich als Psychologe und Coach nun hingebungsvoll widmet: »Ich will Menschen motivieren, Pioniere in ihrem Leben zu sein.«

Pionier in Ihrem eigenen Leben zu sein – das können Sie nur, wenn Sie Ihre Ängste überwinden, indem Sie sich ihnen stellen. Angst ist direkt an die Selbstverantwortung geknüpft: Sie schulden es sich selbst, Ihre Ängste zu überwinden. Sonst werden Sie Ihre größten Ziele, Ihre tiefsten Sehnsüchte nie verwirklichen können.

Vitamin V: Warum Sie sich selbst vertrauen müssen

Verantwortung braucht Vertrauen – gegen alle Risikoabwägungen. Sie können nicht alle externen Faktoren ausblenden. Sie können nicht alle Eventualitäten kontrollieren. Aber Sie können Ihr Handeln und damit Ihr Leben lenken. Die Voraussetzung dafür ist, dass Sie sich Ihrer »selbst bewusst« sind.

Am Pilotenberuf lässt sich besonders deutlich zeigen, wie wichtig eine selbstbewusste Haltung und Vertrauen in die eigenen Fähigkeiten sind – und welches Potenzial Unternehmen entfesseln können, wenn sie das Selbstbewusstsein ihrer Mitarbeiter gezielt fördern.

Als ich mit 22 Jahren, frisch von der Pilotenschule, meinen ersten Job als Berufspilot antrat, bekam ich es mit einem hervorragenden Flugbetriebsleiter zu tun. Diese Position gibt es bei jeder Airline. Sie wird von einem Piloten mit zusätzlicher Managementausbildung ausgeführt, der das Bindeglied zwischen Piloten und der Unternehmensführung bildet. Am ersten Arbeitstag stellte er sich vor uns hin und sagte: »Wir stellen hier keine Kopiloten ein, sondern angehende Kapitäne.« Für uns Neulinge war das enorm motivierend, denn mit dieser Aussage übertrug er uns explizit Verantwortung: Wir vertrauen euch. Die Ankündigung war Programm: Vom ersten Tag an arbeitete ich als fliegender Pilot.

In den Simulator-Schulungen wird ebenfalls großer Wert darauf gelegt, junge Piloten mit wenig Flugerfahrung von Anfang an als selbstbewusste und gleichberechtigte Piloten aufzubauen. Nur so kann gewährleistet werden, dass auch ein Jobneuling (und späterer Flugkapitän) eingreift, wenn sein fliegender Kollege einen schweren Fehler begeht.

Obwohl viele Menschenleben davon abhängen, dass wir unserer Aufgabe gewachsen sind, wird uns vom ersten Arbeitstag an die Verantwortung auferlegt, ein Passagierflugzeug eigenständig zu fliegen und alle damit verbundenen Entscheidungen zu treffen. Wie vom Flugbetriebsleiter in meinem ersten Job transportiert, lautet die Message der Airlines an ihre Nachwuchspiloten: »Wir kennen dich nicht. Du hast kaum Erfahrung. Wir vertrauen dir diese große Aufgabe trotzdem an, weil wir uns sicher sind, dass du das schaffst.«

Vertrauen stärkt das Selbstbewusstsein ungemein. Nur Vertrauen macht es möglich, dass wir besser werden und mit Fug und Recht immer mehr auf unser Können bauen. Das ist ein unschätzbarer Vorteil, wenn es wirklich mal hart auf hart kommt. Ein Pilot, der kein Vertrauen in seine Fähigkeiten hat, wird in einer Krisensituation viel wahrscheinlicher versagen als einer, der sich ihrer bewusst ist. Ersterer empfindet die Verantwortung in einer Notlage nämlich als Bürde. Letzterer als erfüllende, sinnhafte Selbstverständlichkeit.

Vertrauen ist eine Investition mit hoher Rendite. Das Vertrauen, das Sie in sich selbst setzen, genauso wie das Vertrauen, das Unternehmen in ihre Mitarbeiter setzen. Hier können wir viel von der Luftfahrt lernen: Je früher und je selbstverständlicher Verantwortung übertragen wird, desto steiler die Entwicklung aller Beteiligten.

I have no control: Die Folgen mangelnden (Selbst-)Vertrauens

Im indischen Flugbetrieb stellt der Mangel an Vertrauen ein großes Problem dar. Bei den meisten Airlines dort ist der Kopilot auf eine untergeordnete Rolle reduziert – nämlich als Assistent und Backup des Flugkapitäns. Er darf nicht starten und landen. Die Verantwortung ist völlig einseitig auf den Flugkapitän konzentriert. Eigenständig fliegen und Entscheidungen treffen darf ein Pilot in Indien erst nach vielen Jahren als Kopilot.

Jetzt stellen Sie sich mal vor, wie dieser Pilot sich fühlen wird, wenn er zum ersten Mal plötzlich Pilot Flying ist und die Verantwortung übernehmen muss. Wird er sich wohlfühlen? Wird er volles Vertrauen in seine Fähigkeiten haben, nachdem ihm sein gesamtes bisheriges Pilotenleben lang formell nicht zugetraut worden ist, ein Flugzeug eigenständig zu steuern? Nachdem er sich der Seniorität des fliegenden Piloten immer nur unterzuordnen hatte? Woher soll er die Selbstsicherheit nehmen, die nur aus konstanter Praxis in verantwortungsvoller Funktion erwachsen kann?

So ein Pilot ist unsicher. Er wird noch für geraume Zeit mit dem Gefühl fliegen, dass er der Verantwortung nicht standhalten kann. Wenn es hart auf hart kommt, ist das Risiko, dass er versagt, deutlich höher als bei Piloten in anderen Ländern. Aus meiner Sicht ist das ein gewaltiges Sicherheitsrisiko, das die indische Flugsicherheitsbehörde billigend in Kauf nimmt.

Dieses Risiko betrifft nicht nur die Flüge, die von einem solchen unerfahrenen Kapitän gesteuert werden – sondern auch die, auf denen er der Kopilot ist. Wenn ich als Pilot Monitoring merke, dass der Pilot Flying dabei ist, einen Fehler zu machen, muss ich ihn darauf aufmerksam machen. Gegebenenfalls wiederholt und mit Nachdruck. Wenn er darauf nicht reagiert oder wenn für Diskussionen keine Zeit mehr bleibt, dann muss ich den entscheidenden Satz sagen: »I have control.« Mit diesem Kommando übernehme ich die Verantwortung und die Steuerung des Flugzeugs. Ich entziehe dem anderen Piloten die Kontrolle, greife ein und tue, was getan werden muss, um die Situation zu retten.

Wird ein indischer Kopilot, wie ich ihn oben beschrieben habe, das tun? Nein. Er darf es formal gar nicht. Doch selbst wenn er es dürfte, würde er es sich wahrscheinlich nicht zutrauen.

Leider läuft es in vielen Unternehmen abseits der Luftfahrt ähnlich. Unternehmen, die in der Führung auf ein veraltetes Hierarchieprinzip pochen, unterschätzen die Bedeutung von Vertrauen als Erfolgsfaktor innerhalb der Unternehmenskultur. Damit schießen sie sich selbst ins Knie. Sie verschenken wertvolle Potenziale und vergraulen verantwortungsbewusste, selbstwirksame Mitarbeiter.

Wenn es um viel geht, zählt nicht der Rang oder die Seniorität, sondern einzig und allein die richtige Entscheidung. Im Cockpit ist ohne Augenhöhe und Selbstwirksamkeit der Crew-Mitglieder der wichtigste Sicherheitsmechanismus ausgeschaltet, den es in der Luftfahrt gibt: das Monitoring durch einen zweiten, manchmal sogar einen dritten Piloten. In Unternehmen ist das nicht anders: Wenn Entscheidungen und Entscheider nicht infrage gestellt werden dürfen, ist das schlicht verantwortungslos.

Ein Mangel an Selbstvertrauen bremst Sie bei allem aus, was Sie erreichen wollen. Verantwortung zu übernehmen, ist letztlich nur eine Entscheidung. Aber die werden Sie erst treffen wollen, wenn Sie sich ihr gewachsen fühlen. Denn Sie müssen auf Garantien verzichten. Egal, was Ihnen vorschwebt: Ob Sie es wirklich draufhaben, erfahren Sie erst, wenn Sie es ausprobieren.

Warten Sie daher nicht auf Garantien. Damit ist das Leben nämlich äußerst geizig. Der heutige Arbeitsmarkt ebenfalls. Der Beziehungsmarkt sowieso. Viele Arbeitgeber sind es leider auch.

Bei den wirklich wichtigen Weichenstellungen im Leben bekommen Sie die Kontrolle nicht geschenkt. Sie müssen Sie sich nehmen. Wenn ich das im Cockpit im Fall der Fälle nicht tue, kann das Menschenleben kosten. In Ihrem Beruf ist das vielleicht nicht der Fall. Doch wie viel Mut verlangt das Leben, von dem Sie träumen, von Ihnen?

Alles, nur keine Verantwortung: Kontraproduktive Bewältigungsstrategien

Die Sicherheit, die aus einer selbstbewussten Haltung resultiert, kennen Sie auch aus Ihrem Alltag: Als erfahrener Fahrer setzen Sie sich morgens angstfrei ins Auto und machen sich auf den Arbeitsweg. Wodurch haben Sie diese Sicherheit damals, als Fahranfänger, gewonnen? Indem Sie so oft wie möglich gefahren sind. Jedes Mal wurde es leichter, bis Sie irgendwann das Gefühl hatten, auch dem dichten Stadtverkehr zu Stoßzeiten gewachsen zu sein. Ab diesem Zeitpunkt waren Sie als Autofahrer *selbstwirksam*.

Um die Kontrolle zu übernehmen, müssen Sie auf Ihre Fähigkeiten vertrauen. Solange Sie dazu nicht in der Lage sind, werden Sie auch nicht bereit sein, Verantwortung für Ihre Situation zu tragen, sondern sich stattdessen mit kontraproduktiven Strategien durchschlagen, die Ihre Entwicklung hemmen.

Vermeidungsstrategie

Die Angst vor dem Verlust von Orientierung und Kontrolle ist in den meisten Fällen der Grund, warum wir uns Veränderungen nicht zutrauen: einen beruflichen Neuanfang, den Abschied aus einer unglücklichen Beziehung, die Verwirklichung eines anspruchsvollen Traums.

Auch Piloten haben aus einer Vermeidungsstrategie heraus schon Fehler begangen, indem sie ein Problem bewusst ignorierten oder dessen Lösung »vertagten«. Zum Beispiel im Jahr 2000: Auf dem Hapag-Lloyd-Flug 3378 von Kreta nach Hannover stellten die Piloten kurz nach dem Start fest, dass sich das Fahrwerk nicht einfahren ließ. Eigentlich stellt das keine akute Gefahr für die Flugsicherheit dar. Allerdings geht ein dauerhaft ausgefahrenes Fahrwerk aufgrund der schlechteren Aerodynamik mit einem massiv erhöhten

Treibstoffverbrauch einher. Obwohl sie aus ihren Berechnungen wussten, dass der Treibstoff knapp werden würde, versuchten die Piloten, einen deutschen Flughafen zu erreichen. Warum? Um Kosten zu sparen und die Passagiere bequemer und billiger nach Hannover weiterbefördern zu können.

Nun ja, unterwegs ging der Treibstoff tatsächlich aus und das Flugzeug musste in Wien mit stehenden Triebwerken auf einer Wiese notlanden. Die Maschine war danach ein Totalschaden. Die Piloten brachten mit ihrer Vermeidungsstrategie nicht nur 151 Menschenleben in Gefahr, sondern richteten dazu auch noch erheblichen materiellen Schaden an.

Geltungssucht, Machtdemonstrationen und Materialismus:

Wenn Menschen sich ständig in den Mittelpunkt rücken, mit ihrem Besitz protzen oder sich durch Machtspielchen einen Vorteil verschaffen, lässt das ebenfalls auf mangelnde Selbstwirksamkeit schließen. Solche Menschen haben das Gefühl, ohne diese oberflächlichen Strategien die Kontrolle zu verlieren und ohne ihre Tricks nicht viel wert zu sein. Sie vertrauen lieber auf manipulative Mittel als auf ihre Fähigkeiten.

Ein Pilot mit solchen Verhaltensmustern bedeutet ein extremes Gefahrenpotenzial: Statt auf Teamwork, setzt er auf das Prinzip Befehl und Gehorsam. Oft geht das sogar mit riskantem und normverletzendem Verhalten einher, nach dem Motto: Wer das Sagen hat, muss sich nicht an die Regeln halten. Bevor in der deutschen Luftfahrt das Crew Resource Management eingeführt wurde, das die Regeln der Zusammenarbeit verbindlich festlegt, gab es dieses Problem auch in Deutschland. Insbesondere Flugkapitäne, die von der Bundeswehr kamen und steile Hierarchiegefälle gewöhnt waren, neigten zu derartigem Verhalten.

Die Balance des Selbstwertgefühls zwischen den einzelnen Crew-Mitgliedern ist sehr wichtig für funktionierendes Teamwork: Piloten dürfen weder zu schüchtern und unsicher noch zu dominant und überheblich sein. Wenn Sie schon mal mit Kollegen gearbeitet haben, die zum einen oder anderen Extrem neigten, wissen Sie um die Bedeutung dieses Gleichgewichts: Eine Schieflage in der Teamdynamik kann schnell zu internen Reibungspunkten und in weiterer Folge zu Problemen beim Output führen.

Wenn Sie mit Ihrer derzeitigen Situation unzufrieden sind, werden Sie sich früher oder später bei einer dieser Strategien ertappen. Diese Verhaltensweisen sind ein deutliches Zeichen dafür, dass Sie sich der Verantwortung für etwas entziehen, das Ihnen wichtig ist.

Erwischt? Dann wird es höchste Zeit zu handeln.

Das Steuer in die Hand nehmen: Ziele erreichen durch Selbstwirksamkeit

Experten sehen die Zukunft der Arbeitswelt übereinstimmend in der Förderung selbstverantwortlicher Mitarbeiter. Viele Change-Prozesse und Empowerment-Initiativen zielen in diese Richtung: weg von starren Hierarchien, in denen der Großteil der Beschäftigten nur Befehle empfängt und stur ausführt, hin zu mehr Souveränität und Autonomie für die Mitarbeiter. Das ist eine Herausforderung sowohl für Arbeitgeber als auch für Arbeitnehmer: Die Führung muss diese Entwicklung zulassen und der einzelne Mitarbeiter muss sich zutrauen, diese Verantwortung zu übernehmen.

Ein junger Kopilot wird wahrscheinlich eher Fehler machen als ein erfahrener Kapitän. Doch obwohl die Flugsicherheit für die Airlines höchste Priorität hat, gehen sie dieses kalkulierbare Risiko ein und lassen diesen unerfahrenen Mitarbeiter landen. Der routinierte Pilot neben ihm wird zwar genau aufpassen und auch bereit sein, einzugreifen, doch er wird ihn absichtlich auch verantwortbare Fehler machen lassen. Zum Beispiel wird der Kapitän bei einem misslungenen Anflug nicht die Kontrolle übernehmen und die Landung selbst durchführen, sondern den Kopiloten anweisen, durchzustarten und einen weiteren Anflug durchzuführen. Nur wenn er den Fehler zulässt, kann der Kollege dazulernen und es beim zweiten Versuch besser machen.

Für Unternehmen liegt darin eine große Chance, Mitarbeiter zu motivieren und zu binden. Der US-amerikanische Arbeitswissenschaftler und Psychologe Frederick Herzberg nennt das »Job enrichment«: Dem Mitarbeiter mehr Verantwortung zu übertragen, sorgt für ein Bewusstsein der Selbstwirksamkeit, das mehr motiviert als Lob, Strafe oder Geld.[28] »Die höchste Form der menschlichen Motivation ist Vertrauen. Es fördert das Beste im Menschen.«[29]

Natürlich sind Zeit und Geduld nötig, um Vertrauen als Motivationsmaßnahme in einem Unternehmen zu verankern. Oft brauchen die Mitarbeiter darüber hinaus Schulung, um die Kompetenzen zu entwickeln, diesem Vertrauen auch gerecht werden zu können.

Für Ihre eigene Entwicklung sollten Sie sich natürlich nicht davon abhängig machen, ob und wann Ihr Arbeitgeber das Prinzip Verantwortung anerkennt und praktiziert. Dass Sie sich im Unternehmen als selbstwirksam empfinden können, setzt voraus, dass Sie diese Philosophie auch in Ihrem persönlichen Umfeld anwenden wollen und können. Dass Sie bereit sind, aus der Opferrolle herauszutreten und Ihren Alltag fortan nach der Devise zu gestalten: »Love it, change it or leave it!«

Jede widrige Situation im Leben lässt uns einen Gestaltungsspielraum. Wir können *immer* handeln und selbst die Kontrolle übernehmen.

Vielleicht kennen Sie das berühmte Gebet des US-Theologen Reinhold Niebuhr: »Gott, gib mir die Gelassenheit, Dinge hinzunehmen, die ich nicht ändern kann, den Mut, Dinge zu ändern, die ich ändern kann, und die Weisheit, das eine vom anderen zu unterscheiden.« Gelassenheit ist eine positive, gestalterische Haltung, Herausforderungen zu bewältigen – im Gegensatz zur Gleichgültigkeit, die aus der Ohnmacht der Opferrolle entsteht.

Allein die Überzeugung zu haben, auch in widrigen Situationen Gestalter des eigenen Lebens zu bleiben: Das ist Selbstwirksamkeit.

Die meisten Angestellten nehmen diese Haltung jedoch nicht ein. Umso mehr, wenn sie auch noch konservativ erzogen und auf Gehorsam getrimmt wurden. Eigenverantwortung zu entwickeln, ist für die meisten von uns nicht leicht – aber eine notwendige Anforderung, um in Zukunft privat und beruflich unsere Ziele erreichen zu können. Wir leben in einer Welt, in der wir zunehmend für uns selbst verantwortlich sind. Als Arbeitnehmer wie als Privatmenschen, die nach Glück streben. Wir können uns dafür jedoch nicht aus der Konserve bedienen – es ist eine Fähigkeit, die wir nur durch Learning by Doing erlernen können.

Der Knackpunkt, an dem wir ansetzen müssen, sind unsere Ängste, Sorgen und Vorbehalte. Wir dürfen ihnen nicht die Vorfahrt überlassen. Wir müssen nicht in der Opferrolle verharren. Die Willenskraft eines Steve Jobs und die Neugier eines Bertrand Piccard können uns leuchtende Beispiele sein: Nicht die Risiken halten uns auf, sondern die Kapitulation vor unserer eigenen Angst. Wer nicht kapituliert, sondern ändert, was er ändern kann, hat schon gewonnen.

Ganz wichtig: Verantwortung muss immer auch klar kommuniziert werden. Gerade jene Meetings, die sich endlos hinziehen und eher aus Gewurschtel bestehen denn aus

Aktion. Sprechen Sie die konkrete Aufgabenverteilung direkt an, wenn mal wieder eine Teamsitzung im Sande verläuft. Schon dadurch könnten in vielen Unternehmen hohe Reibungsverluste vermieden werden. Sie rühren oft allein daher, dass niemand die Verantwortung übernehmen will.

In der Luft kann es lebensbedrohlich sein, wenn Verantwortung nicht klar kommuniziert wird. 2009 kam es zum Absturz eines Airbus A330 der Air France aufgrund eines Missverständnisses. Der Kapitän schlief gerade; die Maschine wurde von einem erfahrenen und einem weniger erfahrenen Kopiloten gesteuert. Wegen eines technischen Defekts mussten diese inmitten eines Gewitters unter schweren Turbulenzen den Autopiloten deaktivieren und die Maschine manuell steuern. Das Problem: Das Joystick-Verfahren von Airbus zeigt nicht klar an, welcher Pilot gerade steuert und vor allem welche Steuerimpulse er vollführt. Deshalb bedienten beide Piloten verzweifelt wie wild den Joystick und brachten die Maschine so in eine Schieflage, die zum Strömungsabriss und schließlich zum Absturz führte.

Deshalb ist der Callout »I have control« so wichtig, wenn ein Pilot in der Luft die Verantwortung und die Steuerung übernimmt. Diesen Satz laut zu formulieren, hat einen psychologischen Effekt. Ganz besonders auf den, der ihn ausspricht. Im Alltag machen wir das nicht – wir schenken uns selbst keinen Callout. Dabei ist die Wirkung ganz bemerkenswert: Allein dadurch, dass wir diesen Satz äußern, nehmen wir physisch und mental eine andere Haltung ein. Probieren Sie es mal aus!

Brechen Sie aus der Warteschleife aus. Ändern Sie, was Sie ändern müssen. Jobwechsel, Trennung, was auch immer ansteht: Treffen Sie die Entscheidungen, die Sie nur selbst treffen können. Lassen Sie nicht zu, dass »das Schicksal« sie für Sie trifft. Sonst bleiben Sie Opfer. Die Verantwortung für Ihre Ziele, für Ihr Leben wird Ihnen niemand abnehmen und auch niemand übertragen. Sie müssen Sie sich beinhart *nehmen.*

Freude an der Verantwortung

Oft sagen Menschen zu mir: »So viel Verantwortung für Hunderte von Menschen zu übernehmen – ich könnte das nicht!«

Früher, bevor ich Pilot wurde, hätte ich ihnen vielleicht zugestimmt. Heute nicht mehr – weil ich weiß, dass wir uns für Selbstwirksamkeit entscheiden können. Wer sich auf seinem Spielfeld mentale Stärke angeeignet hat, empfindet Verantwortung nicht mehr als negativen Druck. Ich denke nicht ans Scheitern. Vielmehr begreife ich die Situation als beherrschbar. Sie zu bewältigen, verschafft mir ein stimulierendes Gefühl des Erfolgs. Nicht anders, als wenn Sie bei der Arbeit Ihre Sache gut gemacht haben.

Bei den wenigen kritischen Zwischenfällen, die ich in meinen Berufsjahren als Pilot erlebt habe, war ich ähnlich ruhig und im positiven Sinne animiert wie bei meinem ersten Alleinflug. Möglich ist das nur, weil ich die berufsbedingte Verantwortung früh angenommen und zu meiner Mission gemacht habe. Sogar beim Beinahe-Crash über Hurghada empfand ich ein motivierendes Gefühl der Anspannung und Konzentration. Bei kleineren Zwischenfällen war das ähnlich. Ich wertete sie nicht als Problem, sondern als beinahe schon willkommene Herausforderung. Bei all diesen Gelegenheiten geisterte mir nicht eine Sekunde lang durch den Kopf, dass ich meiner Aufgabe nicht gewachsen sein könnte oder dass mein Scheitern eine Flugzeugkatastrophe zur Konsequenz hätte.

Auch Sportwissenschaftler bestätigen diese These: Athleten rufen dann ihre Bestleistung ab, wenn sie nicht den geringsten Zweifel hegen, besser zu sein als ihr stärkster Kontrahent.

»The price of greatness is responsibility«, hat Winston Churchill einmal gesagt. Freiheit und Verantwortung sind nicht nur über den Wolken untrennbar miteinander verbunden. Nehmen Sie sich die Verantwortung, und Sie werden frei sein. Nur dann *können* Sie frei sein und Ihre Ziele erreichen. Wie ich damals in der Wüste bei meinem ersten Alleinflug, werden Sie keine Last empfinden, sondern das Glück, das in der Selbstwirksamkeit liegt. Vielleicht nicht heute oder morgen, ganz bestimmt aber übermorgen.

Ich schließe jetzt die Cockpittür von außen. You have control!

Final Call: I have control!

- Der Schritt vom Denken zum Handeln liegt darin, dass Sie die volle Verantwortung für Ihr Leben und Ihre Ziele übernehmen.
- Aus der Opferrolle können Sie nur ausbrechen, indem Sie sich Ihren Ängsten stellen. Angst zu haben ist okay, vor ihr zu kapitulieren ist nicht okay.
- Egal was passiert, egal was Sie erreichen wollen: Selbstwirksamkeit ist das Bewusstsein, immer Gestalter des eigenen Lebens zu sein.
- Nehmen Sie sich bewusst die Verantwortung, indem Sie den ersten kleinen Schritt gehen. Mit jedem Teilerfolg wächst das Selbstvertrauen, bis Sie darauf brennen, die Kontrolle zu übernehmen.
- Kommunizieren Sie Ihre Verantwortung immer klar, um Reibungsverluste zu vermeiden. Allein den Callout auszusprechen, stärkt schon Ihre Haltung: »I have control!«

KAPITEL 5

Ahead of the airplane: Vorausschauend handeln

Ich kann es kaum glauben: Hinter mir strömen 189 Passagiere in die Kabine der Boeing 737–800. Durch die offene Cockpittür erhasche ich einen Blick auf sie: vorfreudige Touristen mit einem Lächeln auf den Lippen, hie und da auch ein Geschäftsreisender im Anzug mit ernster Miene. Leider habe ich wenig Zeit, den Anblick länger zu genießen. Auf mich warten die Checklisten. Denn ich bin derjenige, der all diese Menschen gleich von London nach Dublin fliegen wird. Zum ersten Mal.

Es ist mein erster Flug als Verkehrspilot. Der erste Tag »on the job«. Noch nie zuvor habe ich eine Passagiermaschine voller Menschen gesteuert.

Die Fluggäste wissen das natürlich nicht. So, wie wir als Patienten auch nicht wissen, wenn wir von einem Arzt operiert werden, der das zum ersten Mal unter realen Bedingungen macht. Das ist aber völlig okay – immerhin ist er dabei nicht auf sich allein gestellt. Auch ich bin natürlich nicht der einzige Pilot in dieser Maschine. Neben mir sitzt ein erfahrener Flugkapitän.

Schon kurze Zeit später bin ich durchaus froh darüber, dass ich nicht allein im Cockpit bin. Es ist das erste und bisher letzte Mal in meinem Pilotenleben, dass ich mich überfordert fühle. Schon vor dem Start merke ich: Auf diese Situation kann dich keine Theorie vorbereiten. Nicht aus fliegerischer Sicht, sondern rein aus organisatorischer: Zu viele Aufgaben in zu hoher Frequenz bei zu vielen äußeren Eindrücken. Die Routine, die hierfür nötig ist, kann keine Ausbildung vermitteln.

Ich muss über mich selbst den Kopf schütteln: Ein Triebwerk könnte ausfallen, die Strömung an den Tragflächen könnte abreißen, jeder fliegerische Ausnahmezustand könnte eintreten und ich bin mir sicher, in allen diesen Situationen souverän zu reagieren. Diese Szenarien machen mir keinerlei Sorgen. Aber die To-do-Liste wirft mich auf diesem ersten Flug aus der Bahn.

Die Fülle der Aufgaben, die parallel zum Steuern des Flugzeugs in der Kürze der Zeit korrekt abzuarbeiten ist, bringt mich in akuten Stress. An diesem Punkt der Laufbahn kommt jedoch wieder dasselbe Prinzip zum Tragen wie schon mehrere Male zuvor: rein in die Verantwortung, rein ins kalte Wasser.

Natürlich kenne ich die Theorie des Workflows, aber ich habe sie noch nie im praktischen Flugbetrieb anwenden müssen. Sie kennen das von Ihrer ersten Fahrstunde: Natürlich wissen Sie theoretisch, wie man ein Auto fährt. Wenn Sie dann jedoch zum ersten Mal auf der Straße unterwegs sind, die Verkehrsregeln beachten und auf das Verhalten der anderen Fahrer achten sollen, alles gefühlt gleichzeitig, dann überfordert Sie das erst mal. Beim ersten Verkehrsflug stehe ich als Pilot vor dem gleichen Problem, nur in vielfacher Potenz.

Für diese Mammutaufgabe gibt es nur eine Bewältigungsstrategie: Routine. Beim zweiten Flug wird es schon viel besser gehen und dann sukzessive leichter werden. Bis ich diese Abläufe so verinnerlicht habe, dass sie keine Belastung mehr darstellen, sondern im Flow ablaufen.

Auf diesem ersten Flug aber schwimme ich. Die Bedingungen sind zusätzlich dadurch verschärft, dass die Route von London nach Dublin sehr kurz ist. Deswegen sind die Abläufe für Start, Flugphase und Landung dicht gedrängt – was die Sache für mich besonders stressig macht.

Vor allem die ersten Minuten im Cockpit beinhalten wahnsinnig viele vorbereitende Schritte: Ich muss die Checklisten durchgehen. Ich muss die Satellitenwegpunkte der Route in den Bordcomputer eingeben. Ich muss die Abflugkarten raussuchen und an die Checklisten anheften. Ich muss die Crew briefen. Ich muss die Daten über die Beladung der Maschine aus dem Load Sheet in den Bordcomputer eingeben. Ich muss den Schub für den Start berechnen. Ich muss mit dem Tower funken, die Freigaben zum Anlassen der Triebwerke und fürs Befahren der richtigen Startbahn einholen, später die Starterlaubnis bestätigen. Buchstäblich im Sekundentakt muss ich irgendetwas tun, das mit dem Steuern eines Flugzeugs erst einmal herzlich wenig zu tun hat.

Das Essenzielle beim Fliegen ist, vorausschauend zu handeln, und das ist bei dieser Fülle an nahezu gleichzeitig stattfindenden Handlungsabläufen bei meiner Premiere nicht möglich. Im Cockpit brauchen wir geistige Kapazitäten, um die nächste Aufgabe gedanklich vorauszusehen, zu planen und überlegt durchführen zu können. Noch viel wichtiger: Um in nicht vorhersehbaren Situationen den Kopf frei zu haben und souverän reagieren zu können. »Always be ahead of the airplane« – »Sei dem Flugzeug gedanklich immer voraus«: Das ist eine der goldenen Regeln für Piloten.

Genau das ist im Moment unmöglich. Ich bin so vereinnahmt, dass ich kaum eine Chance bekomme, weiterzudenken und meine nächsten Schritte zu planen. Ich reagiere, statt zu agieren. Das Flugzeug hat mich fest im

Griff, nicht umgekehrt. Mein Kopf ist voll mit all den To-dos. Von Weitblick kann keine Rede sein: keine Freiräume, nirgends. Ich bin im Hamsterrad gefangen.

Der Kapitän neben mir ist die Ruhe selbst. Er ist ein großartiger Partner in dieser schwierigen Situation. Manchmal kann ich ihn aus dem Augenwinkel wohlwollend lächeln sehen, während ich auf meinem Sitz rotiere. Er hat das viele Male erlebt: Wie ein junger Kollege auf seinem ersten Flug an seine Grenzen gerät. Für jeden von uns fühlt sich das so an. Wahrscheinlich denkt er an seinen ersten Linienflug zurück – ihm wird es nicht anders ergangen sein. Immer wieder hilft er mir auf die Sprünge, erinnert mich, gibt Hinweise, sagt etwas Ermunterndes. Ganz entspannt, absolut positiv. Es ist wunderbar beruhigend und gleichzeitig immens motivierend, ihn in dieser Ausnahmesituation neben mir zu haben. Durch ihn kann ich in die Zukunft sehen: Schon bald werde ich die Abläufe genauso gelassen meistern wie er. Nach dem Flug ist vor dem Flug.

Als wir in Dublin ans Gate rollen, bin ich mit Adrenalin vollgepumpt und ernüchtert zugleich. Ich habe meinen ersten Flug als Verkehrspilot absolviert, ohne dass etwas schiefgegangen wäre. Aber ich kann es auch kaum erwarten, mein Hemd zu wechseln.

Später, im Hotel, realisiere ich erst das soeben Geschehene und kann nicht mehr aufhören, mich unbändig zu freuen: Mein erster Verkehrsflug liegt hinter mir. Ich habe mein Ziel erreicht. Mein Traum ist Wirklichkeit geworden. Ich bin Pilot.

★★★

Die Sklaven der To-do-Liste

Ich kann mir vorstellen, dass Ihnen einiges an dieser Geschichte mächtig bekannt vorkommt. Sie müssen keine Boeing geflogen haben, um zu verstehen, was ich meine: Wir alle kennen das Gefühl, im Hamsterrad festzustecken. Angestellte genauso wie Selbstständige. Lehrerinnen ebenso wie Ärztinnen, Fließbandarbeiter wie Manager. Den ganzen Tag ackern und am Ende trotzdem nie fertig werden: So würden wahrscheinlich die meisten Menschen ihren Arbeitstag beschreiben. Vor allem in besonders stressigen Zeiten, weil die Auftragslage es gerade erfordert, Hochsaison ist, die Abteilung unterbesetzt ist. Weil mal wieder der Aufgabenbereich erweitert oder die Prozesse umgestellt wurden und Sie sich in neue Abläufe einarbeiten müssen. Zusätzlich zum Tagesgeschäft, das trotzdem reibungslos weiterlaufen muss, versteht sich.

Wenn es Ihnen so ergeht, dann haben Sie das gleiche Problem wie unerfahrene Piloten auf ihren ersten Flügen: In stressigen Phasen entsteht die Gefahr, mit all den erforderlichen Handlungsschritten ins Hintertreffen zu geraten. Nur noch darauf zu reagieren, was das Flugzeug mit einem macht. Eingehen können die Fluggesellschaften dieses kalkulierte Risiko nur, weil neben den Neulingen ein erfahrener Flugkapitän sitzt, der jederzeit alles im Griff hat und sich voll auf das Monitoring des jungen Kollegen konzentrieren kann.

Es erfordert Geistesgegenwart und Aufmerksamkeit, im Flug »wach« zu sein – »alert«, wie es im Pilotenenglisch heißt. Das ist die Voraussetzung dafür, den nächsten Schritt in der Handlungsabfolge schon parat zu haben, bevor er überhaupt ansteht. Der Situation jederzeit Herr zu sein und rechtzeitig agieren zu können, wenn sich Probleme ankündigen. Das ist das A und O für sicheres Fliegen. Wenn wir schon mit dem Abarbeiten der ganz normalen Arbeitsabläufe überfordert sind, wie ich damals beim ersten Flug, ist es ein Ding der Unmöglichkeit, den Überblick zu bewahren. Ausgerechnet das, worauf es eigentlich ankommt, ist plötzlich zur Nebensächlichkeit verkommen.

Nach mehr als einem Jahrzehnt im Cockpit habe ich dieses Problem längst nicht mehr. Die nötige Routine hatte sich schon wenige Flüge später eingestellt. Viele Menschen stehen einem vergleichbaren Problem jeden Tag gegenüber – auch noch nach vielen Berufsjahren, trotz aller Erfahrung. Die Realität in den meisten Jobs sieht so aus: Routineaufgaben verschlingen den größten Teil der persönlichen Ressourcen. Um neue Impulse zu entwickeln, Ideen voranzutreiben, innovativ zu sein und souverän mit Veränderungen umgehen zu können, fehlen Zeit und Energie. Hektisch versuchen sie, der To-do-Liste Herr zu werden, und springen ständig von einer Tätigkeit zur nächsten.

Die Sklaven des Hamsterrads sind immer nur am Abarbeiten und rennen ihren Aufgaben dennoch stets hinterher, anstatt ihre Zeit und ihre Arbeit zu gestalten. Teils, weil die Organigramme und Prozesse im Unternehmen schlecht definiert sind. Teils aber auch, weil sie ihre Arbeit nicht optimal organisieren.

Die Folgen sind absehbar: schlechte oder mäßige Ergebnisse. Quantitative Überforderung bei qualitativer Unterforderung. In einem Wort: Stagnation. Schlecht fürs Unternehmen – und mindestens genauso schlecht für Sie. Hier bleiben nicht nur die Ergebnisse auf der Strecke, sondern auch Sie ganz persönlich. Bei Ihrer Entwicklung und bei Ihrem Lebensglück. So ein Arbeitsalltag frisst nicht nur Ihre Kraft auf. Er fühlt sich auch schrecklich an. Immer unfertig, unzufrieden und irgendwann auch unglücklich. Sie kommen nicht weiter, Sie resignieren.

Die Lösung für dieses Dilemma besteht darin, immer mindestens einen Schritt voraus zu sein, statt hinterherzulaufen – um Kapazitäten für die wirklich wichtigen Dinge frei zu haben. Die Strategien des Workload-Managements für Piloten können Ihnen helfen, aus dem Hamsterrad auszubrechen. Sie geben Ihnen den nötigen Spielraum, um vorausschauend zu handeln. Werden Sie endlich wieder Herr Ihrer Arbeit, Ihrer Ergebnisse, Ihrer Tage! Always be ahead of the airplane!

Raus aus dem Hamsterrad: Kapazitäten schaffen

Die wenigsten Menschen, die sich im Job überfordert fühlen, sind ihren Aufgaben inhaltlich nicht gewachsen. In den meisten Fällen ist das Problem vielmehr organisatorischer Natur. Deshalb ist es allerdings fast immer auch lösbar – durch den Ausbruch aus dem Hamsterrad und mittels Neuorganisation.

Unser tägliches Handeln wird zu einem großen Teil von Gewohnheiten bzw. Verhaltensmustern bestimmt. Sie entwickeln sich durch unzählige Wiederholungen des gleichen Ablaufs. Darin liegen sowohl Problem als auch Chance gleichermaßen.

Das Problem: Gehen wir eine Aufgabe etwa aus Zeitdruck nicht von vornherein durchdacht an, ist die Wahrscheinlichkeit groß, dass wir es beim nächsten Mal genauso machen. Zum Beispiel lesen die meisten aus Gewohnheit morgens als Erstes ihre E-Mails. Dadurch geraten Sie in einen Sog von Tätigkeiten, der vom Posteingang ausgelöst wird. Dieses und jenes wird von den Absendern gefordert, Sie fügen sich brav Ihrem Schicksal und arbeiten eine Anfrage nach der anderen ab. Stand an diesem Morgen eigentlich etwas Wichtiges an, rutscht es nach hinten und muss später hektisch »reingeschoben« werden.

Dass sich unser Handeln an Gewohnheiten ausrichtet, birgt allerdings auch große Chancen: Die Gewöhnung, die durch unzählige Wiederholungen entsteht, hat den positiven Effekt, dass die Kapazitäten erheblich reduziert werden, die nötig sind, um eine Handlung durchzuführen.

Das Ergebnis einer gewohnten Handlung ist effektiver, also qualitativ besser und gleichzeitig schneller ausgeführt als das Ergebnis einer ungewohnten Handlung.

Wenn wir etwas in gewohnter Weise tun, sind wir im Flow. Als Sie Autofahren gelernt haben, mussten Sie sich voll konzentrieren. Trotzdem haben Sie mit Ihrem anfänglichen Fahrstil wahrscheinlich den einen oder anderen Verkehrsteilnehmer ordentlich Nerven gekostet. Nach Jahren hinterm Steuer ist Autofahren dann zu einem Automatismus geworden, der Ihnen kaum noch bewusste Kapazitäten abverlangt und dennoch gleichzeitig qualitativ perfektioniert wurde.

Beim Fliegen ist das nicht anders: Obwohl ich die Theorie und das Type Rating (Simulator-Training für einen bestimmten Flugzeugtyp) absolviert hatte, war ich auf meinem ersten Flug total überfordert. Etliche Male brachte ich die Reihenfolge der To-dos durcheinander oder machte kleine Detailfehler, auf die mich der geduldige Flugkapitän neben mir aufmerksam machen musste.

Im Flow zu sein ist nicht nur angenehm, sondern auch ergebnisrelevant. Eine Studie hat belegt, dass Stress und Überforderung gute Resultate verhindern: Sie erhöhen die statistische Fehlerquote um den Faktor elf![30]

Mit diesem Wissen ist es doch eigentlich verwunderlich, dass nicht mehr Flugzeuge abstürzen, oder? Wenn ein Pilot zwölf Stunden Nachtflug hinter sich hat, womöglich unter schwierigen Wetterbedingungen, und die Landung, den schwierigsten Teil seiner Aufgabe, mit dem Wissen einleitet, dass gefährliche Windströmungen herrschen, dann muss der doch vom Stress zermürbt sein! Wie kann es sein, dass Flugzeuge unter diesen Umständen selbst bei Starkregen und Sturmböen fast immer sicher landen? Wie ist es möglich, dass das in aller Regel sogar relativ sanft und elegant gelingt?

Der Grund, warum wir auch nach einem langwierigen Flug unter schlechten Bedingungen noch Topleistung abrufen können, ist die positive Macht der Gewohnheit: Wir sind 98 Prozent der Flugzeit über im Flow. Das bedeutet: Auch wenn gerade viel zu tun ist, also unter erhöhter Anstrengung und Anspannung, bin ich in meinem Element. Die Stimulation lässt mich dann über mich selbst hinauswachsen. Das spart wahnsinnig viel Energie, die ich in den zwei herausfordernden Prozent der Flugzeit zur Verfügung habe. Unter Stress gerate ich dann normalerweise auch während dieser zwei Prozent der Flugzeit nicht.

Der Grund dafür sind die vielen Tools, die den Workflow der Piloten regeln.

Genau das, was mich beim ersten Flug aus der Bahn warf, erwuchs mir innerhalb kürzester Zeit zur Kraftquelle: Die Checklisten, in denen jeder erforderliche Schritt für jedes Stadium eines Fluges erfasst ist. Längst kann ich sie automatisiert abarbeiten, ohne darüber nachdenken zu müssen. Die Standard Operating Procedures (SOP), die genau festlegen, wer im Cockpit wann welche Aufgaben hat und wovon er die Finger lassen muss, sind mir ebenfalls schnell in Fleisch und Blut übergegangen. Alle Handgriffe in der richtigen Reihenfolge zum richtigen Zeitpunkt korrekt auszuführen, verursacht mir keine Anstrengung mehr. Natürlich erfordert es trotz allem Konzentration, erzeugt aber keinen negativen Stress.

Deshalb sind meine Kapazitäten frei für die anforderungsintensiven Aspekte eines Fluges. Fliege ich etwa zum ersten Mal einen neuen Flughafen an, kann ich mich voll darauf konzentrieren, denn alles andere läuft automatisiert ab. Muss ich wegen schwieriger Bedingungen bei einer Landung wirklich einmal durchstarten, bin ich an diesem Punkt immer noch relativ gelassen, weil ich absolut wach in diese Situation gehe.

Das Wichtigste ist: Auch wenn sich plötzliche Entwicklungen dazwischendrängen, läuft einem Piloten im Normalfall nichts aus dem Ruder, was *trotzdem* erledigt werden muss. Während ich den ungewohnten Anflug auf einen neuen Flughafen durchführe, vergesse ich trotzdem nicht das Fahrwerk auszufahren oder mit dem Tower zu funken – weil ich weiß, an welchem Punkt in diesem Manöver diese Maßnahme an der Reihe ist. Ich habe den nächsten Schritt immer vor Augen und handle vorausschauend, ohne mich darum extra bemühen zu müssen.

Genau das ist der Punkt, an dem es im Businessalltag oft hakt: Die meisten sind wohl in der Lage, *irgendwie* mit unvorhergesehenen Herausforderungen umzugehen. Nur geht das fast immer auf Kosten der Dinge, die eigentlich gerade anstehen würden. Irgendetwas fällt dafür weg, wird vergessen oder in minderer Qualität erledigt. Dabei entsteht Stress, der die Ergebnisse beeinträchtigt und der Gesundheit schadet.

Das Geheimnis eines stressarmen und ergebnisoptimalen Arbeitsalltags besteht darin, sich auch im Büro nicht treiben zu lassen. Der Trick ist, sich von vornherein bewusst Zeitfenster für Routineaufgaben einzuplanen, also vorausschauend zu handeln, und damit mehr Kapazitäten für alles andere zu schaffen. Denn »alles andere« ist oft wichtig, fast immer dringend und nicht selten wichtig *und* dringend. Deshalb darf es nicht sein, dass Routineaufgaben, wie E-Mails zu beantworten, Sie Ihrer Schaffenskraft berauben!

Dabei geht es nicht darum, noch mehr in derselben Zeit zu schaffen. Sondern darum, einen möglichst großen Teil der Tagesaufgaben in saubere Routinen zu überführen – damit für »alles andere« genügend Zeit und Kraft übrig bleiben.

Piloten nennen das »Situational Awareness«: Wenn wir uns bewusst sind, wo wir im Prozess stehen, sind wir jederzeit Herr der Lage.

Die 7 P des vorausschauenden Handelns: Proper Planning and Preparation Prevent Piss-Poor Performance

Dass unser Handeln durch Gewohnheiten bestimmt wird, ist ein großer Vorteil. Kapazitäten für vorausschauendes Handeln schaffen wir nämlich dadurch, dass wir uns die *richtigen* Gewohnheiten aneignen. Diese schaffen wir durch vorausschauende Vorbereitung.

Hilfreich sind im Alltag nicht jene Routinen, die wir unbewusst entwickelt und eingeführt haben. Das sind meist aus der Not geborene, halb gare Reaktionsmuster, die unter Druck entstehen. Stress ist ein schlechter Berater. Im Wahrnehmungstunnel entscheiden wir uns für die erstbeste Strategie, die selten die sinnvollste ist, die wir jedoch danach immer wieder anwenden, wenn wir unter Druck geraten. Effizient sind nur die Handlungsmuster, die wir ganz gezielt aufsetzen – ohne Druck und vorausschauend, aus der Vogelperspektive.

So, wie wir uns auf Situationen vorbereiten, werden wir im Alltag auch handeln. Planen wir umsichtig und strategisch, können wir im Fall des Falles auch souverän agieren, ohne den nächsten Schritt aus den Augen zu verlieren. Bereiten wir uns nicht (ausreichend) vor oder greifen auf die falschen Gewohnheiten zurück, sind wir aufs hektische, unkoordinierte Abarbeiten zurückgeworfen – aufs bloße Reagieren. Dann vernachlässigen wir, was eigentlich zählt, weil uns der Weitblick fehlt.

Ein Beispiel zeigt den Unterschied: Nehmen wir an, Ihr Vorgesetzter kommt morgens aufgekratzt in Ihr Büro geschneit: »Ich kann an dem Kundentermin heute Nachmittag nicht teilnehmen. Sie müssen die Verkaufspräsentation übernehmen!«

Sie werden aschfahl und verfallen in Panik: Die Rolle des

Chefs einnehmen und die Präsentation abhalten? Das kündigt er erst jetzt an? Wie soll ich in der kurzen Zeit eine solide Präsentation auf die Beine stellen? Wann arbeite ich dann bitte all die E-Mails ab, die sich im Posteingang türmen?

Sie sind überfordert. Sie blenden alles aus, was nicht mit der Präsentation zu tun hat. Hektisch stellen Sie die nötigen Fakten auf PowerPoint zusammen. Gestresst schlagen Sie in letzter Minute beim Termin auf und reißen irgendwie die Präsentation runter. Dabei wirken Sie alles andere als souverän. Der Auftrag geht verloren. Anschließend gehen Sie frustriert zurück ins Büro und arbeiten bis in die Nacht alle anderen To-dos des Tages ab.

Die gleiche Situation kann auch ganz anders laufen: Das Anliegen des Chefs nicken Sie lächelnd ab und freuen sich über die Chance und das in Sie gesetzte Vertrauen. Dann arbeiten Sie erst mal ab, was Sie gerade in Arbeit hatten. Nach dem Mittagessen widmen Sie sich den Vorbereitungen für das Kundengespräch. Die sind in einer Stunde erledigt und Sie gehen in aller Ruhe, entspannt und konzentriert in die Präsentation. Sie bekommen den Zuschlag. »Sie wirken, als ob Sie genau wissen, was Sie tun«, lobt der Kunde. Weil Sie Kapazitäten frei hatten, souverän und gelassen auf seine Einwände einzugehen.

Der Unterschied zwischen beiden Szenarien? Im zweiten Fall haben Sie die Früchte Ihrer vorausschauenden Vorbereitung geerntet. Sie haben damit gerechnet, dass Sie irgendwann eine Verkaufspräsentation halten würden. Mehr noch: Sie haben auf diese Gelegenheit gewartet. Deshalb lag die ausgeklügelte Argumentationsstrategie für das aktuelle Produktportfolio längst in Ihrem Entwurfsordner. Die klug aufbereitete PowerPoint-Vorlage für eine Verkaufspräsentation ebenso. Das souveräne Auftreten haben Sie in ruhigen Stunden zu Hause vor dem Spiegel geübt, denn das ist Teil Ihrer Job Description. Alles ist bereits durchdacht, optimiert und routiniert. Jetzt, wo der Moment gekommen ist, kostet Sie die Anpassung der Parameter in der Präsentation ein Stündchen und ein Lächeln. Ihr Kopf ist frei für den Auftritt vor dem Kunden.

Vorausschauend zu handeln bedeutet, Dinge anzupacken, die wichtig, aber (noch) nicht dringlich sind. So verhindern Sie negativen Zeit- und Leistungsdruck in dem Moment, wenn es darauf ankommt – wenn Sie am Ergebnis gemessen werden.

Bei all den dringenden Erledigungen im Alltag verlieren wir leicht aus den Augen, was für nachhaltigen Erfolg wirklich zählt. Der Führungsexperte Stephen Covey unterscheidet in seinem Bestseller »Die 7 Wege zur Effektivität« zwei Schaffensphasen:[31]

- Die mentale Phase: Was mache ich? (Planung/Theorie/Organisation)
- Die physische Phase: Wie mache ich es? (Ausführung/praktische Umsetzung)

Ein häufiger Fehler mäßig erfolgreicher Menschen liegt darin, zu glauben, der Erfolg läge im Moment der Ausführung. Besonders erfolgreiche Menschen dagegen legen großen Wert auf die Vorbereitungsphase. Sie durchdenken den gesamten Ablauf eines Projekts oder einer Herausforderung vorab. Deshalb wissen sie auch genau, wann und wo sie am besten agieren, also Einfluss auf das Ergebnis nehmen können. Sie führen – sich selbst und andere –, anstatt nur zu managen. »Management ist, wenn man die Dinge richtig macht. Führung ist, wenn man die richtigen Dinge macht.«[32]

Den Schwerpunkt zwischen der mentalen und der physischen Schaffensphase falsch zu setzen, ist beinahe ein Garant für Misserfolge. Die meisten wirtschaftlichen Niederlagen haben ihre Ursache nicht in der falschen Umsetzung des Businessplans, sondern im Businessplan selbst. Viele Unternehmen scheitern nicht wegen operativen Fehlern, sondern wegen einer mangelhaften Kapitaldeckung, aufgrund einer

Fehleinschätzung des Marktes oder schlicht wegen Planlosigkeit.

Die Vorbeugung gegen »Piss-Poor Performance«, also eine richtig schlechte Leistung, beruht in allen Lebenslagen auf dem gleichen Prinzip: Kennen Sie die Antwort, bevor Sie gefragt werden. Die Weichen für den Erfolg werden lange gestellt, bevor es zur Sache geht.

Am reibungslosen Arbeitsablauf der Profipiloten während eines Verkehrsflugs lässt sich das sehr gut beobachten. Nur wenn die gesamte Crew gut vorbereitet ist, kann sie Gefahren erkennen, bevor sie entstehen, und so kritische Situationen vermeiden. Wer überfordert ist, kann das nicht. Deshalb muss in jeder Flugphase klar sein, welche Flugparameter für die kommenden Minuten relevant sind und welche To-dos als Nächstes dran sind.

Den Flugbegleitern hilft dabei die 30-Sekunden-Review, die sie zu Beginn jedes Fluges durchführen. Sie beruht grundsätzlich auf dem Prinzip des Chair Flying. Wenn wir auf die Startbahn rollen, setzen wir Piloten den sogenannten »Chime« ab – das ist dieses Ping-Signal, das Sie auf jedem Flug hören. Es veranlasst die Flugbegleiter, selbst ihre Plätze einzunehmen und sich anzuschnallen. Sie sitzen dann jedoch nicht einfach untätig herum, sondern führen immer die gleiche Review durch: Eine halbe Minute lang gehen sie in sich und spielen im Kopf das Prozedere eines Startabbruchs samt Evakuierung durch. Der würde in der Kabine so ablaufen: Der Purser oder die Purserin, also der Chef oder die Chefin der Kabinencrew, würde nach dem Bordtelefon greifen und eine Durchsage an die Passagiere machen. Dann würden die Flugbegleiter die Türen öffnen und die Rutschen abschießen. Schließlich würden sie nach festgelegten Regeln dafür sorgen, dass alle Passagiere die Kabine möglichst schnell und geordnet verlassen.

Durch diese Review ist sichergestellt, dass das Prozedere in der Hektik oder sogar Panik, die bei einem Zwischenfall entsteht, tatsächlich funktioniert. Würde so eine Situation die verantwortlichen Flugbegleiter überraschen, weil sie sie zum letzten Mal in ihrer Ausbildung durchgespielt haben, würde eine Evakuierung im Ernstfall garantiert nicht funktionieren.

Wir Piloten führen im Laufe eines Fluges sogar mehrere Briefings durch, insbesondere vor dem Start und vor dem Landeanflug. Dabei bereitet der Kapitän die Crew auf sämtliche Eckdaten und mögliche Besonderheiten der anstehenden Flugphase vor. So wissen alle Crew-Mitglieder immer schon vorab, was auf sie zukommt, und können vorausschauend agieren.

Der Anflug auf den Zielflughafen beispielsweise ist der arbeitsreichste Teil jedes Fluges. Vorher, im Reiseflug, geht es ruhiger zu, denn der Flieger ist stabil auf Reiseflughöhe und vorgegebenem Kurs unterwegs. Dadurch habe ich im Cockpit freie Kapazitäten – und die brauche ich auch. In diesen Minuten erledige ich meine »Hausaufgaben« für die kommende Anflugphase. Das heißt: Ich sammle sämtliche relevante Informationen über die bevorstehende Landung. Aus diesen Daten erschaffe ich mir ein mentales Bild von der Situation, das ich im Briefing mit dem Kollegen neben mir teile, damit auch er »ahead of the airplane« ist.

Diese Vorbereitung, die jeder Verkehrspilot in gleicher Weise durchführt, beinhaltet drei feste Bestandteile. Auch Sie können diese Hilfsmittel nutzen, um immer einen Schritt voraus zu sein:

1. Faktencheck:

Zuerst sammle ich alle Informationen, die ich benötige, um Herr der Lage zu sein. Ich checke bei Landeanflügen etwa das Wetter am Zielort, um mich auf verschärfte Bedingungen wie Gewitter, Sturmböen oder Starkregen einstellen zu können. Sehr wichtig ist der Abgleich zwischen vorhandener und benötigter Treibstoffmenge: Reicht der Vorrat im Notfall für einen zweiten Anflug? Dann prüfe ich die Anflugkarten des Zielflughafens auf Hindernisse und das sogenannte Flughöhenprofil. Das bedeutet: Wie hoch liegt dieser Flughafen und bei welcher Höhe über Meeresspiegel werde ich aufsetzen? Das ist deshalb sehr wichtig, weil sich daraus ableitet, an welchem Punkt des Anfluges ich mich auf welcher Höhe befinden muss.

Außerdem präge ich mir den sogenannten Entscheidungspunkt ein. Das ist der Punkt während des Anflugs, an dem ich endgültig Klarheit haben muss: Kann ich die Landung sicher einleiten oder muss ich durchstarten? Das ist einer der wichtigsten Aspekte jeder Vorbereitung: klar definierte »Gates« zu setzen.

Viele weitere Informationen fließen in das Briefing ein: Die Verkehrssituation im Anflug, die Länge und Beschaffenheit der Landebahn, die Parkposition am und der Weg zum Vorfeld. Ich rechne Anfluggewicht und -geschwindigkeit aus und ermittle die erforderliche Stellung der Landeklappen. Schließlich ziehe ich auch noch in Betracht, welche potenziellen Risiken und spezifischen fliegerischen Herausforderungen dieser konkrete Landeanflug mit sich bringen kann.

In ähnlicher Weise können Sie vor jedem entscheidenden Schritt auf dem Weg zu Ihrem Ziel Informationen sammeln.

Faktencheck für persönliche Herausforderungen:

- Was wissen Sie über die Situation? (z.B. in welcher Verhandlungsphase findet ein Termin statt? Wie konkret sind die Angebote?)
- Was wissen Sie über die beteiligten Personen? (z.B. vor wem halten Sie die Präsentation? Auf welche Klientel müssen Sie sich einstellen?)
- Welche besonderen lokalen Gegebenheiten haben Einfluss auf Ihren Erfolg? (z.B. wo findet ein Termin statt und um welche Uhrzeit, wie kommen Sie dorthin,

haben Sie unterwegs Zeit für letzte Vorbereitungen, ist die notwendige Technik vor Ort vorhanden, ...)

- Welche Widerstände können Ihnen begegnen? (z.B. welche Forderungen oder Einwände eines Gesprächspartners sind zu erwarten? Gibt es häufig geäußerte Fragen oder Kritikpunkte?)
- Welche »Gates« (also »harte« Entscheidungspunkte) sind für Sie relevante Wegpunkte? (z.B. an welchem Punkt einer Verhandlung steigen Sie ggf. aus oder ziehen Ihren Joker? Welche Ereignisse auf dem Karriereweg würden Sie mit der Kündigung quittieren? An welchem Punkt bei Ihrem ersten Marathon brechen Sie notfalls ab, weil das Gesundheitsrisiko zu groß wird? Was sind Sie bereit zu investieren?)

Diese Informationen ermöglichen es Ihnen, in der Vogelperspektive zu bleiben. Wenn Sie umfassend informiert sind, können Sie später Unvorhergesehenes besser einordnen.

2. *Mentale Vorbereitung:*

Nachdem ich im Flugzeug alle Informationen zur Verfügung habe, vereine ich die Daten im Kopf zu einem Gesamtbild und spiele den Anflug mental im Zeitraffer durch. Ich überlege also: Wann verlasse ich die Reiseflughöhe? Wann drossele ich die Geschwindigkeit wie stark? Wann muss ich das Fahrwerk ausfahren?

Genauso können Sie Ihr Verhalten für die nächsten Schritte auf Ihrem Weg mental durchspielen. Sie können überlegen, wann Sie welche Maßnahmen ergreifen und wie Sie diese Aufgaben am besten umsetzen. Wann macht der Anruf beim Kunden Sinn? Was gilt es, ihm mitzuteilen? Wie reagieren Sie, wenn der Vorgesetzte auf Urlaub geht und Ihnen für drei Wochen seinen gesamten Aufgabenbereich aufdrücken will? Wann ist es an der Zeit, sich mit aller Kraft in ein Projekt zu stürzen und wann können Sie die Führung getrost anderen überlassen? Also: Was gilt es wann, wie und in welchem Umfang zu tun?

3. Briefing

Nachdem ich mir ein klares Bild gemacht und den Landeanflug mental durchgespielt habe, teile ich alle relevanten Informationen mit dem Pilot Monitoring. Ich spreche dabei die wichtigen Punkte des Landeanflugs, aber auch ein mögliches Durchstarten mit ihm durch. Ziel des Briefings ist es, dass er dasselbe mentale Bild vor Augen hat wie ich selbst. Dann weiß er zu jeder Zeit, was ich als Nächstes tun werde. So kann er mein Vorgehen überwachen und mich gegebenenfalls auf Unstimmigkeiten hinweisen. Notfalls kann er auch eingreifen, wenn er ein Problem kommen sieht, dessen ich mir aus irgendeinem Grund nicht bewusst bin.

Von diesem Prinzip können Sie auch bei Ihren Vorhaben Gebrauch machen: Weihen Sie eine Person Ihres Vertrauens in Ihr Ziel und Ihre Vorgehensweise ein. Das kann Ihr Partner sein, ein Freund oder ein Kollege, der über die notwendige Sachkenntnis verfügt und Sie gut kennt, aber auch neutrales Feedback geben kann. Ein unkritischer Zeitgenosse, der Ihnen im Zweifel nur nach dem Mund redet, nützt Ihnen als Pilot Monitoring gar nichts. Vereinbaren Sie vorab Zeitpunkte, an denen Sie sich mit dieser Person zu einem Briefing treffen und über die jeweils nächsten Schritte austauschen. Er oder sie kann möglicherweise Ereignisse oder Fehler voraussehen, die Sie aus »Betriebsblindheit« nicht kommen sehen. Im Team ist es immer leichter, »ahead of the airplane« zu sein.

All diese Schritte absolviere ich als Pilot, bevor der Anflug überhaupt begonnen hat. Dann muss ich meinen Plan

»nur« noch ausführen, denn alle Entscheidungen habe ich bereits im Vorfeld getroffen und kommuniziert. Wenn der Anflug beginnt, kann ich konzentriert und planvoll vorgehen – weil ich immer im Bilde darüber bin, was als Nächstes ansteht.

Ist es nicht eine angenehme Vorstellung, dass Ihr Alltag ähnlich durchdacht ablaufen könnte? Dass Ihnen immer Kapazitäten bleiben, um mit Überraschungen fertigzuwerden? Glauben Sie mir, allein das Gefühl zu haben, für alle Eventualitäten gerüstet zu sein, gibt Ihnen die Motivation, die Kraft und das Durchhaltevermögen, selbst in schwierigen Situationen souverän zu agieren.

Falls Sie meinen, all die Vorbereitung würde zu viel Zeit kosten: Die sparen Sie in der Ausführung doppelt und dreifach wieder ein. Wenn Sie von Beginn an planlos handeln, müssen Sie zwischendurch bei Weitem mehr nachdenken und machen schneller Fehler, die Sie später korrigieren müssen – und auf ein Neues physische wie psychische Ressourcen aufbrauchen. Der Mensch ist nicht schnell und spontan. Er ist ein Vernunftwesen, das nachdenken muss, bevor es handelt. Nach vorn zu schauen kostet uns keine Zeit – es spart weitaus mehr Zeit ein.

Alertness: Immer bereit für Überraschungen

Natürlich läuft nicht immer alles nach Plan – im Cockpit nicht und im Leben erst recht nicht. Gerade deshalb ist es so wichtig, gedanklich immer einen Schritt voraus zu sein.

Der Begriff der »Alertness« – etwa: Wachheit – ist in der Fliegerei von enormer Wichtigkeit, weil maßgeblich relevant für die Sicherheit. Gerade in ruhigen und relativ monotonen Flugphasen driftet die Konzentration schnell ab. Eine Studie hat ergeben: Die Aufmerksamkeit lässt bei monotonen Überwachungsaufgaben rapide nach – um ganze

80 Prozent in einer Stunde. Die Automatisierung von Abläufen, die große Vorteile für die Effizienz einer Tätigkeit hat, wirkt sich darauf sogar noch als begünstigender Faktor aus.[33]

Zu den Anforderungen für die Pilotenausbildung gehört aus genau diesem Grund der sogenannte »Swiss Test«. Der läuft so ab: Sie starren 30 Minuten lang auf einen schwarzen Bildschirm. Darauf sind 30 kleine weiße Punkte in einem Kreis angeordnet wie auf einem Zifferblatt, die nacheinander schwarz werden – und zwar im Rhythmus von drei Punkten pro Sekunde. Die Aufgabe: Sie müssen nur dann eine Taste drücken, wenn bei diesem Durchlauf ein weißer Punkt ausgelassen wird. Das Hinterhältige: Das passiert in den 30 Minuten nur drei- oder viermal.

Zuerst dachte ich: Was soll denn der Quatsch – das ist ja ein einfacher Test! Aber glauben Sie mir: Das waren vielleicht die längsten 30 Minuten meines Lebens. Am Ende des Zeitfensters war ich heilfroh, dass es vorbei war. Genau das ist jedoch der Sinn der Übung. Dieser Test ist sehr aufschlussreich, um die »Alertness« eines Kandidaten zu prüfen. Fast so monoton wie dieser Test ist nämlich auch ein Langstreckenflug, wo nichts passiert. Trotzdem muss der Pilot die ganze Zeit über voll da sein und die kleinste Unregelmäßigkeit bemerken.

Dass Sie den nächsten Schritt schon im Voraus kommen sehen, heißt also nicht, dass Sie im Hier und Jetzt nicht mehr Augen und Ohren offen halten müssen. Die akribische Vorbereitung ist gerade dazu da, dass Sie auch in monotonen Phasen den nächsten Schritt nicht aus den Augen verlieren – und dennoch nicht ständig Ihre ganze Konzentration dafür benötigen.

Nur wenn Sie »alert« sind, werden Sie auch merken, dass etwas aus dem Ruder zu laufen droht. Sie können dann aber rechtzeitig agieren, wenn das Leben mal wieder ganz andere Pläne mit Ihnen hat.

Sie können auch anders: Immer einen Plan B haben

Was tue ich, wenn eins meiner »Gates«, also Entscheidungspunkte, überschritten ist? Wenn ich zum Beispiel kurz vor der Landung feststellen muss, dass die Landebahn noch gar nicht in Sicht ist?

In diesen Momenten muss ich sofort handeln – aber nicht so, wie es eigentlich vorgesehen war. Wenn ich darauf als Pilot nicht vorbereitet bin, wird es gefährlich. Auf diese Weise kam es zum Beispiel zum Absturz des Asiana-Fluges 214 im Juli 2013 in San Francisco, auf den ich in Kapitel 7 »Human Factor: Aus Fehlern lernen« noch genauer eingehe. An dieser Stelle nur so viel: Der Pilot war in der Target Fixation gefangen und erzwang gegen alle Vernunft eine Landung auf Sicht. Hätte er rechtzeitig auf Plan B umgeschaltet und wäre durchgestartet, hätte die Katastrophe vermieden werden können.[34]

Das Problem kennen Sie auch: Wir tun uns schwer damit, von einem ursprünglichen Plan abzuweichen. Dass unvorhergesehene Wendungen uns aus der Bahn werfen, ist verständlich: Wünsche und Vorstellungen sind gut und wichtig. Ziele und einen konkreten Plan zu haben, ist eine entscheidende Voraussetzung, um das zu erreichen, wovon Sie träumen. Doch das Leben verläuft nun mal nicht immer nach Drehbuch. Der Status quo verändert sich ständig. Deshalb kann selbst die beste Routine zur Gefahr für unsere Ziele werden. Wir müssen immer in der Lage sein, aus Gewohnheiten auszubrechen, wenn die Situation es erfordert. Auch wenn wir mit unserer ursprünglichen Planung aus damaliger Sicht alles richtig gemacht haben.

Was glauben Sie: Welcher von den vielen Schaltern und Knöpfen in einem Cockpit ist der wichtigste?

Der TO/GA-Button. TO/GA steht für Takeoff and Go-Around. Dieser Knopf ist direkt an den Schubhebeln angebracht. Wenn ich ihn drücke, fahren die Schubhebel wie von Geisterhand automatisch nach vorn. Deshalb drücken wir diesen Knopf immer beim Start – und eben auch, wenn wir durchstarten müssen.

Nun stellen Sie sich folgende Situation vor: Der Pilot ist im Endanflug und sieht vor sich bereits die Landebahnlichter. Nun ist es aber dunkel, es gibt grenzwertige Sturmböen und es schüttet wie aus Eimern. Innerlich weiß der Pilot, dass er durchstarten müsste, weil er unter diesen Bedingungen nicht sicher landen kann.

Aber er zögert. Er schafft es nicht, sich von seinem mentalen Modell, jetzt zu landen, zu verabschieden und sich neu zu orientieren. Er ist im Tunnelblick gefangen, sieht nur noch die Landebahnlichter und erzwingt eine Landung. Schockierend, aber wahr: Die meisten Abstürze und Unfälle in der zivilen Luftfahrt hätten vermieden werden können, wenn der Pilot TO/GA gedrückt hätte und durchgestartet wäre.

Wir alle haben diesen TO/GA-Button. Wir alle kommen hin und wieder im Leben an genau diesen Punkt, an dem wir wissen, wir müssten dringend etwas verändern, es aber dann dennoch nicht tun. Ob Sie ein guter Pilot sind – als Führungskraft, als Angestellter, als Mensch – das zeigt sich nicht bei schönem Wetter. Sondern in den schwierigen Momenten, wenn es Ihnen gelingt, TO/GA zu drücken.

Positiv zu denken und dennoch mit dem Schlimmsten zu rechnen, ist kein Widerspruch. Die Sicherheit, immer handlungsfähig zu sein, gewinnen wir nur, wenn wir zusätzlich zu Plan A immer auch einen Plan B in der Hinterhand haben. Einen Notfallplan, der zum Einsatz kommt, wenn das Leben oder der Chef seine Pläne mal wieder ohne uns gemacht hat.

Abgesehen von der Handlungsfähigkeit im Notfall hat ein Plan B noch einen weiteren Vorteil: Rückschläge verkraften wir mental besser, wenn wir uns mit dem Szenario bereits auseinandergesetzt haben. Auch und gerade wenn es eine echte Horrorvision ist.

Natürlich ist es unangenehm, sich schon vorab gedanklich mit möglichen Rückschlägen und der Gefahr des Scheiterns zu beschäftigen. Wer möchte sich schon damit befassen, dass sich ein Fahrwerk plötzlich nicht ausfahren lässt? Dass der Partner kurz vor der Fertigstellung des Eigenheims auf Pump die Scheidung einreicht? Dass der Kunde kurz vor der Unterschrift den Auftrag storniert, an dem die Beförderung hängt? Um wirklich auf alle Eventualitäten vorbereitet zu sein, sind solche Gedanken allerdings unerlässlich. Nur mit einem intelligenten Plan B, den Sie im Fall der Fälle fertig aus der Schublade zaubern können, sind Sie wirklich »ahead of the airplane«.

Piloten steht ein Tool zur Verfügung, das für alle erdenklichen Arten von Notfällen einen Plan B bereithält. Das Quick Reference Handbook (QRH) ist eine Art Schweizermesser für die Überraschungen des Fliegeralltags. Es enthält Checklisten mit Briefing-Prozeduren für alle nur denkbaren Umstände. Zum Beispiel auch für den Fall, dass eine Landung plötzlich unmöglich ist. Wenn im Endanflug etwa die Landebahn zum vorab festgelegten Zeitpunkt – dem »Missed Approach Point« – nicht in Sicht ist, darf es kein Zögern geben: Der Pilot muss durchstarten, ohne Wenn und Aber. Sogar dann, wenn der Treibstoff knapp wird.

Ohne exakt festgelegte Gates nützt mir allerdings auch das QRH nicht viel. Das kommt erst zum Tragen, wenn ich entschieden habe: Jetzt ist es so weit. Plan A hat versagt, Plan B muss her. Zum Beispiel: Wir befinden uns in Höhe X und Distanz Y zum Flughafen Z und die Landebahn ist nicht in Sicht. Gate verfehlt! Durchstarten und zweiten Anflug durchführen. Sofort, ohne Zögern. Ist die Entscheidung getroffen, kann der vorbereitete Plan B greifen – das QRH hilft mir bei der Umsetzung.

»Gates« zu haben und sie ernst zu nehmen, ist deshalb unerlässlich auf einem Flug. Das gilt genauso im Projektalltag oder bei der Lebensplanung. Stellen Sie sich vor, wir würden Flüge anhand vager Absichtserklärungen planen! Dann käme es im Moment der Entscheidung zu Überraschungsmomenten wie diesem: »Huch, die Landebahn ist gar nicht da, wo sie sein sollte. Was machen wir denn jetzt? Lass mal überlegen – kriegen wir die Kiste noch runter oder starten wir doch lieber durch ...?« Wie das enden würde, können Sie sich ausmalen.

Sie lachen jetzt vielleicht, aber mal ehrlich: Wie oft planen Sie Ihre Ziele vage und ohne konkrete Handlungsalternativen? Das Szenario klingt vielleicht ein wenig abwegig. Doch bevor das Crew Resource Management eingeführt wurde, verunglückten viele Maschinen genau deshalb: aufgrund von Planlosigkeit erzwangen Piloten eine Landung, wenn etwas Unerwartetes eintrat. Sie missachteten die Gates, sie ignorierten den Plan B.

Auch hier ist es wieder unser evolutionär geprägter Hang, unser Handeln an Gewohnheiten auszurichten, der die Situation kontrolliert und ausgehebelt werden muss. Von einem Plan abzuweichen, verursacht uns Stress. Wenn wir nicht vorher einen klaren Punkt definiert haben, der uns zwingt, unser Verhaltensmuster zu ändern, versuchen wir im Zweifel lieber Plan A durchzudrücken. Deshalb ist es so wichtig, Gates erstens vorab zu fixieren und sie zweitens auch klar zu kommunizieren. Dann fällt es uns erheblich leichter, aus der Gewohnheit auszubrechen und Plan B zu aktivieren.

Wie bei jeder Änderung einer Gewohnheit liegt der Schlüssel zum Erfolg darin, dass Plan B nicht nur auf dem Papier existieren darf. Er muss auch als mentales Programm abrufbar sein. Das setzt voraus, dass wir uns ständig mit allen denkbaren Unwägbarkeiten auseinandersetzen und auch Horrorszenarien nicht aussparen.

Wie reagieren Sie auf unvorhergesehene Wendungen, zum Beispiel in einem Projekt? Werden Sie kalt überrascht oder erkennen Sie sich anbahnende Probleme? Bleiben Sie entspannt, weil Plan B fertig in der Schublade liegt? Oder geraten Sie unter Stress und müssen dann ad hoc reagieren, anstatt vorausschauend zu agieren?

Die Idee des Simulator-Trainings können Sie auch in Ihrem Unternehmen und in Ihren privaten Projekten nutzen. Sie können sich ein eigenes QRH erarbeiten. Führen Sie einen »Refresher« ein – einen Unternehmenssimulator für alle unkalkulierbaren Eventualitäten des Projektalltags.

Refresher: Der Katastrophen-Simulator für Ihre Projekte

1. *Refresher einplanen:* Setzen Sie ein regelmäßiges Teammeeting an (z.B. quartalsweise).
2. *Was wäre wenn?* Spielen Sie in diesem Meeting mögliche Katastrophenszenarien durch (z.B. Projektabbruch durch den Kunden, Ausfall eines Zulieferers, nicht vorhersehbar gewesene Ressourcenknappheit, ...).
3. *Plan B in petto haben:* Erarbeiten Sie für jedes dieser Szenarien eine Checkliste (Plan B) – also eine konkrete Handlungsstrategie mit genau festgelegten Schritten. Diese Checklisten bilden Ihr QRH.
4. *Decision Points definieren:* Legen Sie für jede durchgedachte Möglichkeit konkrete Gates fest, die exakt definieren, wann Plan A (normaler Projektverlauf) nicht mehr durchführbar ist und Plan B aktiviert werden muss.
5. *QRH etablieren:* Kommunizieren Sie sowohl die Gates als auch die B-Pläne allen Beteiligten. Sorgen Sie außerdem dafür, dass alle relevanten Entscheidungsträger und Ausführenden jederzeit auf das QRH zugreifen können.

Entscheidend ist, dass Sie diesen Ablauf regelmäßig wiederholen und das QRH mit allen Checklisten ständig aktualisieren. Märkte entwickeln sich, Prozesse verändern sich, Kunden und Mitarbeiter wechseln. Was nützt Ihnen eine Checkliste für den Triebwerksausfall bei einer Propellermaschine, wenn Sie mit einem Düsenstrahljet unterwegs sind? Durch die regelmäßige Auffrischung werden die Abläufe außerdem immer wieder durchdacht und vertieft. Sie sind also auch mental präsent und im Bedarfsfall gelassen abrufbar.

Es erfordert zugegebenermaßen Disziplin, sich im hektischen Arbeitsalltag für eine solche »Fleißarbeit« zu motivieren. Noch dazu für eine, deren Ergebnis in den meisten Fällen – hoffentlich – nicht gebraucht wird. Doch das Führen eines QRH wirkt sich neben der Effizienz im Notfall auch positiv auf die Flexibilität und Motivation aus: Es stößt neue Denkprozesse an, holt die Beteiligten aus der gefährlichen Routine. Es stärkt die Teamfähigkeit. Es gibt Sicherheit und Zuversicht für die schlechteren Tage in der Biografie eines Unternehmens. Ich versichere Ihnen: Wenn Plan B wirklich gebraucht wird, werden Sie keinen Gedanken mehr an den Zeitaufwand verschwenden. Die Zeit, die Sie investiert haben, kann Ihnen im Katastrophenfall das Leben retten.

Ein einfaches Beispiel: Ein Zulieferer streikt. Ist der verantwortliche Disponent darauf nicht vorbereitet, ist in Nullkommanichts das ganze Unternehmen in Aufruhr. Kann er auf eine Checkliste für Plan B zugreifen, ist die Katastrophe im besten Fall ein paar Telefonate und einige Minuten später abgewendet: Er stimmt sich ggf. mit anderen Entscheidungsträgern ab. Mit wem und in welcher Reihenfolge, steht im QRH. Dann telefoniert er mit alternativen Zulieferern, die ebenfalls im QRH aufgelistet sind – am besten mitsamt aller Kontaktdaten. Er holt die Angebote ein, stimmt diese gemäß festgelegtem Ablauf mit den Entscheidungsträgern ab und in kürzester Zeit ist das Projekt wieder auf Kurs.

Der verantwortliche Mitarbeiter selbst muss dabei nicht einmal ins Schwitzen geraten. Denn er hat die Gewissheit im Rücken, im Konsens mit allen Beteiligten zu handeln. Plan B wurde ja gemeinsam erarbeitet. Positiver Nebeneffekt: Durch seine Selbstsicherheit neigt er sogar im Angesicht der Katastrophe weniger zu Fehlern. Zudem tritt er aus einer souveränen Position heraus in die Verhandlungen.

Sie sehen: Ein Plan B ist keine Gedankenspielerei für langweilige Meetings. Er kann im Ernstfall erfolgs- und umsatzentscheidend sein.

In der gleichen Weise können Sie natürlich auch Ihre privaten Projekte durch einen Plan B absichern. Insbesondere bei langfristigen Vorhaben ist die Zeit, die Sie auf den »Worst Case« verwenden, gut investiert. Zum Beispiel, wenn Sie ein Haus bauen oder Ihr Leben langfristig planen wollen.

Ich garantiere Ihnen: Sie werden viel besser schlafen, wenn das QRH griffbereit in der Schublade liegt …

Endlich wieder Herr der Lage: Wie Sie immer einen Schritt voraus sind

Ganz gleich, ob Sie ein Unternehmen gründen, ein neues Projekt starten oder Ihren Alltag erfüllend gestalten wollen: Klären Sie immer erst Ihre Ziele, bevor Sie loslaufen. Nehmen Sie vorweg, was unterwegs passieren kann. Bereiten Sie sich darauf vor, bevor es passiert.

Wenn Unvorhergesehenes eintritt, ist es zu spät, um Kapazitäten zu schaffen. Dann können Sie nur noch reagieren, anstatt gestaltend zu agieren und handlungsfähig zu bleiben. Ein zentrales Geheimnis von Spitzenleistung ohne Stress liegt darin, bereit zu sein, bevor Sie es sein müssen. Solange Sie keine Checkliste für den Notfall haben, haben Sie nicht konsequent vorausgeblickt.

Damit Sie keinen nervenzerrüttenden ersten Flug überstehen müssen, gebe ich Ihnen die Checkliste für umsichtiges Handeln gleich mit. Betrachten Sie sie als Basis für Ihr ganz persönliches QRH.

Denken Sie ab heute nicht mehr nur über Ihre Ziele nach, sondern denken Sie auch vor. Always be ahead of the airplane!

Final Call: Ahead of the airplane

- Vorausblick: Always be ahead of your life! Vorausschauend zu denken und zu handeln ist der Schlüssel zu Souveränität in jeder Lebenslage.
- Kapazitäten: Brechen Sie aus dem Hamsterrad aus, indem Sie Kapazitäten schaffen: für die Aufgaben, auf die es wirklich ankommt, und für die Unwägbarkeiten auf dem Weg zu Ihrem Ziel.
- Routinen: Planen Sie vorab feste Zeitfenster für Routineaufgaben ein, damit Sie den Kopf für die wirklich bedeutsamen Aufgaben frei haben.
- Briefing: Briefen Sie sich handlungsfähig: Eine konsequente Vorausplanung besteht aus Faktencheck, mentaler Vorbereitung und Briefing.
- Handlungsalternativen: Haben Sie immer einen Plan B in der Schublade, um auch im Worst Case Herr der Lage zu bleiben. Setzen Sie Gates und legen Sie Notfallstrategien fest, bevor Sie sie brauchen.

KAPITEL 6

FORDEC: Souverän entscheiden

Die Wetterdaten, die uns der Tower in Basel übermittelt, sind kein Quell der Freude. Die Stirn meines fliegenden Kollegen liegt in Falten. Als erfahrener Flugkapitän jenseits der 50 ist er gut doppelt so alt wie ich. Als Pilot Monitoring habe ich mehr Kapazitäten frei als er, aber auch ich bin hochgradig »alert«. Seit drei Jahren fliege ich inzwischen als Verkehrspilot; heute ist fraglos einer der schwierigeren Tage.

Hinter uns liegen bereits dreizehn Arbeitsstunden, verteilt auf vier sogenannte »Legs«, also Einzelflüge innerhalb der Streckenplanung. Der Flug von Gran Canaria nach Basel ist der letzte an diesem Tag. Gleichzeitig wird er der schwierigste werden.

Basel in der Nordschweiz, nahe an der französischen Grenze gelegen, ist kein unkompliziertes Terrain. Der Basel-Mulhouse-Freiburg EuroAirport (EAP), der einzige Flughafen der Welt, der von zwei Staaten genutzt wird, ist von hohen Bergen umgeben. Über die Vogesen hinweg müssen wir in einen Kessel einfliegen und erst kurz vor der Landung relativ steil sinken. Die geografischen Gegebenheiten schränken den Spielraum für Richtungskorrekturen enorm ein.

Was heute zusätzlich erschwerend hinzukommt, ist das schlechte Wetter. Es macht einen Sichtanflug un-

möglich. Tief hängende Wolken, starker Regen und kräftiger Wind zwingen uns zu einem Instrumentenanflug zwischen den Bergen.

Der EAP verfügt über zwei Bahnen: eine lange, die unter guten Bedingungen komfortables Landen ermöglicht, und eine kurze Querbahn, die schwieriger anzufliegen ist. Uns stehen beide Bahnen zur Verfügung. Das Problem ist: Die Wetterbedingungen machen keine der beiden Möglichkeiten eindeutig zur ersten Wahl.

Wir haben eine schwierige Entscheidung zu treffen: die lange oder die kurze Bahn? Auf der langen Bahn ist das Limit für den Rückenwind überschritten, der für eine sichere Landung herrschen darf. Unter diesen Umständen ginge ein Aufsetzen dort mit einem hohen Risiko einher. Starker Rückenwind heißt längerer »Bremsweg«. Durch die nasse Landebahn aufgrund des Starkregens ist dieses Problem noch verschärft. Für die Alternative, die kurze Querbahn, schlägt dieser Faktor noch kritischer zu Buche. Dort hätten wir zwar nicht das Problem, dass der Rückenwind uns beim Bremsen zusätzlich anschiebt, allerdings ist für diese Option wiederum das zulässige Limit für den Seitenwind fast erreicht.

Aber eben nur fast. Wir nehmen uns alle verfügbare Zeit für die Entscheidung, wägen wiederholt alle Faktoren ab. Immer wieder fragen wir beim Tower die Wetterverhältnisse ab. Hoffen, der Wind würde abnehmen und uns erlauben, uns für die lange Bahn zu entscheiden.

Noch fünf Minuten bis zur Landung. Der fliegende Kollege trifft seine Entscheidung – für die kurze Bahn. Ich kann sehen, wie es in seinem Kopf arbeitet. Er geht in Gedanken die Schritte der Landung durch, stellt sich auf das schwierige Manöver auf der kurzen, nassen Bahn mit starkem Seitenwind ein, der die Boeing 737 noch beim Aufsetzen seitlich von der Piste zu drücken droht.

Mir ist klar, was in ihm vorgeht: Er hat das Abwägen bereits eingestellt und sich festgelegt. Uns läuft die Zeit davon. Gleich wird es zu spät sein, sich umzuentscheiden.

Als Pilot Monitoring bin ich in den letzten Momenten vor Erreichen des »Gates«, also dem Überschreiten des Zeitfensters für die Entscheidung, noch weniger fixiert als er. Obwohl er sich entschieden hat, beschließe ich, auch die allerletzte Chance zu nutzen. Die Sekunden rasen dahin. Ein letztes Mal frage ich beim Tower die Windverhältnisse ab.

Siehe da: Plötzlich hat der Wind leicht abgenommen. Das Limit für den Rückenwind auf der langen Bahn ist jetzt minimal unterschritten.

Ich teile dem Kapitän die Neuigkeiten mit, und er reagiert sofort. Buchstäblich in letzter Minute revidiert er seine Entscheidung und fliegt die lange Bahn an. Auch dieses Manöver spielt er während des Endanflugs im Kopf durch und brieft mich für die Parameter. Dann ist es so weit. Schnelles Aufsetzen, maximaler Gegenschub, Vollbremsung auf nasser Bahn. Die Reifen quietschen auf dem Asphalt, die Triebwerke verdampfen eimerweise Regenwasser. Wir sind unten.

★★★

Weil die wichtigen Entscheidungen nie leicht sind

Wir alle treffen tagtäglich viele Entscheidungen. Die meisten davon sind vergleichsweise leicht: das weiße oder das blaue Hemd, auf dem Arbeitsweg die direkte Strecke oder den Umweg auf weniger befahrenen Nebenstraßen, mittags zum Chinesen oder zum Italiener. Durch die Routinen, die Sie sich mit den Strategien aus diesem Buch bereits schaffen konnten, fallen Ihnen auch viele planerische Entscheidungen wesentlich leichter oder müssen gar nicht mehr täglich bewusst getroffen werden.

Doch um die einfachen Entscheidungen soll es hier nicht gehen. Ich möchte Sie vielmehr dazu auffordern, sich mit jenen auseinanderzusetzen, die eben nicht eindeutig sind. Die von vielen Faktoren beeinflusst werden. Die sich nicht mit gewohnten Mustern begründen lassen. Die Sie manchmal auch noch unerwartet und unter Zeitdruck treffen müssen. Meist sind gerade das die Entscheidungen, auf die es wirklich ankommt, bei denen viel auf dem Spiel steht.

Genau das sind oft aber die Entscheidungen, die wir am liebsten gar nicht treffen würden – eben weil sie schwierig sind. Wir schieben sie, wenn möglich, vor uns her, und werden schon beim Gedanken an sie unsicher. Zum Beispiel die Entscheidung für oder gegen einen beruflichen Wechsel, den Umzug in eine neue Umgebung oder den Schritt in die Selbstständigkeit. Auch innerhalb von beruflichen oder privaten Projekten haben wir manchmal kritische Entscheidungen zu fällen, die keine Selbstläufer sind.

Viele Menschen warten dennoch darauf, dass das Leben, der Chef oder der Partner ihnen diese Entscheidungen abnimmt. Sie bleiben wochen-, monate-, jahrelang in der Schwebe der Ungewissheit. Manche verbringen lieber den Rest ihres Lebens mit der Frage, welche Wahl die richtige sein mag, als sich mit allen Konsequenzen festzulegen.

Im Cockpit ist das keine Option. Da muss in jeder Situation eine Entscheidung her – und meistens auch noch sehr schnell. So wie über Basel, als sich alle Parameter gegen uns verschworen zu haben schienen. Nicht entscheiden und warten ging trotzdem nicht. In der Luft herrscht Verkehr, der

Flugplan muss eingehalten werden, irgendwann geht auch der Treibstoff zur Neige. Als Pilot habe ich in solchen Situationen keine Wahl, ob – sondern immer nur die Wahl, wie.

Die Verantwortung für eine Option liegt am Ende beim fliegenden Piloten. Doch selbst die schwierigsten aller Beschlüsse müssen Piloten strategisch nicht aus der hohlen Hand treffen. Entscheidungen, für die es keine vorgefertigte Checkliste gibt, werden im Cockpit anhand des FORDEC-Modells getroffen und ruhig, bestimmt, strukturiert und konsequent kommuniziert.

Dieses Modell ist hochgradig variabel und lässt sich deshalb nicht nur in der Luft auf jede noch so knifflige Situation anwenden. Dank seiner Flexibilität ist es eine Steilvorlage auch für Ihre schwierigsten Entscheidungen. Ganz gleich, worum es geht: Mit FORDEC haben Sie nie wieder eine Ausrede, schwierige Entscheidungen aufzuschieben oder gar nicht zu treffen.

Warum wir uns ungern entscheiden

Was hält uns eigentlich davon ab, schwierige Entscheidungen überhaupt zu treffen – geschweige denn, dies auch noch souverän zu tun?

Es ist paradox: Das hat in hohem Maße damit zu tun, dass unsere Wahlmöglichkeiten so vielfältig sind. Keine Generation vor uns hatte so viel Freiheit in ihrer Lebensgestaltung, wie wir sie heute haben. Der Schweizer Soziologe Peter Gross prägte dafür den Begriff »Multioptionsgesellschaft«: Ihr Antrieb »ist ein tief in die modernen Gesellschaften eingemeißelter und ins Herz des modernen Menschen implantierter Wille zur Steigerung und zum Vorwärts.«[35] Zwar stehen uns in einer von Beschleunigung und Effizienz geprägten Welt alle Wege offen, um immer weiter zu wachsen und uns immer neu zu orientieren. Doch der überbordende Reichtum an Optionen stellt auch viel höhere Ansprüche an unsere eigenverantwortliche Lebensgestaltung.

Die Folgen sind eben nicht mehr Leichtigkeit und Entscheidungsfreude, sondern bei vielen eher Orientierungslosigkeit, Identitätsverlust und Versagensängste. Gerade die grundlegenden Lebensentscheidungen fallen uns heute nicht leichter, sondern schwerer als allen früheren Generationen, deren Lebensweg in vielen Bereichen schlichtweg vorgezeichnet war. Manchmal sehen wir heute, salopp formuliert, den Wald vor lauter Bäumen nicht mehr.

So ist heute fast die Hälfte der Schulabgänger in Deutschland durch ihren Abschluss berechtigt, ein Hochschulstudium zu beginnen. 1950 waren es gerade einmal fünf Prozent eines Jahrgangs. Der überwiegende Teil der heutigen Abiturienten nutzt diese Möglichkeit auch.[36] Gleichzeitig ist jedoch die Zahl der Studienabbrecher massiv angestiegen: Mehr als ein Viertel der Bachelor-Studenten wirft vor dem Abschluss das Handtuch. In manchen Studiengängen bricht sogar jeder Zweite vorzeitig ab.[37] Sich konsequent und langfristig für eine Ausbildung und einen Lebensweg zu entscheiden, scheint nicht etwa leichter, sondern immer schwieriger zu werden, je mehr Türen uns offen stehen.

Woran liegt es, dass mit der Wahlfreiheit auch die Unsicherheit steigt? Warum fallen uns gerade die wichtigen Entscheidungen so schwer?

Der Grund ist einmal mehr evolutionärer Natur: Sich festlegen zu müssen, bedeutet Stress. Das ist die Ursache, warum wir diese Verantwortung unwillkürlich als Last empfinden, statt als begrüßenswerte Freiheit.

Wenn unsere Vorfahren Entscheidungen zu treffen hatten, waren diese fast immer automatisch existenziell bedeutsam. Begegnete ein Steinzeitmensch zum Beispiel einem Säbelzahntiger, hing sein Leben davon ab, für welche Handlungsoption er sich entschied. Grundsätzlich hatte er drei Möglichkeiten:

- angreifen,
- abhauen,
- sich tot stellen.

In allen drei Fällen war die Wahrscheinlichkeit, dass er die Begegnung nicht überlebte, hoch. Egal für welche Variante er sich entschied: Eine wirklich sichere Option gab es nicht.

Dass diese Entscheidung den armen Steinzeitmenschen unter einen gewissen Druck setzte, können wir uns leicht vorstellen. Damit er dieser Herausforderung mit der notwendigen Konzentration und Umsicht begegnen konnte, schaltete sein Körper bei drohender Gefahr automatisch auf Alarm. Deshalb schießt uns noch heute das Adrenalin ins Blut, wenn wir eine schwere Entscheidung zu treffen haben. Der Stress, unter den uns Entscheidungen setzen, ist schlicht eine Überlebensstrategie unseres Körpers.

An dieser nicht steuerbaren Reaktion liegt es auch, dass wir unsere Entscheidungen heute immer noch nach dem gleichen Muster treffen wie unsere Vorfahren. Die gleichen Verhaltensoptionen – Angreifen, Abhauen, Totstellen – setzen wir heute nur anders um als damals.

Bei den Entscheidungen, die wir Menschen des 21. Jahrhunderts zu treffen haben, entspricht die Strategie »Angriff« blindem Aktionismus. Mit einer schwierigen Situation konfrontiert, agieren wir überhastet nach dem Motto »Augen zu und durch«. Sagen wir, Sie stecken mitten in den Verhandlungen mit einem Kunden. Bisher lief alles rund. Doch plötzlich stellt er die Forderung: »Entweder Sie gehen mit dem Preis zehn Prozent runter, oder wir gehen zur Konkurrenz.« Nun müssen Sie unter Druck entscheiden, wie Sie sich verhalten wollen. Wenn Sie sich für die Variante Angriff entscheiden, halten Sie tapfer dagegen: »Der Preis ist nicht verhandelbar. Wenn Ihnen unser Angebot nicht passt, dann müssen Sie sich eben mit einem minderwertigen Konkurrenzprodukt zufriedenstellen.« Kann klappen. Muss es aber nicht.

Die zweite Option wäre die Strategie »Abhauen«. In dieser Verhandlung würde das bedeuten: Sie flüchten aus der Verantwortung und übertragen sie anderen. Zum Beispiel, indem Sie sie von allen verfügbaren Gremien absichern lassen. Ihren Verhandlungspartner lassen Sie vorab wissen: »Das kann ich nicht allein entscheiden. Ich muss das intern besprechen.« Damit schwächen Sie Ihre Verhandlungsposition allerdings ungemein.

Die dritte Möglichkeit: Sie »stellen sich tot«. Sie antworten einfach erst mal gar nicht auf den Vorstoß Ihres Verhandlungspartners und sitzen das Problem aus. Das ist die einfachste Variante, sich dem Druck der Verantwortung zu entziehen – aber auch die, die in den seltensten Fällen zum Erfolg führt. Die Wahrscheinlichkeit ist hoch, dass der Kunde seine Drohung wahr macht und tatsächlich abwandert, da Sie sich nicht kooperativ zeigen.

Wer sein Leben aktiv gestalten will, anstatt es auszusitzen und von äußeren Faktoren fremdsteuern zu lassen, muss ständig weitreichende Entscheidungen treffen. Die Angst vor den Risiken lässt viele davor zurückschrecken, etwas in ihrem Leben zu verändern: Was, wenn ich die falsche Entscheidung treffe? Was, wenn danach alles nur noch schlimmer wird?

Wenn Sie sich auf diese Überlegungen fixieren, schränken Sie den Handlungsspielraum in Ihrem Leben enorm ein. Wer so denkt, trifft entweder gar keine oder eine unkluge Entscheidung – nämlich die mit dem geringsten Risiko, aber eben auch der geringsten »Gewinnspanne«. In den seltensten Fällen ist das die Option, die geeignet ist, Sie wirklich voranzubringen. Wenn Sie Ihre Entscheidung allein von der Risikoabwägung abhängig machen, werden Sie zum Beispiel nie den Schritt in die Selbstständigkeit wagen. Sie werden davon absehen, mit 40 noch einmal die Karriere zu wechseln, obwohl Sie in Ihrem Job unglücklich sind. Sie werden den mutigen, innovativen Projektvorschlag in der Schublade lassen, der Ihrer Karriere möglicherweise einen Kick geben würde – allein aus vorauseilender Sorge, dass Sie scheitern könnten.

Sie werden Ihrer eigenen Orientierungslosigkeit angesichts der Wahlmöglichkeiten zum Opfer fallen und kapitulieren. Wie das Reh auf der Landstraße, das in die Scheinwerfer glotzt und erstarrt stehen bleibt, anstatt nach links oder nach rechts zu flüchten. Oder wie der Pilot, der wie benebelt die Landung erzwingt, anstatt durchzustarten, obwohl eindeutige Signale etwas anderes verlangen.

Wenn wir unter Druck wichtige Entscheidungen treffen müssen, ist »keine Entscheidung« fast immer die schlechteste aller Optionen. Der Säbelzahntiger wird Sie nicht lange verschonen. Der Kunde nicht unbegrenzt auf ein Angebot von Ihnen warten. Das Leben wird weiter unkalkulierbar bleiben, ob Ihnen das gefällt oder nicht.

Viele besonders erfolgreiche Menschen haben deshalb einen anderen Umgang mit Entscheidungen gemeinsam: Sie fürchten sich nicht davor, sondern handeln jederzeit proaktiv. Sie geben Entscheidungen nicht aus der Hand und verschieben sie auch nicht auf später. Woher nehmen sie den Mumm? Ganz einfach: Ihr Selbstbewusstsein und die Zuversicht, ihre Ziele erreichen zu können, nehmen ihnen die Angst vor Fehlern. Sie sind bereit, notwendige Risiken einzugehen, und kalkulieren die Möglichkeit des Scheiterns mit ein. Nicht als Grund zu kapitulieren, sondern als Quelle der Erkenntnis: Lieber lernen sie aus einer Fehlentscheidung, als auf die Chance zu verzichten, die sich ihnen bietet.[38] Natürlich wägen sie trotzdem Pro und Kontra sehr sorgfältig ab – nicht anders als Piloten, die immer vernünftig handeln müssen. Höhere Risiken einzugehen, ist noch keine Garantie für mehr Erfolg und bessere Entscheidungen. Doch vorurteilsfrei zu fragen, wie hoch die Wahrscheinlichkeit des Scheiterns tatsächlich ist, und darüber nachzudenken, wie groß der Schaden in diesem Fall letztendlich wäre – diese Überlegungen sollten nicht von vornherein ausgeblendet werden.

Prinzipiell wissen wir alle, dass wir die wichtigsten Entscheidungen im Leben selbst treffen müssen – und zwar unmittelbar, wenn sie anstehen. Trotzdem verweigern viele, sich festzulegen, sogar wenn als Belohnung ein großer Vorteil winkt. Sogar, wenn ein Leidensdruck vorhanden ist und sie innerlich wissen, dass sie etwas in ihrem Leben verändern müssen. Die Unsicherheit als Folge der Angst, dass sie sich falsch entscheiden könnten, hält viele davon ab.

Dafür gibt es einen einfachen Grund: Niemand hat uns beigebracht, wie das geht. Wir müssen uns ständig entscheiden, haben aber nie gelernt, wie das effizient zu bewerkstelligen ist. Es fehlt uns einfach ein passender Leitfaden, um schwierige Entscheidungen souverän zu treffen. Das Modell FORDEC bietet uns im Cockpit eine solche Strategie – und Ihnen in Ihrem alltäglichen Leben auch.

Sogar in Situationen, in die Sie nie zu geraten gehofft hatten.

Der Held vom Hudson River: Kein Wunder, sondern FORDEC

In einer solchen Situation fand sich auch Kapitän Chesley Burnett Sullenberger, genannt Sully, am 15. Januar 2009 wieder. Gerade war er am New Yorker Flughafen LaGuardia mit 155 Menschen an Bord gestartet. Flug US Airways AWE 1549 in Richtung Charlotte, North Carolina hatte um 15:26 Uhr Ortszeit abgehoben und befand sich noch im Steigflug.

Sullys Airbus A320 hatte gerade eine Höhe von etwa 975 Metern erreicht und befand sich direkt über dem Stadtteil Bronx, als beim Tower in LaGuardia sein Notruf einging: »Mayday, Mayday, Mayday. 1549, hier spricht der Kapitän. Wir hatten einen Kontakt mit Vögeln und haben auf beiden Triebwerken den Schub verloren. Wir müssen sofort nach LaGuardia zurück.«[39]

Keine drei Minuten später schwamm die Maschine auf dem Hudson River. Das Flugzeug war auf den ersten Blick nahezu unbeschädigt. Sanft schaukelte es auf den Wellen. Nach und nach verließen die 155 Passagiere das Flugzeug und sammelten sich auf den Tragflächen dieses merkwürdigen Bootes, das gerade noch ein Luftfahrzeug gewesen war. Dort verharrten alle gemeinsam mit der Crew, bis die ersten Boote eintrafen und die Verunglückten einsammelten. Kapitän Sully und sein Erster Offizier Jeffrey B. Skiles verließen die Kabine als Letzte.

Alle Menschen an Bord von Flug AWE 1549 überlebten. Die schlimmste Verletzung an diesem Tag war ein Beinbruch.

Vielleicht erinnern Sie sich noch an die Schlagzeilen dieses Tages: »Das Wunder vom Hudson« titelten die Medien überall auf der Welt über Kapitän Sullys spektakuläre Notwasserung. Er wurde innerhalb von Stunden zu einem weltweit gefeierten Helden.

Letzteres stimmt. Eine Notwasserung unter diesen Bedingungen so durchzuführen, dass der Flugzeugrumpf dabei praktisch unversehrt bleibt und niemand an Bord ernsthafte Verletzungen erleidet, ist eine absolute Heldentat – ein Meisterstück der Pilotenkunst. Die Passagiere dieses Fluges verdanken Chesley B. Sullenberger ihr Leben. Möglich war das nur, weil er in dieser Situation bestimmt und souverän agierte. Ruhig und kalt habe seine Aufforderung an die Insassen der Kabine geklungen, sich auf den Aufprall vorzubereiten, beschrieb ein Augenzeuge später seinen Eindruck.[40] Aus meiner Sicht als Pilot, der nicht an Bord und nicht emotional involviert war, kann ich das nur mit einem Wort kommentieren: optimal.

Das andere Schlagwort der Berichterstattung ist gerade deshalb nicht angemessen: Ein »Wunder« ist es nicht, dass dieser schwere Luftfahrtunfall ein glückliches Ende nahm. Sondern das Resultat einer absolut konsequenten Entscheidung. Bei seinem Entschluss, den Airbus im Hudson River zu landen, machte sich Kapitän Sully mit bewundernswerter Konsequenz die Strategie zunutze, die jeder Pilot in unvorhergesehenen Notsituationen anzuwenden lernt: FORDEC.

Anhand des Funkverkehrs mit dem Tower in LaGuardia und Interviews mit den Piloten und Passagieren von Flug AWE 1549 lässt sich relativ detailliert zeigen, wie Kapitän Sully zu der Entscheidung kam, auf dem Hudson River notzuwassern.

Das Beispiel demonstriert Ihnen anhand eines Extremfalls, wie Sie selbst Entscheidungen unter höchstem Druck souverän treffen können – wie folgenreich sie auch sein mögen.

Für die Helden des Alltags: FORDEC anwenden

Die Abkürzung FORDEC steht für:

Facts (Fakten)
Options (Optionen)
Risks & Benefits (Risiken und Vorteile)
Decision (Entscheidung)
Execution (Ausführung)
Check (Überprüfung)

Nach dieser Reihenfolge werden Entscheidungen im Cockpit getroffen und in die Tat umgesetzt, für die es keine vorgefertigte Checkliste gibt. Lassen Sie uns die einzelnen Schritte des Prozesses anhand der schweren Wahl nachvollziehen, die Kapitän Sully über New York zu treffen hatte.[41]

Facts – Fakten

Flug AWE 1549 traf mitten im Steigflug auf einen Schwarm Vögel. Die Kollision führte zum Ausfall beider Triebwerke. Der Erste Offizier, Jeffrey B. Skiles, gab später an, er habe die Vögel aus dem Augenwinkel wahrgenommen – doch da war es schon zu spät für ein Ausweichmanöver. Mehrere große Vögel gerieten in die Turbinen.

Nach dem Zusammenprall mit dem Vogelschwarm blickten die beiden Piloten einander an. Kapitän Sully zögerte keine Sekunde: »My airplane«, sagte er zu seinem Ersten Offizier. Ein anderer, in den USA gebräuchlicher Ausdruck für: »I have control.« Mit diesem Ausspruch übernahm er von vornherein die Verantwortung für die Entscheidungen, die er nun zu treffen hatte.

Er begann unverzüglich damit, die Lage zu analysieren. Das rechte Triebwerk ging nach dem Zwischenfall in Flammen auf. Fast gleichzeitig versagte auch das linke Triebwerk seinen Dienst und das Flugzeug konnte fortan nur noch gleiten. Der Airbus wurde innerhalb von Sekunden zu einem riesigen Segelflieger, der nur noch mittels der Ruder manövrierbar war und keinerlei Vortrieb mehr hatte. Zuerst versuchten die Piloten daraufhin das Naheliegendste: Mehrmals bemühten sie sich um einen Neustart beider Triebwerke. Vergeblich. Alle anderen Systeme der Maschine arbeiteten weiterhin ordnungsgemäß.

Das waren die zentralen Fakten an Bord, die von Bedeutung waren. Hinzu kamen die Fakten außerhalb des Flugzeugs. Die wichtigsten davon betrafen die örtlichen Gegebenheiten, die es zu beachten galt. Das Flugzeug befand sich über der Bronx in geringer Höhe und hatte ohne Vortrieb keine Chance, weiter zu steigen. Rundherum lag das Stadtgebiet von New York – mit Wolkenkratzern von teils mehreren Hundert Metern Höhe und Millionen von Menschen, von denen viele im Nachmittagsverkehr der Metropole feststeckten. Direkt unter dem Flugzeug, nur wenige Sekunden entfernt von der tickenden Zeitbombe am Himmel.

Der Flughafen LaGuardia lag zu diesem Zeitpunkt bereits mehrere Kilometer entfernt. Bei seinem Notruf kündigte Sully noch an, diesen anzusteuern, und drehte sofort in diese Richtung ein. Dabei flog er eine gewagte Kurve über die Wolkenkratzer und Straßenschluchten von New York City hinweg. Daraufhin befand sich das Flugzeug über dem Hudson River. Sully war sich an diesem Punkt nicht sicher, ob sie es zurück nach LaGuardia schaffen konnten. Die Verlockung, es dennoch mit dieser einfachsten Lösung zu versuchen, muss groß gewesen sein – und die Entscheidung dagegen deshalb extrem schwierig. Sully hatte sie binnen Sekunden zu treffen und er traf sie.

Der Lotse im Tower war seinerseits noch darauf eingestellt, das Flugzeug zurück nach LaGuardia zu holen. Er fragte Sully: »1549, wollen Sie auf Landebahn 1A13 landen?«

Sully, der die Fakten vor seinem geistigen Auge inzwischen zu einem Bild zusammengesetzt hatte, verneinte: »Unmöglich. Wir werden definitiv im Hudson River sein.«

Was ist bis zu diesem Punkt im Kopf des Kapitäns vor sich gegangen? Ruhig und überlegt hat er gemäß des FOR-DEC-Modells zuerst sämtliche verfügbaren und relevanten Informationen gesammelt. Genau das können auch Sie tun, wenn Sie mit einer schwierigen Entscheidung konfrontiert werden. Tragen Sie alle relevanten Fakten zusammen. Gehen Sie dabei so unvoreingenommen vor wie möglich. Achten Sie darauf, dass Sie wirklich alle Informationen auf dem Tisch haben, die bei Ihrem Entschluss eine Rolle spielen – nicht nur die offensichtlichen, nicht nur die angenehmen. Fragen Sie sich:

- Was ist die Ausgangssituation und wo genau stehe ich?
- Welche internen und welche externen (Umgebungs-) Faktoren muss ich berücksichtigen?
- Was ist das gewünschte Ergebnis meiner Entscheidung/das Ziel?
- Welches Zeitfenster steht mir für die Entscheidung zur Verfügung?
- Mit welchen Parametern meiner Situation kann ich arbeiten, welche sind unverrückbar?

Der Stand der Informationen kann sich im Laufe eines Entscheidungsprozesses natürlich ändern. Das Sammeln der Fakten sollte deshalb an diesem Punkt nicht abgeschlossen sein, sondern ständig fortgeführt werden. Der gesamte FORDEC-Prozess ist nicht statisch, sondern dynamisch. Die Schritte bleiben die gleichen, müssen jedoch unter Umständen angepasst werden, wenn sich einzelne Parameter verändern. Behalten Sie die zentralen Faktoren immer im Auge. Kapitän Sully ließ sich von seinem Ersten Offizier permanent über wichtige Informationen wie Höhe und Geschwindigkeit auf dem Laufenden halten. Damit stellte er sicher, dass das Gesamtbild, auf dem später seine finale Entscheidung beruhen würde, immer auf dem aktuellsten Stand war.

Options – Optionen

Der Kapitän war sich an diesem Punkt bereits darüber im Klaren, dass eine Notwasserung auf dem Hudson wahrscheinlich unabwendbar sein würde. Deshalb bereitete er den Lotsen sofort darauf vor – damit der die entsprechenden Notfallmaßnahmen ergreifen konnte. Dennoch machte er gedanklich noch nicht dicht, sondern zog weitere Szenarien in Erwägung.

Der Lotse in LaGuardia bot Sully daraufhin mehrere Landebahnen auf seinem Flughafen an. Beim ersten Versuch antwortete Sully nur knapp mit: »Unmöglich.« Als der Lotse nach wie vor auf LaGuardia pochte und eine weitere Landebahn vorschlug, wurde der Kapitän noch deutlicher: »Unmöglich. Wacht auf, Jungs.« Noch im gleichen Atemzug erkundigte er sich nach Alternativen: »Was ist zu unserer Rechten? Ist irgendwas in New Jersey verfügbar? Zum Beispiel Teterboro?«

Kapitän Sully war an diesem Punkt zu Schritt zwei des FORDEC-Modells vorgerückt: Er trug die verfügbaren Optionen zusammen, um sie gegeneinander abzuwägen. Deshalb erkundigte er sich beim Tower nach dem Flughafen Teterboro, der auf der anderen Seite des Hudson gelegen ist.

Bemerkenswert ist nicht nur, wie knapp und präzise Sully in dieser Ausnahmesituation kommunizierte – sondern auch, wie ruhig er dabei blieb. Selbst als er den Lotsen aus seiner Fixierung auf LaGuardia zu rütteln versuchte, hob er nicht einmal die Stimme. Er war vollkommen konzentriert und blieb absolut sachlich. Er war ausschließlich daran interessiert, seine Optionen zu klären. Bloß keine Silbe zu viel sagen, bloß keine Zeit vergeuden.

»Genau zu Ihrer Rechten ist Teterboro«, gab der Lotse zurück. Er hatte nun offenbar verstanden, dass die Lage keine Rückkehr nach LaGuardia zuließ. »Wollen Sie Teterboro anfliegen?«

Sully antwortete auf diese Frage mit »Ja«. Jeffrey B. Skiles erinnerte sich später, er sei an dieser Stelle besorgt gewesen, dass der Kapitän tatsächlich den Versuch unternehmen würde, nach Teterboro abzudrehen. Der Weg hätte wieder über Stadtgebiet geführt – und Skiles glaubte nicht daran, dass die verbleibende Höhe für dieses Manöver ausgereicht hätte.

Doch Skiles' Sorge löste sich kurz darauf in Luft auf – Sully hatte die Option lediglich in Erwägung gezogen. Den Fluglotsen hatte er, so scheint es, nur pro forma darauf angesetzt, einen Anflug auf Teterboro vorzubereiten, um sich diese Möglichkeit offenzuhalten. In den wenigen Sekunden, die es dauerte, bis der Lotse den alternativen Flughafen angefunkt hatte, hatte er die Option bereits wieder verworfen.

Sully war längst klar, dass eine Landung im Hudson die Möglichkeit mit den meisten Chancen auf Erfolg war, als er nach Ausweichflughäfen fragte und Teterboro ins Spiel brachte. Er tat an diesem Punkt lediglich, was Punkt zwei des FORDEC-Prozederes verlangt: Er trug die möglichen Handlungsoptionen zusammen, um keinen potenziellen Ausweg aus der gefährlichen Situation zu übersehen. Er wollte nicht überstürzt entscheiden, ohne alle Varianten geprüft zu haben. Damit erschreckte er seinen Ersten Offizier für einen Moment, doch sein Vorgehen war auch an diesem Punkt absolut professionell. Kein Pilot entscheidet sich leichtfertig dafür, ein Flugzeug mit 155 Menschen an Bord in einen eisigen Fluss zu steuern.

Die große Umsicht und der Weitblick, mit denen Sully in dieser dramatischen Situation reagierte, kann Ihnen ein Vorbild sein: Tragen Sie immer alle verfügbaren Handlungsoptionen zusammen. Auch die abwegigen, die unwahrscheinlichen, die extrem schwierigen oder nie zuvor erprobten. Je komplizierter die Situation ist, desto wichtiger ist es, nichts von vornherein auszuschließen.

Oft sehen wir mögliche Lösungswege gar nicht, weil sie uns zu gewagt erscheinen. Unser Gehirn arbeitet in vorgefertigten Mustern, die auf gemachten Erfahrungen beruhen. Die wenigsten Menschen ziehen zum Beispiel ein ehrliches, vertrauensvolles und ergebnisoffenes Gespräch mit ihrem Vorgesetzten in Erwägung, wenn ihnen im Job das Wasser bis zum Hals steht. Weil das etwas ist, vor dem uns unser Gehirn abrät. Ähnlich verhält es sich mit der Option Kündigung.

Wenn ein Kunde bei der Verhandlung plötzlich dichtmacht, erkundigen sich die meisten nicht nach möglichen verborgenen Beweggründen, weil das für beide Parteien unangenehm sein kann. Es setzt eine empathische, offene Gesprächsführung voraus, die im Businessalltag vielerorts eher unüblich ist.

Gerade Männer schließen bei Eheproblemen oft kategorisch die Möglichkeit einer Beratung aus, weil sie dafür ihre Komfortzone verlassen und sich emotional öffnen müssten.

Aus dem gleichen Grund verwerfen viele die Chance einer Therapie oder präventiver Maßnahmen, wenn sich erste Anzeichen eines Zusammenbruchs zeigen – und laufen vor die Wand, weil sie ihre Optionen nicht rechtzeitig und nicht gewissenhaft genug geprüft haben.

Wenn Sie nicht sicher sind, ob Sie alle Optionen bedacht haben: Bitten Sie Außenstehende um Rat. Alternativ können Sie die Situation gedanklich auf jemand anderen übertragen und sich fragen: »Was würde ich einem Freund in dieser Situation raten?« Wenn es um uns selbst geht, sind wir befangen. Betrifft ein Problem jedoch andere, fällt uns ergebnisorientiertes Denken viel leichter.

Risks & Benefits – Risiken & Vorteile

Kapitän Sully hatte insgesamt drei Handlungsoptionen: Rückkehr nach LaGuardia, Anflug auf Teterboro, Notwassern auf dem Hudson River. Seine schwierige Aufgabe bestand nun darin, diese Optionen gegeneinander abzuwägen, um zu einer endgültigen Entscheidung zu kommen.

Dieser Punkt heißt im FORDEC-Modell »Risks & Benefits« – »Risiken und Vorteile«. Das bedeutet nichts anderes, als die Vor- und Nachteile aller Handlungsoptionen miteinander zu vergleichen – im Sinne der guten alten Pro- und Kontra-Liste. Über dem Hudson war für eine haptische Liste keine Zeit. Sie dagegen können sich dieser Möglichkeit in aller Ruhe bedienen, wenn Ihr Gate für die Entscheidung es zulässt.

Sully spielte die Risiken und Vorteile seiner drei Varianten fortlaufend im Kopf durch. LaGuardia verwarf er zuerst. Hier überwogen die Risiken eindeutig die Vorteile, auch wenn es fraglos die bequemste Option gewesen wäre. Doch Sully reichte die hohe Wahrscheinlichkeit, es nicht bis zum Flughafen zu schaffen, um sich von diesem Plan zu verabschieden. Er behielt recht: Die verbliebene Flughöhe wäre tatsächlich zu gering gewesen, um die Distanz bis zum Startflughafen ohne Triebwerksschub zu überbrücken. Hätte er LaGuardia angeflogen, wäre es unweigerlich zum Crash gekommen. Den Ausschlag für Sullys Entscheidung gab die Einschätzung der Folgen, wenn der Plan gescheitert wäre: Die Route hätte über dicht besiedeltes Gebiet geführt. Sullys Weitblick bei der Abwägung dieser Option ist bewundernswert.

Als Nächstes kam Teterboro in New Jersey ins Spiel. Die Vorteile: Der Flughafen lag direkt zur Rechten des Flugzeugs und näher als LaGuardia. Außerdem liegt Teterboro nicht mitten in der Innenstadt einer Metropole und in weniger bevölkertem Gebiet, was das Risiko von zusätzlichen Opfern am Boden reduziert hätte. Das Problem: Auch Teterboro war mehrere Kilometer entfernt. Um dorthin zu gelangen, hätte Sully bei ständig abnehmender Flughöhe das Stadtgebiet von New York mit seinen Wolkenkratzern und Zigtausenden Menschen überfliegen müssen. Die Risikoabwägung ergab, dass die Wahrscheinlichkeit einer Katastrophe mit vielen Toten und Schwerverletzten auch außerhalb des Flugzeugs sehr groß war. Sully hätte eine enge Rechtskurve fliegen müssen. Das hätte den Luftwiderstand und damit die Sinkrate des Flugzeugs weiter erhöht. Die Ausgangslage für das Manöver war schlecht. Deshalb schied auch diese Option in Sekundenschnelle wieder aus.

Blieb noch die fliegerisch schwierigste aller drei Optionen: die Notwasserung auf dem Hudson River. Die Risiken: 155 Passagiere an Bord von Flug AWE 1549. Eine Landung auf dem Wasser, anstelle einer echten Landebahn. Ein extrem schwieriges Flugmanöver, das wahrscheinlicher scheitert oder wenigstens suboptimal verläuft, als dass es gelingt. Kurz: Ein extrem hohes Gefahrenpotenzial bei der »Landung« selbst.

Die Vorteile: Auf dieses Gefahrenpotenzial hatte Sully mit seinem fliegerischen Können direkten Einfluss. Auf dem Hudson hatte er darüber hinaus freie Bahn für sein Manöver – kein Verkehr in der Luft oder auf dem Wasser, keine Hindernisse im Weg. Zudem war das Wasser an diesem Tag sehr ruhig. Der größte und ausschlaggebende Vorteil war schließlich: Auf dem Hudson bestand so gut wie kein Risiko von Opfern außerhalb des Flugzeugs.

Die Analyse, die in Sullys Kopf in Sekundenschnelle vonstattenging, sprach für die Notwasserung. Doch eine Landung auf dem eisigkalten Wasser mit einer eingeschränkt manövrierbaren Maschine? Ohne Chance durchzustarten? Sully würde nur einen Versuch haben. Die Wahrscheinlichkeit einer Katastrophe war enorm hoch. Dennoch entschied er sich dafür.

Genau das macht sein Handeln so bewundernswert, denn an dieser Risikobereitschaft scheitern viele wichtige Entscheidungen im Alltag. Wir sind aus unserer evolutionären Prägung heraus zu sicherheitsbewusst. Menschen sind »Schmerz-Vermeider« mit überzogener Risiko-Aversion. Forscher haben herausgefunden, dass wir einen Verlust an der Börse doppelt so emotional aufnehmen wie einen gleich hohen Gewinn. Diesen negativen Gefühlen versuchen wir mit allen Mitteln auszuweichen, was dazu führt, dass wir die fraglos wichtige Risikokalkulation überproportional gewichten, wenn wir verschiedene Möglichkeiten miteinander vergleichen. Oft gehen wir sogar so weit, risikoreiche Optionen nicht einmal in Betracht zu ziehen. Die Risiko-Aversion ist als Einflussfaktor stark genug, dass viele ihr ganzes Leben danach ausrichten: Sie bleiben im falschen Job, sie bleiben in der unglücklichen Ehe, sie bleiben an einem Ort ohne Perspektiven, nur um dem Risiko des Scheiterns oder dem Schmerz bei der Anpassung aus dem Weg zu gehen.

Es geht mir natürlich nicht darum, dass wir irrationale Wagnisse eingehen sollten. Sondern darum, dass wir Risiken und Vorteile so nüchtern und rational wie möglich betrachten. Nämlich als prinzipiell gleich zu gewichtende Faktoren. Um uns richtig entscheiden zu können, kommt es darauf an, die Optionen so vorurteilsfrei und sensibel wie möglich gegeneinander abzuwägen. Das ist unmöglich, wenn wir einer Option aus Risikoscheu heraus von vornherein den Vorzug geben. Dann suchen wir für die andere nämlich gar nicht mehr ernsthaft nach Argumenten.

Ein Tipp, wenn Sie zwischen zwei Optionen feststecken und sich nicht zu einer Entscheidung durchringen können: Spielen Sie für jede den »Worst Case« durch. Wie schlimm wäre der wirklich? Das kann Ihnen helfen, sich von der Angst zu lösen und die Chancen der verschiedenen Varianten zu erkennen.

Genau diese Überlegung führte bei Kapitän Sully zur einzig richtigen Wahl: Das Risikopotenzial, konkreter: Die Zahl der gefährdeten Menschenleben war eben nicht bei allen Optionen dieselbe. Sully entschied sich für die fliegerisch schwierigste Variante, weil sie die potenzielle Opferzahl immerhin auf die Passagiere und Crew an Bord begrenzte.

Stellen Sie sich vor, er hätte anders gehandelt. Eine Katastrophe in der Dimension des 11. September hätte die Folge sein können.

Nehmen Sie immer alle Optionen in den Blick. Spielen Sie Vorteile und Risiken einschließlich Best Case und Worst

Case für jede einzelne Variante durch und überlegen Sie, wie wahrscheinlich das Eintreten dieser Szenarien jeweils einzuschätzen ist. Vergleichen Sie dann die Bilanzen der einzelnen Optionen miteinander: Was sind die möglichen Folgen? Widerstehen Sie hierbei der Versuchung, Risiken prinzipiell höher zu gewichten als Chancen. Lassen Sie sich von Außenstehenden unterstützen, wenn Sie nicht sicher sind, ob Sie rational genug kalkulieren.

Decision – Entscheidung

Als der Lotse in LaGuardia sich kurze Zeit später bei den Piloten des Airbus meldete, um die bereitstehende Landebahn in Teterboro durchzugeben, hatte Kapitän Sully seine Entscheidung bereits gefällt.

Doch das wusste der Lotse noch nicht. Später gab er an, dass er aufgrund der geringen Erfolgschancen dieses Szenario ausblendete. Er wollte es nicht wahrhaben.

»Flug 1549, Sie können in Teterboro auf Landebahn eins landen.«

Sully antwortete mit der Gewissheit des Piloten, der eine unumstößliche Entscheidung getroffen hat: »Wir können es nicht schaffen.«

Noch immer beharrte der Lotse auf seiner Option: »Okay, welche Landebahn in Teterboro wollen Sie haben?«

An diesem Punkt war Sully mit der Kommunikation fertig – der Funk hatte keine Priorität mehr. Aviate, Navigate, Evalute: Kapitän Sully musste jetzt das Flugzeug fliegen. Er hatte sich auf die bevorstehende Notwasserung zu konzentrieren. Alles andere war irrelevant. Zuvor hatte er nur noch eines sicherzustellen: Dass Hilfe unterwegs war, wenn sein Flugzeug auf dem Fluss aufsetzte. Seine letzte Ansage an den Tower fiel ebenso knapp wie deutlich aus: »Wir werden im Hudson River sein.«

An dieser Stelle brach der Funkkontakt ab.

Das Timing ist bei einer Entscheidung sehr wichtig. Wir dürfen uns von Risiken und Eventualitäten nicht in die Warteschleife zwingen lassen. Entscheidungen dürfen nicht aufgeschoben werden. Wenn FORDEC sauber angewendet wird, sollte nach einer kurzen Analyse und eventuellen Besprechung im Team schnellstmöglich ein verbindlicher Weg eingeschlagen werden. Dahinter muss ich als Entscheider zu 100 Prozent stehen. Auch wenn er noch so wahnwitzig anmuten mag.

Wir können uns nicht ein bisschen entscheiden, denn dann werden wir bei der Ausführung zögern, beim geringsten Gegenwind einen Rückzieher machen oder im entscheidenden Moment einen Fehler begehen.

Kapitän Sully hatte wahrlich eine brutale Entscheidung zu treffen. Dennoch fällte er sie, ohne zu zögern, nachdem er die Optionen abgewogen hatte. Er entschied sich für eine Wahnsinnstat – doch das war die vernünftigste, rationalste Wahl, die er treffen konnte. FORDEC sorgte dafür, dass er sie tatsächlich traf, obwohl sie hochgradig schwierig und unbequem war.

Gewiss hat der Umstand geholfen, dass Sully als ehemaliger Militärpilot Erfahrung im Gleitflug hatte. Möglicherweise hat die Überzeugung, einer solchen Herausforderung gewachsen zu sein, bei seiner Entscheidung eine Rolle gespielt. Doch rein theoretisch hätte jeder Pilot an seiner Stelle dasselbe tun müssen, wenn er sauber nach FORDEC vorgegangen wäre. Es gab in der Situation schlicht keine bessere Option.

Das ist das Grandiose an FORDEC, wenn es in vollem Umfang angewendet wird und seine Wirkung entfaltet: Auch in der schwierigsten aller Entscheidungen ist es theoretisch unfehlbar, wenn es sauber durchgeführt wird und nicht am Zögern oder an Vorbehalten des Akteurs scheitert – und das haben wir jedes Mal selbst in der Hand.

Execution – Ausführung

Nachdem die Entscheidung getroffen war, ging alles sehr schnell. Jetzt kam es allein auf Sullys Können als Pilot an. Für ihn galt es nun nicht mehr, die Höhe so lange wie möglich zu halten, um einen Entscheidungsspielraum zu wahren. Sondern zügig zu sinken und Geschwindigkeit zu verlieren, um möglichst sanft auf der Wasseroberfläche aufsetzen zu können. Die ist bei dieser Geschwindigkeit so hart wie Beton. Beim Aufprall kann das Flugzeug in Sekundenbruchteilen in Stücke gerissen werden.

Beide Piloten waren jetzt nur noch auf das Notwasserungsmanöver fixiert. Jeffrey B. Skiles versorgte Kapitän Sully weiterhin unablässig mit den nötigen Informationen, wie er es auch bei einer planmäßigen Landung getan hätte. Später kommentierte er, dass er damit sein Möglichstes tat, um Sully eine »Situational Awareness« zu geben, frei übersetzt: ein »Situationsbewusstsein«. Das ist ein wichtiges Schlagwort bei der Entscheidungsfindung im Cockpit. »Situational Awareness« bedeutet, sich des Gesamtbildes der Lage voll bewusst zu sein. Nur so können wir jederzeit maximal informiert, also optimal begründet entscheiden und handeln.

Genau das ist das Ziel von FORDEC: Wenn Sie es konsequent anwenden, verfügen Sie auch in den komplexesten, schwierigsten Situationen jederzeit über die nötige »Situational Awareness«, um souverän entscheiden zu können.

»Brace for impact«, warnte Sully wenige Sekunden vor dem Moment der Wahrheit die Insassen der Kabine: »Wappnen Sie sich für den Aufprall.« Drei Worte: unaufgeregt, kaltschnäuzig, präzise. Im Angesicht der Katastrophe. Im Angesicht des Todes.

Die Passagiere folgten den Anweisungen, die die Flugbegleiterinnen von ihren Plätzen brüllten. Beugten sich nach vorn, verschränkten schützend die Hände über dem Kopf und warteten auf den großen Knall.

Alles lag jetzt in Sullys Händen. In seinem Kopf lief der letzte Teil des Entscheidungsprozesses ab: Er plante die Ausführung. Ging im Geiste detailliert die Schritte durch, die er in den nächsten Sekunden zu vollziehen hatte. Dann handelte er.

In diesem Moment verschwand der leuchtende Punkt mit dem Kürzel AWE 1549 vom Radarschirm des Lotsen im Tower des LaGuardia Airport. Die Rettungskräfte waren unterwegs.

Ein dumpfer Schlag. Wassermassen tosten über die Cockpitscheibe des Airbus A320 hinweg. Wie sich später herausstellte, riss in diesen Sekunden unterhalb der Wasseroberfläche ein Triebwerk vollständig von der Tragfläche ab und versank im Hudson. Die immensen Kräfte, die durch den Aufprall und den Widerstand des Wassers entstanden, sorgten dafür, dass Crew und Passagiere in ihren Sitzen durchgeschüttelt wurden wie Kleinteile in einer riesigen Blechdose. Doch alle waren angeschnallt – niemand wurde durch die Kabine geschleudert. Ohrenbetäubender Lärm, vereinzelte Schreie.

Danach: Ruhe. Ein Airbus A320 trieb sanft auf dem Wasser des Hudson River.

Weniger sanft war die Situation in der Kabine, wo fast augenblicklich eisiges Wasser einzudringen begann. Nach einigen Schrecksekunden machten sich Crew und Passagiere durch das knöchel- bis kniehohe Eiswasser auf den Weg zu den Notausgängen. Kapitän Sully gab Jeffrey B. Skiles die Anweisung, die Checkliste nach einer Notwasserung auszuführen und das Flugzeug vollständig herunterzufahren. Er selbst machte sich umgehend auf den Weg in die Kabine und half bei der Evakuierung. Der Erste Offizier folgte ihm 45 Sekunden später.

Die beiden betraten später als Letzte die Tragflächen, um mit den Insassen auf Rettung aus dem eisigen Wasser zu warten. Sully durchschritt zuvor zweimal die gesamte Kabine, um sicherzustellen, dass sich niemand mehr im Flugzeug befand.

Fähren und die Küstenwache trafen binnen weniger Minuten ein. Erstere hatten sofort ihren Kurs verlassen, um den Insassen des Flugzeugs zu Hilfe zu eilen. Die Helfer retteten 155 frierende Passagiere von den Tragflächen ihres seltsamen Rettungsfloßes, das jede Sekunde sinken konnte. Alle lebten, niemand war schwer verletzt. 55 der Insassen mussten nicht einmal ins Krankenhaus, um etwa wegen Unterkühlung ärztlich behandelt zu werden.

»Es ist ein Wunder«, hieß es binnen Minuten in den Medien.

Es war keines. Sondern FORDEC – und *auch* die Fähigkeiten eines außergewöhnlichen Piloten.

Zugegeben: Chesley B. Sullenberger ist aus dem Holz geschnitzt, aus dem Helden gemacht sind. Doch was er geleistet hat, ist theoretisch jedem Piloten möglich, der über die gleiche Ausbildung und Erfahrung verfügt.

Auch Sie können das, in Ihrem Leben und mit Ihren Voraussetzungen. Sie können in der extremsten Situation noch souverän handeln, wenn Sie zuvor eine unumstößliche Entscheidung getroffen haben. Sie müssen es »nur« tun. Sie müssen unverzüglich ins Handeln kommen und den Schritt von der Entscheidung zur Umsetzung schaffen, darin liegt der Schlüssel zum Erfolg.

Sie erinnern sich: Einfach. Nur. Machen.

Check – Überprüfen

Warum ist an dieser Stelle noch ein Punkt auf der Liste? Wozu einen weiteren Buchstaben nach der abgeschlossenen Durchführung?

In den wenigsten Situationen – im Cockpit wie im Leben – geht alles so rasant wie bei Flug AWE 1549. Oft dauert der

Prozess einschließlich der Umsetzung Wochen, Monate, sogar Jahre. Besonders bei Entscheidungen zu den großen Lebensthemen. Dann ist es unerlässlich, dass Sie immer wieder prüfen: Bin ich noch auf Kurs?

Setzen Sie sich regelmäßige Reminder in den Kalender, die Sie an die Schritte der Durchführung erinnern, sobald Sie eine Entscheidung gefällt haben. Schaffen Sie sich Gates. Wenn Sie z.B. entschieden haben, den Job zu wechseln: Legen Sie gleich fest, wann Sie den Headhunter kontaktieren und ab wann Sie zur Verfügung stehen. Auch wenn das endgültige Ziel noch weit entfernt ist: Prüfen Sie regelmäßig Ihren Status.

Wenn Sie dabei feststellen, dass Sie noch nicht am gewünschten Punkt angelangt sind, gibt es zwei mögliche Fehlerquellen:

- *Die Maßnahmen greifen nicht:* In diesem Fall gilt es, punktuell bei der »Durchführung« nachzubessern. Haben Sie konsequent genug gehandelt oder hat irgendetwas Ihre Effektivität gebremst?
- *Die Situation bzw. die Voraussetzungen haben sich geändert:* In diesem Fall stehen neue Fakten zur Verfügung. Möglicherweise sind auch die Optionen nun ganz andere. Dann gilt es, FORDEC erneut durchzuspielen. Auf einem langen Flug mit einer Vielzahl von Problemen muss das immer und immer wieder geschehen. Auf dem steinigen Weg zu einem wichtigen Ziel, durch die Widrigkeiten des Alltags hindurch, oft genauso.

Auch Kapitän Sullenberger hätte seinen Plan innerhalb der kurzen Zeit möglicherweise noch einmal umwerfen müssen, wenn sich die Situation geändert hätte. Wenn beispielsweise einer der zahlreichen Versuche, die Triebwerke neu zu starten, plötzlich erfolgreich gewesen wäre. Vielleicht wäre dann der Anflug auf LaGuardia eine wirkliche Option gewesen.

Das ist der springende Punkt: das »Vielleicht«. Das Ziel von FORDEC besteht darin, die vielen »Vielleichts« gegeneinander abzuwägen. Die Faktoren mit der größten Wahrscheinlichkeit am stärksten zu gewichten, ohne andere kategorisch und für immer auszuschließen. Bis Sie im Ziel sind.

Machen Sie sich die »Vielleichts« zu Freunden. Manche davon werden Sie am Weg aufgeben. Aber ein paar werden Sie zum Erfolg führen.

Nie mehr zögern und zaudern: Wie Sie Entscheidungen souverän treffen

Unser Gehirn ist aus evolutionären Gründen nicht immer die größte Hilfe beim Treffen von Entscheidungen. In schwierigen Situationen, zumal unter Zeitdruck, fühlen wir uns jedoch gleichzeitig oft überfordert, wenn wir planlos vorgehen. Wir verlieren die Orientierung und vielleicht sogar die Kontrolle. Solange wir also nicht souverän entscheiden können, laufen wir Gefahr, zum Spielball der Umstände und anderer Menschen zu werden. Das ist die sicherste Art und Weise, auf dem Weg zu den großen Zielen zu scheitern.

Doch auch beim Entscheiden lassen sich unsere evolutionären Nachteile in Vorteile verkehren. Schnelle, intuitive Entscheidungen treffen wir anhand von Erfahrungswerten. Je öfter Sie nach FORDEC rational und zielorientiert entscheiden, desto leichter wird Ihnen das nach und nach fallen. Irgendwann werden Sie ohne zu zögern alle relevanten Fakten aufgreifen und alle Optionen in Erwägung ziehen und dabei die Augen auch vor unbequemen Tatsachen und etwaigen Risiken nicht verschließen. Einschränkungen wie »Das habe ich immer so und so gemacht« oder »Das hat noch nie funktioniert« verlieren an Bedeutung.[42] Je öfter Sie sich der

Herausforderung stellen, desto souveräner und überzeugter werden Sie Ihre Entscheidungen treffen.

Das FORDEC-Modell ist deshalb so wertvoll als Entscheidungswerkzeug, weil es viele hemmende Einschränkungen unseres Denkverhaltens berücksichtigt und effektiv überlistet. Insbesondere, wenn Sie die Methode schriftlich anwenden und die Schritte wiederholt gründlich durchgehen, treibt das Modell Sie bei der Entscheidungsfindung automatisch vorwärts und öffnet gleichzeitig den Blick für weitere Möglichkeiten. Ohne FORDEC drehen sich die Gedanken in Stresssituationen oft immer nur im Kreis. Die Entscheidung wird schwieriger und schwieriger, wertvolle Zeit geht verloren.

Befreien Sie sich aus dem Teufelskreis der Fehlentscheidungen. Bleiben Sie bis zuletzt wach und ergebnisoffen. Entscheiden Sie nach den Tatsachen, nicht nach den Risiken. FORDEC eröffnet Ihnen ganz neue Wege und damit einen ganz neuen Spielraum im Leben. Darüber hinaus gibt es Ihnen bei jeder Entscheidung das gute Gefühl, das Richtige zu tun.

Selbst wenn es dann doch die kurze Querbahn sein muss oder der Hudson River: Die schwierigsten Entscheidungen sind manchmal genau die, die unserem Leben die entscheidende Wendung geben.

Final Call: FORDEC

- Facts: Tragen Sie vor einer schweren Entscheidung zunächst sämtliche Fakten zusammen, um sich ein Gesamtbild von der Situation zu verschaffen.
- Options: Listen Sie alle Handlungsoptionen auf, die Ihnen zur Verfügung stehen. Dazu gehören auch die riskanten, die unorthodoxen und die unerprobten. Denken Sie in alle Richtungen.
- Risks & Benefits: Vergleichen Sie Risiken und Vorteile. Beide sind gleichwertige Kategorien – legen Sie kein Übergewicht auf die Risiken. Wägen Sie die Bilanzen der jeweiligen Option gegeneinander ab.
- Decision: Wenn Sie ein Gesamtbild haben, treffen Sie Ihre Entscheidung, ohne zu zögern, und planen Sie die Umsetzung unmittelbar mit.
- Execution: Machen Sie sofort den Schritt in die Ausführung, wenn die Entscheidung getroffen ist. Bei Plänen, die in ihrer Umsetzung viel Zeit in Anspruch nehmen, legen Sie Reminder für die einzelnen Umsetzungsschritte an.
- Check: Prüfen Sie bei langfristig wirksamen Entscheidungen regelmäßig: Bin ich noch auf Kurs? Passen Sie ggf. die Ausführung an oder spielen Sie FORDEC erneut durch.

KAPITEL 7

Human Factor: Aus Fehlern lernen

»Ich fürchte, wir haben ein Problem in der Kabine.«

Der Flugbegleiter, der uns diese Nachricht überbringt, ist sichtlich unter Stress. Die Situation überfordert ihn. Kein Wunder: Dem Augenschein nach ist er gerade mal volljährig. Das Gleiche gilt für seine Kollegen: Für sie alle ist es einer der ersten dienstlichen Flüge. Gerade erst sind sie von einer kanadischen Airline in den Job geholt worden, praktisch »von der Straße«. Mitten in der Saison herrschte plötzlich ein Mangel an Kabinenpersonal und die Anforderungen an die Kandidaten sind dort nicht so streng wie in Europa. Sie wurden ins kalte Wasser geworfen, ohne eine fundierte Ausbildung. Jetzt zahlen sie den Preis dafür. Wir Piloten mit ihnen. Von den knapp 200 Passagieren an Bord ganz zu schweigen.

Seit Kurzem fliege ich für die kanadische Airline. Auf eigenen Wunsch habe ich mich von meinem deutschen Arbeitgeber für ein Jahr hierher ausleihen lassen, um mehr von der Welt zu sehen, andere Routen zu fliegen, ferne Reiseziele anzusteuern. Seitdem fliege ich zwischen Montreal und sieben weiteren kanadischen Städten in Richtung Süden und zurück: nach Kuba, Mexiko, in die Dominikanische Republik sowie auf andere karibische Inseln und auch nach Florida.

Besonders vertraut ist mir der Luftraum noch nicht. Meinem Kollegen in dieser Nacht, ebenfalls ein »ausgeliehener« Deutscher, geht es nicht anders. Vor einer Stunde sind wir im mexikanischen Cancún gestartet und nun auf dem Heimweg nach Montreal.

»Einer Passagierin geht es nicht gut. Sie hat Schwierigkeiten beim Atmen«, berichtet der verunsicherte Flugbegleiter weiter. »Zum Glück ist zufällig auch eine Krankenschwester an Bord. Sie kümmert sich um sie.«

»Wie ernst ist die Situation? Müssen wir landen?«, frage ich ihn.

Er weiß es nicht. Er hat keine Ahnung, auf welche Informationen es in diesem Moment ankommt. Woher sollte er es auch wissen? »Einen Moment«, sagt er und verschwindet. Kurz darauf ist er zurück: »Die Krankenschwester sagt, mit Sauerstoff ist es im Moment okay. Aber wenn es ernster wird, müssen wir landen.« An Bord jedes Verkehrsflugzeugs gibt es für solche und andere Notfälle Sauerstoffflaschen. Die Krankenschwester wusste das, die unerfahrenen Flugbegleiter selbst hatten nicht daran gedacht.

Für den Moment ist unsere Patientin versorgt. Wir fliegen zunächst planmäßig weiter. Gleichzeitig fangen wir jedoch an zu prüfen, welche Flughäfen unterwegs für eine Zwischenlandung infrage kämen. Das sind einige, doch nicht alle verfügen über eine gute Anbindung an ein größeres Krankenhaus.

Permanent lassen wir uns über den Zustand der Patientin informieren. Eine Weile sieht es so aus, als ob sie den Flug schadlos überstehen könnte. Das wäre der Idealfall für alle Beteiligten: Die Frau könnte im heimischen Montreal ärztlich versorgt werden. Wir müssten nicht irgendwo auf einem kleineren Flughafen landen, der um diese Zeit möglicherweise nicht einmal voll besetzt ist – es ist zwei Uhr morgens. Alle anderen Passagiere könn-

ten nach Hause und müssten nicht stundenlang auf den Weiterflug warten.

Nach zwei Stunden spitzt sich die Lage zu. Der Flugbegleiter steht wieder im Cockpit und wirkt jetzt ernsthaft beunruhigt. Die Atmung der Patientin wird flacher, ihr Puls geht hoch, sie schwitzt, berichtet er. Die regelmäßigen Sauerstoffgaben verschaffen ihr keine ausreichende Erleichterung mehr. »Die Krankenschwester will die Verantwortung nicht länger übernehmen. Sie sagt, das Risiko ist zu hoch. Wir müssen landen.«

Das macht uns Piloten die Entscheidung leicht: Notfallprozedere einleiten. Etwa auf halber Strecke, mitten über den USA. Das bedeutet im Cockpit so richtig Action. Wir beide kennen den Luftraum nicht gut. Unter uns ist tiefschwarze Nacht – wir fliegen über ein vergleichsweise dünn besiedeltes Gebiet. Aufgrund des Nachtflugs und der Tatsache, dass wir bereits seit zehn Stunden arbeiten, leiden wir beide unter dem Jetlag. Eigentlich sind wir müde, doch jetzt hellwach. Wir stehen unter Zeitdruck: In diesem Moment geht es um ein Menschenleben. Wir müssen runter. Schnellstmöglich. Wir wissen zu diesem Zeitpunkt allerdings noch nicht wo.

Sofort nehmen wir Kontakt mit der Bodenkontrolle auf, melden den Notfall und lassen uns die Koordinaten des nächstgelegenen Flughafens mit einem anständigen Krankenhaus durchgeben. Die Wahl fällt auf Raleigh, die Hauptstadt von North Carolina. Jetzt wird es richtig interessant: Wir verfügen nicht über die Anflugkarte für diesen Flughafen. Wir kennen die Funkfrequenzen vor Ort nicht. Wir wissen nicht, wie lang die Landebahn ist. Wir wissen nicht, in welches Wetter wir hineinfliegen.

Das alles müssen wir in Erfahrung bringen und uns mit einem üblichen Briefing auf die Landung vorbereiten, während wir sturzflugartig sinken.

Als wir in Raleigh landen, sind seit der Entscheidung zu diesem Manöver gerade einmal zehn Minuten vergangen. Die Patientin wird von einem Rettungswagen direkt auf der Landebahn abgeholt, erstversorgt und ins Krankenhaus gebracht. Sie wird es überstehen. Wir haben die Situation fehlerfrei gemeistert, doch es hätte auch anders laufen können.

Jetzt haben wir ein ganz anderes Problem: Wegen der Zwischenlandung und der Zeit, die nun vergehen würde, bis wir wieder startbereit wären, würden wir unsere maximal erlaubte Flugdienstzeit überschreiten. Das heißt, wir müssen in Raleigh übernachten. Passagiere und Crew werden im selben Hotel einquartiert. In der Lounge des Hotels nutzen wir die Gelegenheit, der unerfahrenen Kabinencrew zu erklären, was da eigentlich vorgefallen ist. Wir alle haben in dieser Nacht eine Menge gelernt.

★★★

Jeder Fehler erhöht die Flugsicherheit

Unter diesen Umständen konnten wir froh sein, dass letztlich alles gut gegangen war. Denn genau so werden Flugzeugkatastrophen gemacht. Aus einer Verkettung ungünstiger Umstände, die das größte aller Flugrisiken begünstigen: den Human Factor.

Auf das sogenannte »menschliche Versagen«, so die reichlich negative Übersetzung des Begriffs ins Deutsche, sind 80 Prozent der Unfälle und Abstürze in der Luftfahrt teilweise oder maßgeblich zurückzuführen. Bis vor einigen Jahren hieß es auch im Luftfahrt-English noch »Human Error«. Mit der Einführung des Crew Resource Management (CRM) wurde der Begriff in »Human Factor« umbenannt.[43]

Das zeigt deutlich, dass in der Luftfahrt ein Umdenken stattgefunden hat, wie Fehler im Cockpit bewertet und berücksichtigt werden sollten. »Error«, also »Fehler« oder »Irrtum«, suggeriert: Das System ist gut, aber irgendein schwarzes Schaf hat versagt. »Factor« dagegen deutet darauf hin, welche Rolle Fehler in menschlichen Lernprozessen wirklich spielen: Sie liegen in der Natur des Menschen. Jeder macht sie. Das System kann allerdings konstruktiv darauf reagieren, indem es die Rahmenbedingungen anpasst.

Keine andere Branche befasst sich so intensiv mit der Ursachenforschung von und dem Umgang mit Fehlern wie die Luftfahrt. Nirgendwo sonst sind Fehler so gefürchtet und gleichzeitig der daraus gezogene Lerneffekt so elementar wichtig. Schon vor Jahrzehnten begannen die Flugsicherungsbehörden damit, jedes Flugzeugunglück, jeden kritischen Zwischenfall und jede kleinste Abweichung von der vorgegebenen Norm akribisch zu analysieren. Nicht um den Schuldigen zu finden, sondern um zu *verstehen*, warum sich die Piloten so verhalten haben. Seither liefern die Fehlerauswertungen permanent wertvolle Hinweise, wo Schwachstellen im System liegen. Jeder Fehler trägt dazu bei, Fliegen *sicherer* zu machen.

Die Fehleranalyse in der Luftfahrt gliedert sich in zwei Bereiche:

- *Fehlerprävention:* Wie kann dieser Fehler zukünftig vermieden werden?
- *Fehlermanagement:* Wenn er doch passiert, wie können die Auswirkungen minimiert werden?

In der Luftfahrt wurde erkannt: Weniger Fehler passieren nicht, wenn der verantwortliche Einzelne dafür getadelt wird. Sondern wenn die Gründe analysiert und möglichst ausgeschaltet werden, die zu diesem Fehler geführt haben. Wenn die Ursache bekannt ist, kann die Lücke geschlossen werden, die den Fehler begünstigt hat.

Auf diese Weise konnte die Unfallrate im Luftverkehr seit Beginn des 21. Jahrhunderts erheblich reduziert werden – trotz stetig steigender Flugzahlen und immer enger getakteter Flugpläne.[44]

An jenem Abend über North Carolina hatte uns Murphy's Law eingeholt. Was schiefgehen konnte, war schiefgegangen. Die Verkettung von Fehlern auf diesem Flug weist große Parallelen mit der Liste von Einzelfaktoren auf, die schon oft zu Flugzeugunglücken geführt haben: Fremder Luftraum. Ein Problem in der Kabine. Unerfahrene Crew. Müdigkeit und Jetlag. Ungünstige Bedingungen für die Landung auf einem unbekannten, kleinen Flughafen. Großer Zeitdruck. All das erhöhte die Wahrscheinlichkeit enorm, dass auch wir Piloten letztlich einen Fehler hätten machen können.

Im Gespräch mit den Flugbegleitern im Hotel stellte sich heraus: Die stark übergewichtige Passagierin war schon keuchend und mit hochrotem Kopf in das Flugzeug eingestiegen. Ein erfahrener Flugbegleiter hätte darauf sofort reagiert. Er hätte sich nach ihrem Zustand erkundigt und uns Piloten Bescheid gegeben – unmittelbar, noch während des Boardings. Dann hätten wir entscheiden können, ob wir die Passagierin überhaupt mitnehmen oder sie erst einmal ärztlich versorgen lassen. Die Fehlerkette hätte augenblicklich unterbunden werden können, und um die Sicherheit auf diesem Flug wäre es um vieles besser bestellt gewesen.

Wir nutzten die Gelegenheit, den jungen Leuten verständnisvoll und ohne erhobenen Zeigefinger zu erklären, wie sie diese Situation von vornherein hätten vermeiden können –

durch Aufmerksamkeit und eine Info an uns während des Boardings in Cancún.

So wie die Flugbegleiter in jener Nacht in Raleigh können wir alle aus unseren Fehlern lernen. In der Luftfahrt gibt es inzwischen diverse Mechanismen, die dafür sorgen, dass einmal gemachte Fehler sich nicht wiederholen. Mehr noch: Sie werden aktiv genutzt, um die Prozesse zu optimieren. In der Schulung von Piloten und bei den ständigen Bemühungen, die Flugsicherheit immer weiter zu erhöhen, spielt das Lernen aus Fehlern eine große Rolle. Außerhalb des Cockpits, im Alltag der meisten Menschen und Unternehmen, ist dieser Zugang häufig leider noch nicht angekommen. Dabei kann der Human Factor in jedem Job und auch in Ihrem Leben die gleiche Rolle spielen wie in der Luftfahrt: als Grundstein, um immer besser zu werden.

Der wahre Fehler liegt in der Fehlerkultur

Angenommen, der Zwischenfall über North Carolina wäre letztlich nicht so glimpflich verlaufen. Angenommen, wir Piloten hätten bei der Landung auf dem Raleigh Airport in dunkler Nacht einen fatalen Fehler begangen. Angenommen, wir wären aufgrund einer Fehlberechnung oder einer plötzlichen Sturmbö über die Landebahn hinausgeschossen und hätten unsere Boeing im Brier Creek Reservoir versenkt, einem Stausee am westlichen Ende des Flughafengeländes.

Wessen Schuld wäre das gewesen? Unsere, als Piloten? Die des Towers, der den Anflug überwachte? Die Schuld der unerfahrenen Flugbegleiter? Deren Ausbilder? Der Personalplaner der Airline? Der Passagierin mit gesundheitlichen Problemen? Womöglich noch die Schuld ihres Arztes?

Allein die Zahl der Möglichkeiten zeigt schon: So kommen wir nicht weiter, wenn wir aus einem Fehler lernen wollen. Die Suche nach »dem Schuldigen« ist schlicht nutzlos. Doch leider ist die Fehlerkultur in unserer Gesellschaft genau darauf fixiert. Sie sendet die falschen Signale aus. Statt Fehler als menschlich zu akzeptieren und produktiv zu nutzen, versuchen wir, sie mit allen Mitteln zu vermeiden, weil wir nicht als Schuldige dastehen wollen.

Die Angst vor Entscheidungen, die uns bei unseren Zielen ausbremst, ist eng an dieses Problem geknüpft: Oft tun wir lieber gar nichts als womöglich das Falsche. Aufgrund des schlechten Rufs, den Fehler haben. Wer Fehler macht, gilt wahlweise als dumm, schlecht vorbereitet oder überfordert.

Kein Wunder: Von Kindesbeinen an werden Fehler bestraft. Durch schlechte Noten, elterlichen Tadel, Anpfiff vom Chef ... Damit haben wir uns arrangiert. Die Fehlervermeidung und -leugnung lenkt nur allzu oft – bewusst wie unbewusst – unser Denken und Handeln. Kommt es dann doch zum Misserfolg, Bedienungsfehler, Versehen, zur Fehlentscheidung oder Unachtsamkeit, schüttet unser Gehirn Stresshormone aus und aktiviert das Areal, das für Bestrafung zuständig ist. Der Betroffene schämt sich, anstatt gleich wieder in den Sattel zu steigen. Seine Selbstsicherheit sinkt. Er macht im Zweifel so wenig wie möglich aus eigener Initiative und aufgrund des Drucks wahrscheinlich wieder einen Fehler. Die negative Reaktion auf Fehler setzt eine Abwärtsspirale in Gang, die Luftfahrtexperten als »Poor Judgement Chain« bezeichnen.[45]

In vielen Fällen wird sie ausgerechnet von Führungskräften oder Vorbildfiguren in Gang gesetzt. Zu viele von ihnen bemessen Leistung nicht danach, wer mutig und innovativ handelt, sondern danach, wer sich konform verhält und am wenigsten »falsch« macht. Fehler gelten in unserer ergebnisorientierten Wirtschaftskultur als Zeichen von Schwäche. Viele glauben, Fehler seien das Gegenteil von Erfolg. Vermeintlich können sie unsere Karriere zerstören. Sie rütteln an unserem Selbstvertrauen. Das Urteil, mit dem wir aufwachsen, ist tief in unser Denkmuster eingebrannt: Fehler sind schlecht.

In der Fliegerei hätte dieser Zugang zu Fehlern wohl noch die meiste Berechtigung: Bei uns kann ein Versagen auf einen Schlag sehr viele Menschenleben kosten. Dennoch geht die Luftfahrt inzwischen produktiv mit Fehlern um. Warum also nicht die Wirtschaft? Warum nicht wir selbst? Warum kasteien wir uns für unsere Fehler, anstatt sie aktiv zu nutzen?

Die Wahrheit ist schlichtweg, dass Fehler ein Teil unseres Lebens sind. Mehr noch, sie sind Teil unseres Erfolges. Je bereitwilliger und gründlicher wir Fehler, Irrtümer und Rückschläge zum Anlass nehmen, daraus zu lernen, desto glücklicher und erfolgreicher werden wir sein. Es sind nämlich gar nicht die Misserfolge, die uns schaden. Sondern dass wir übersehen, was sie uns lehren können. Wir haben die Wahl: Wir können uns grämen und verkriechen, wenn uns Fehler unterlaufen, oder sie als wertvolle Erfahrung begreifen. Im Unternehmen können wir weiter nach den Schuldigen fahnden oder endlich etwas am System ändern.

In der Luftfahrt hat die positive Fehlerkultur bis heute unzählige Leben gerettet. Sie wirkt sich bis ins kleinste Detail sicherheitsrelevanter Prozesse aus. Was muss passieren, damit wir alle von einem gesunden Umgang mit Fehlern profitieren können?

Menschen machen Fehler – Schweigen macht Katastrophen

Die Feedback-Kultur in unseren Unternehmen ist auf den einzelnen Fehler fixiert. Das ist ein großes Problem, denn der Lösungsansatz liegt fast immer tiefer im System verborgen. In den wenigsten Fällen steht und fällt ein Ziel – egal ob beruflich oder privat – mit einem einzelnen Fehler.

In der Luftfahrt beispielsweise ist das Auftreten eines individuellen Fehlers in fast jeder Situation unproblematisch und kann durch andere Instanzen aufgefangen werden. Die Ausnahme sind die wenigen Momente, in denen es auf die richtige Entscheidung und Umsetzung in Sekundenschnelle ankommt – wie bei der Windscherung über Hurghada. Fehler sind unvermeidlich. Menschen machen sie nun mal. Solange sie entdeckt und aufgefangen werden, sind sie jedoch kaum je kriegsentscheidend. Im Cockpit sorgen festgelegte Prozesstools dafür, dass sie schnell entdeckt werden: Checklisten, Standard Operating Procedures, die doppelte Besetzung des Cockpits.

Die Gefahr liegt vielmehr darin, dass ein Fehler nicht entdeckt oder sogar vertuscht wird. Wird er nicht von einer anderen Instanz aufgefangen – zum Beispiel vom Pilot Monitoring, dem überwachenden Piloten – setzt sich eine Fehlerkette in Gang. Kommen erst einmal mehrere Fehler und begünstigende Faktoren zusammen, wird der Schneeball schnell zur Lawine. Diese dann aufzuhalten, die Fehlerkette rückwärts aufzurollen und den Fehler an seinem Ursprung zu packen, wird immer schwerer. Das sind die Momente, wo es in der Luftfahrt wie in jedem anderen System kritisch wird: Kommen Fehler nicht sofort auf den Tisch, ist der Boden für eine Katastrophe bereitet. Menschen machen Fehler – Schweigen macht Katastrophen.

Ein Beispiel von trauriger Berühmtheit ist der Crash des Asiana-Fluges 214 auf dem Flughafen von San Francisco am 6. Juli 2013. Der Hergang des Unglücks zeichnet in aller Deutlichkeit nach, warum ein Fehler an sich nicht zwingend eine Katastrophe auslöst, wohl aber ein tabubehafteter Umgang damit.

»Sehen Sie sich diesen Sonnenaufgang an, meine Herren!« Flugkapitän Lee Kang-Kuk nippt an seinem Kaffee und genießt den blutroten Himmel über dem Pazifik. Vor zehn Stunden ist er in Seoul gestartet und in etwas mehr als einer Stunde wird er in San Francisco landen. Über 10.000 Flugstunden hat der Koreaner auf dem Buckel. Trotzdem ist dieser Flug kein alltäglicher für ihn. Denn heute ist ein Checkkapitän als dritter Mann im Cockpit und wird die Arbeit von Lee Kang-Kuk bewerten. Er kneift die Augen zusammen und geht im Geiste noch einmal den Anflug durch. Dann dreht er sich zu seinem Kopiloten um und sagt: »Lassen Sie uns den Anflug durchsprechen …«

Es ist ein wunderschöner Sommermorgen über der Bucht von San Francisco. Strahlender Sonnenschein, angenehme Temperaturen. Am internationalen Flughafen herrscht die übliche Betriebsamkeit, als sich Asiana-Flug 214 beim Tower meldet. Der Lotse erteilt die Landefreigabe.

Im Cockpit werden die letzten Vorbereitungen für die Landung getroffen. Kapitän Lee Kang-Kuk nickt zufrieden, als er die Küstenlinie und die Landebahn vor sich sieht. »Landeklappen auf 30°, Landing Checklist«, weist er seinen Kopiloten an. Alles läuft nach Plan.

Nur drei Minuten später blickt der Tower-Lotse von seinem Radarschirm auf und schnappt sich das Fernglas. »Was zum …?!« Es dauert einige Sekunden, bis er begreift, was er da sieht, und den großen roten Knopf mit der Aufschrift »Emergency« drückt. Ein Flugzeug liegt in drei Teile gerissen über die Landebahn verteilt. Es ist Asiana-Flug 214.

Von den 306 Passagieren an Bord kommen drei ums Leben, 181 erleiden teils schwere Verletzungen.

Als die Flugunfallermittler noch am selben Tag ihre Arbeit aufnehmen, blicken sie sich ratlos an. Beste Wetterbedingungen. Drei erfahrene Piloten saßen im Cockpit des modernsten Verkehrsflugzeugs der Welt, einer Boeing 777. Keinerlei Anzeichen für ein technisches Problem. Kein Notruf wurde abgesetzt. Ein einfacher, alltäglicher Anflug ohne schwierige Rahmenbedingungen. Das sah so gar nicht nach der üblichen »Verkettung unglücklicher Umstände« aus, die einem Flugzeugabsturz beinahe immer vorauseilt. Jedenfalls nicht auf den ersten Blick.

Erst als die Ermittler die Black Box mit dem Stimmrekorder und dem Flugdatenschreiber analysierten, erkannten sie, was im Cockpit vor sich gegangen war. Das Ermittlungsteam, bestehend aus Piloten, Ingenieuren und erstaunlich vielen Psychologen, sammelte jedes noch so unwichtige Detail über diesen Flug, um ein umfassendes Bild aus allen Blickwinkeln zu erlangen. Sie fanden schließlich eine ganze Reihe an Faktoren, die in der Kombination zumindest einen menschlichen Fehler begünstigten (und fortan bei der Fehlerprävention berücksichtigt werden können):

- Alle drei Piloten waren relativ unerfahren auf dem Flugzeugtyp, also der Boeing 777. Der Kapitän war noch nie zuvor damit in San Francisco gelandet.
- Ein Teil des Landesystems war defekt, der sogenannte »Glideslope«. Die Piloten hatten deshalb keine vertikale Führung, sondern mussten rein nach Gefühl sinken. Das führte dazu, dass sie lange Zeit zu hoch und am Ende viel zu niedrig waren.
- Die Bedienung des Autopiloten war für dieses Manöver neu für die Crew. Die Piloten dachten, der Autopilot würde den Schub regeln, was er aber nicht tat. Dadurch wurde das Flugzeug zu langsam.
- Aus den Dienstplänen der Piloten ging hervor, dass sie aufgrund der vielen zurückliegenden Flugeinsätze am Tag des Absturzes unter Erschöpfung und Müdigkeit litten.
- Die Prüfungssituation verschärfte den Druck auf Kapitän Lee Kang-Kuk.
- Der Checkkapitän hatte erst wenige Tage zuvor sein Trainerdiplom erhalten.

- Das Wellblechdach einer nahe gelegenen Fabrikhalle reflektierte das Sonnenlicht direkt in das Cockpit, sodass die Piloten stark geblendet wurden.

Im Lichte dieser Informationen stellt sich die Situation schon ganz anders dar: Auch bei diesem Unglück lag eine Verkettung ungünstiger Umstände vor, die die Fehlerwahrscheinlichkeit erhöhte. Die Auflistung oben hat bemerkenswerte Ähnlichkeit mit der Fehlerkette vor meiner Landung in Raleigh, finden Sie nicht?

Der Anflug war auch für die Asiana-Crew kein Spaziergang. Das erklärt die Fehler, also weshalb weder Höhe noch Geschwindigkeit für den Anflug stimmten. Doch Fehler wie diese passieren täglich irgendwo in den Cockpits, ohne dass es zwingend zur Katastrophe kommt. Zentrale Fragen blieben auf diesem Ermittlungsstand noch offen: Weshalb wurden die Warnsignale des Computers missachtet? Warum griff keiner der beiden anderen Piloten ein? Warum wurde nicht einfach durchgestartet und ein zweiter Landeanflug eingeleitet?

Weil das *Fehlermanagement* versagte – aus kulturellen Gründen. In Korea herrschen sehr rigide Umgangsformen. Respekt, Höflichkeit und Distanz im Miteinander sind gesellschaftlich tief verankert. Während es bei uns die Anredeformen »du« und »Sie« gibt, sind die sprachlichen Abstufungen innerhalb der koreanischen Hierarchieauffassung deutlich komplexer und gehen mit Alter und Rangordnung einher. Wer sich nicht strikt an dieses Verhaltenskorsett hält, düpiert sein Gegenüber und wird in der Folge missachtet.

Kapitän Lee Kang-Kuk, der Älteste im Cockpit, war von der Situation überfordert und gleichzeitig im Tunnelblick gefangen. Er wollte die Landung erzwingen, um den Checkflug zu bestehen. Die beiden anderen Piloten wollten ihren Kapitän nicht bloßstellen und machten nur Anmerkungen, anstatt die Fehler klar zu benennen und notfalls auch einzugreifen. Die kulturelle Prägung wog schwerer als die Regeln des Crew Resource Management. Nicht die Tatsache, dass Fehler passierten, führte zur Katastrophe, sondern die Verweigerung aller Crew-Mitglieder, sich diesen zu stellen.

Aus dem Asiana-Absturz wurden weitreichende Konsequenzen gezogen. So wurde Boeing angehalten, die Bedienung des 777-Autopiloten zu vereinfachen und die Trainingshandbücher verständlicher zu gestalten. Asiana musste das fliegerische Training für ihre Crews intensivieren *(Fehlerprävention)* und ihre Mitarbeiter besser darin schulen, Fehler klar zu kommunizieren und sofort Gegenmaßnahmen zu ergreifen *(Fehlermanagement)*.

Diese Katastrophe, einer der schwersten Luftfahrtunfälle der letzten Jahre, macht deutlich, warum nicht Fehler über den Erfolg entscheiden, sondern der Umgang mit ihnen. Die Lösung liegt nicht darin, Fehler zwanghaft vermeiden zu wollen – sondern immer darin, konstruktiv auf sie zu reagieren. In jedem System, vom Unternehmen bis hin zur Familie, und sogar in der Selbstreflexion – beim metaphorischen Blick in den Spiegel.

Fehler sind ein Teil des Erfolgs

Wie in der Luftfahrt können wir den tabubehafteten Umgang mit Fehlern auch in der Wirtschaft und in unserem sozialen Umfeld nur verändern, indem wir umdenken. Dafür gibt es bereits vielversprechende Ansätze. Einige Wirtschaftssparten haben bereits erkannt, welches Potenzial in einer positiven Fehlerkultur liegt. Der Fachkräftemangel und die digitale Revolution zwingen inzwischen auch große Unternehmen, mit neuen Konzepten zu experimentieren. Manche reagieren bereits mit kreativen Ideen, die gleichzeitig effektivere Strukturen ermöglichen und die Mitarbeitermotivation erhöhen.

Bei den seit 2014 jährlich vergebenen XING New Work Awards werden zukunftsweisende Arbeitsmodelle ausgezeichnet, die das Zeug haben, nachhaltig Einfluss darauf zu nehmen, wie wir arbeiten. Einer der ersten Preisträger war Dark Horse Innovation, eine Agentur für Innovationsentwicklung. Das Beispiel des jungen Unternehmens zeigt, dass der Umgang mit Fehlern große Bedeutung für die Innovationskraft hat. Fehler werden bei Dark Horse aktiv integriert: Zum einen arbeiten dort alle 30 Ko-Gründer hierarchiefrei zusammen. Das senkt die Hemmschwelle, Fehler zu thematisieren. Zum anderen hat das Unternehmen einen »Fail Award« eingeführt, bei dem der »beste Fehler« ausgezeichnet wird, also der mit dem größten Lerneffekt.[46]

Das Unternehmen thematisiert Fehler also nicht nur – es zelebriert sie geradezu. Interessanten Fehlern mit Lerneffekt wird dort die maximale Aufmerksamkeit geschenkt und sie werden optimal ausgebeutet, auf dass keine wichtige Lektion verloren geht. Dark Horse praktiziert das Gegenteil von Vertuschung: Dort bekommen Fehler eine Bühne und die »Schuldigen« einen Preis.

»Bisher war immer Innovation draußen, auf dem Markt, das große Thema. Diese Innovationskraft richtet sich jetzt verstärkt nach innen«, begründet Juror Thomas Vollmöller, Vorstand des Karrierenetzwerks XING, den Erfolg der neuen Arbeitsmodelle.[47] Unternehmen sind gut beraten, den Blick nach innen zu richten: auf die interne Kommunikation über Fehler und ihre Potenziale. Nicht Vertuschung und Strafe, sondern Offenheit und Anerkennung: Das ist der Kern der positiven Fehlerkultur in der neuen Wirtschaft.

Bei genauerer Betrachtung zeigt sich: Viele der erfolgreichsten Menschen haben Fehler schon immer als Lernkapital betrachtet. Von IBM-Gründer T. J. Watson etwa ist die Aussage überliefert: »Erfolg beruht oft genug auf Fehlern.« Er ist nicht der einzige Pionier, der Fehlschläge ganz gezielt zum Werkzeug seines Erfolgs machte. Henry Ford war ebenso ein starker Verfechter des Systems »Trial and Error« (»Versuch und Irrtum«). Immer wieder missglückten ihm Lösungen für Probleme, die sich zuvor schlicht noch niemandem gestellt hatten. Vor ihm hatte kein anderer in diesem Ausmaß versucht, die industrielle Fertigung auf Effizienz zu trimmen und die Methoden zu skalieren. Er hatte also gar keine andere Wahl, als aus seinen eigenen Fehlern zu lernen – bis sein System schließlich funktionierte. Auf diese Weise revolutionierte er nicht nur die Automobilindustrie, sondern die gesamte Wirtschaft.

Bis heute hat sich, trotz zunehmendem Automatisierungs- und Controlling-Wahn, nichts daran geändert: Fehler, die wir begehen, machen uns sukzessive klüger.

Die Aufarbeitung von Unglücken in der Luftfahrt ist ein Beispiel dafür, wie effektiv eine konkrete Fehleranalyse sein kann. Der Profisport ist ein weiteres: Nur der, der auch mal verlieren kann, wird innerhalb des Wettbewerbs auf Dauer erfolgreich sein. Rückschläge wegzustecken erfordert eine ungeheure Ausdauer und große mentale Kraft. Doch es ist auch die Grundvoraussetzung, um die Motivation aufrechterhalten zu können. Die deutschen Fußballnationalspieler, denen oft nachgesagt wird, der Erfolg flöge ihnen zu, sind darin Weltmeister: »Meine größte Stärke ist, dass ich nicht aufhöre, wenn es nicht geklappt hat. Ich versuche es immer weiter. Und wenn ich es 15-mal machen muss, damit es einmal klappt – aber dann steht es halt 1:0«, sagt Thomas Müller über sich selbst.

Sein ehemaliger Teamkollege in der Nationalmannschaft, Bastian Schweinsteiger, ist für seinen Kampfgeist bekannt. Beim Champions-League-Finale 2012, dem berühmten »Finale dahoam« zwischen dem FC Bayern München und dem FC Chelsea, hatte er den bis dahin größten Moment in seinem Fußballerleben buchstäblich auf dem Fuß. Stattdessen unterlief ihm der niederschmetterndste Fehler seiner Karriere: Er verschoss den entscheidenden Elfmeter. Andere wären daran zugrunde gegangen. Nicht Bastian Schweinsteiger: Im Jahr darauf gewann er mit seinem Verein die Champions League, wieder ein Jahr später wurde er mit der Nationalmannschaft Weltmeister. Die Bilder aus dem Finale in Rio de Janeiro, wo er selbst nach unzähligen Fouls und mit blutendem Gesicht noch ackerte wie ein Besessener, machten ihn zu einem Vorbild für viele.

Fehler sind kein Grund aufzugeben. Die Erfolgreichsten nehmen sie vielmehr zum Anlass, ihr Ziel noch fester ins Visier zu nehmen.

Fehler einbinden – aber wie?

Unsere Meinung ist heute so oft gefragt wie nie zuvor. Völlig selbstverständlich bewerten und kommentieren wir online alles Mögliche: den Urlaub, das Restaurant, in dem wir gestern waren, Posts in den sozialen Netzwerken. All die gefragte und ungefragte Kritik sollte uns eigentlich zu »Bewertungsprofis« gemacht haben.

Doch ehrliches und direktes Feedback – zu geben wie zu empfangen – fällt uns nach wie vor schwer. Dabei ist gerade das so wichtig, um davon zu profitieren, was andere wissen und wie sie die Dinge sehen. Konstruktive Rückmeldungen sind im Alltag unerlässlich, um aus den eigenen Fehlern und auch aus den Fehlern anderer zu lernen.

Weil wir uns so schwer damit tun, Kritik auszusprechen und entgegenzunehmen, ist es besonders im Unternehmenskontext wichtig, Feedback organisch einzubinden. Bei einer gesunden Fehlerkultur geht es nicht darum, Kritik auszuteilen – sondern darum, besser zu werden.

Die Deutschen tun sich damit traditionell schwerer als beispielsweise die Menschen in den USA. Dort gilt ein Scheitern in der Biografie nicht als Makel, sondern als Sprungbrett. Wer es zu nutzen weiß und aus seiner Situation das Beste macht, hat keine Nachteile zu befürchten. In Deutschland dagegen trauen sich die meisten gar nicht erst, etwas anzupacken: Nur zwei Prozent derer, die eine Geschäftsidee haben, wagen sich tatsächlich an eine selbstständige Umsetzung heran.[48] 75 Prozent aller Existenzgründungen finden aus der Arbeitslosigkeit heraus statt. Nicht aus eigenem Antrieb, sondern weil es an Alternativen fehlt. Warum wohl? Weil wir Angst davor haben, Fehler zu machen und zu scheitern. Die Angst vor den Konsequenzen schränkt uns ein: finanziell und sozial schlechter dazustehen als vorher. Den Rückhalt der Familie zu verlieren, vielleicht auch die Akzeptanz im gesellschaftlichen Umfeld. In Kapitel 6 »FORDEC: Souverän entscheiden« bin ich darauf näher eingegangen: Oft nehmen wir nur die Risiken in den Blick, sehen nur die Fallhöhe – und übersehen dabei die Chancen. In anderen Ländern wie den USA und Norwegen wirkt sich die Risikoscheu dagegen kaum auf den Gründungswillen aus.[49]

Dabei ist es gar nicht so schwer, aus der Schweigespirale im Umgang mit Fehlern auszubrechen. Jedes Unternehmen hat die Möglichkeit, eigene Formate zu schaffen, um Fehler in einem entspannten, tabufreien Kontext zur Diskussion zu stellen. Wer dieses Reservoir wertvoller Lektionen aus der Praxis nicht anzapft, lässt Potenzial ungenutzt brachliegen. Das zeigt zum Beispiel das Konzept der »Fucked-up-Nights«. Diese Veranstaltungsreihe nahm ihren Anfang 2012. Nicht etwa im internationalen Mekka der Entrepreneure und Erfinder, im Silicon Valley – sondern in Mexico. Heute finden die Events regelmäßig in 105 Städten weltweit statt. Bei den Fucked-up-Nights erzählen Gründer, wie sie ihre Geschäftsideen in den Sand gesetzt haben. Die Teilnehmer lachen, weinen und lernen gemeinsam, und das vollkommen freiwillig. Die empathische und zugleich enorm konstruktive Atmosphäre unter Gleichgesinnten nimmt ihnen die Angst, über eigene Fehler zu sprechen. Darüber hinaus bietet sie ihnen Gelegenheit, Feedback einzuholen – um es beim nächsten Mal besser zu machen. Zugleich bekommen alle Gründer die Chance, aus Fehlern zu lernen, die andere vor ihnen gemacht haben.

In sicherheitskritischen Berufen wie dem Gesundheitswesen und der Luftfahrt gibt es zu diesem Zweck anonyme Feedbacksysteme. Das sogenannte »Critical Incident Reporting System« CIRS (Berichtssystem über kritische Vorkommnisse) wurde 1990 unter Federführung des englischen Psychologen James Reason ins Leben gerufen. Seine Forschungen wurden als »Swiss Cheese Model« bekannt – eine Systemanalogie, welche die Ebenen von Sicherheitsvorkehrungen beschreibt (s. dazu auch Kapitel 9). Ärzte und andere Menschen in sicherheitsrelevanten Positionen nutzen das CIRS, um anonym über kritische Ereignisse und Beinahe-Schäden aus ihrer Berufspraxis zu berichten. Andere Ärzte und die Instanzen des Gesundheitsapparats nutzen die Informationen, um ähnliche Szenarien zu vermeiden und das gesamte System zu optimieren.

Auch Piloten steht eine Plattform zur Verfügung, um eigene Fehler zu diskutieren und gemeinschaftlich daraus zu lernen. Der sogenannte »Confidential Report« ist ein Tool, das ähnlich funktioniert wie ein Internetforum oder auch das CIRS. Dort können Piloten Fehler, die ihnen im Flugbetrieb unterlaufen sind, anonym melden. Ohne persönliche Konsequenzen zu riskieren oder dem Stigma des Versagens ausgesetzt zu sein, berichten sie von kritischen Erlebnissen oder eigenen Fehlern und tauschen Untersuchungsberichte von Unfällen und Abstürzen aus.

Die meisten Piloten informieren sich regelmäßig im Confidential Report über neue Gefahren oder Sicherheitsmaßnahmen. Auch ich sehe mich dort immer wieder nach Informationen um, studiere Unfallberichte und nehme an der Diskussion sicherheitsrelevanter Themen teil. Ich kann Ihnen aus Erfahrung sagen: Keine teure Schulungsmaßnahme bringt so viel für die eigene Entwicklung. Der Sensibilisierungseffekt ist enorm. Von den Fehlern anderer zu hören und daraus zu lernen, macht mich oft erst auf mögliche Risikofaktoren aufmerksam, die selbst die akribische Pilotenausbildung nicht abdeckt.

Dass hier unter Profis diskutiert wird, verändert zudem die Einstellung zu den eigenen Fehlern grundlegend: Sie werden enttabuisiert. Jeder Pilot, der sich im Confidential Report umsieht, kann feststellen: Ich bin nicht der Einzige, der Fehler macht. Das senkt die Hemmschwelle, auch eigene Missgeschicke zur Sprache zu bringen. Alle Beteiligten profitieren davon: die Piloten selbst, die Airlines, die Flugsicherheitsbehörden und letztendlich auch die Passagiere. Weil Lücken im System erkannt und geschlossen werden können.

Warum verzichten dann jedoch die meisten Unternehmen außerhalb der sicherheitsrelevanten Branchen auf die Chancen eines solchen Feedbacksystems? Was spricht gegen eine Fucked-up-Night, gegen einen Fail Award oder gegen eine Plattform wie den Confidential Report in Ihrem Unternehmen? Was hält Sie davon ab, sich mit Kollegen und Ihrem sozialen Umfeld über Ihre Fehler auszutauschen? Um aus Fehlern schlau zu werden, müssen wir uns überwinden und sie enttabuisieren – nötigenfalls wenigstens anonym.

Aus Fehlern lernen: Wie Sie Rückschläge produktiv nutzen können

»Aus Fehlern lernt man!«, »Fehler gehören zum Leben dazu!«, »Nobody is perfect!«, »Irren ist menschlich!« – wir alle kennen diese Weisheiten. Es hat sich herumgesprochen, dass eine positive Fehlerkultur für den Erfolg eines Unternehmens wichtig ist. Doch je härter der Wettbewerb, desto weniger werden Fehler in der Realität akzeptiert.

Die Gefahr: Jedes Mal, wenn wir einen Fehler vertuschen, multiplizieren wir ihn damit potenziell – denn er kann sich jederzeit wiederholen und jedem anderen ebenso unterlaufen. Beim nächsten Mal führt er vielleicht zu einer Katastrophe. Für Sie, für Ihr Unternehmen, für andere. Ein professioneller, sachlicher und konstruktiver Umgang mit Fehlern ist nicht nur wichtig für die Sicherheit. Auch für die Verbesserung von Unternehmensprozessen ist er unschlagbar effizient – und genauso für Ihre persönliche Entwicklung.

Natürlich ist es nicht leicht, Fehler offen anzusprechen, damit auch andere daraus lernen können. Hier ist das gefragt, was wir in der Luftfahrt den »Captain's Call« nennen: Der Chef muss mit gutem Beispiel vorangehen.

Nicht jeder Chef ist dazu bereit. Verlassen Sie sich deshalb nicht auf ihn. Fragen Sie sich jedes Mal, wenn Ihnen oder anderen in Ihrem Umfeld ein Fehler unterläuft, sofort selbst: Was kann ich daraus lernen? Kinder tun das – unbewusst – von klein auf. Es ist das Unsinnigste auf der Welt, einem Kind zu sagen: »Sei vorsichtig!« Kinder wollen (und müssen) die Welt entdecken. Wenn ein Kind aufs Fahrrad steigt, denkt es nicht darüber nach, dass das schmerzhaft enden könnte. Kinder fallen hin, stehen auf, fallen wieder hin, ... und lernen so unglaublich viel jeden Tag, dass wir Erwachsene vor Neid erblassen!

Wann haben wir eigentlich verlernt hinzufallen? Wann genau kam diese »Stimme der Vernunft« ins Spiel, die uns riet, lieber auf dem Dreirad weiterzufahren, weil zwei Räder doch zu gefährlich sind? Bereuen wir am Ende unseres Lebens die Fehler, die wir gemacht haben – oder vielmehr die Dinge, die wir uns nicht getraut haben?

Anstatt nie loszulaufen, weil Sie stolpern könnten – holen Sie sich lieber eine blutige Nase, schießen Sie ein Selfie und heften es in Ihr mentales Lerntagebuch. Die Wahrscheinlichkeit, dass Sie an der gleichen Stelle noch einmal stolpern, wird viel geringer sein als zuvor. Fehler machen uns nicht zu Versagern – Fehler machen uns besser. Allerdings nur, wenn wir sie zulassen und aus ihnen lernen (können). Im Unternehmen, in der Familie, auf dem Weg zu unseren Zielen.

Nutzen Sie Ihre Fehler und die anderer, um Ihr Unternehmen und Ihre persönliche Entwicklung voranzutreiben.

Final Call: Human Factor

- Reden: Nicht einzelne Fehler sind gefährlich, sondern das Schweigen darüber. Die meisten Fehler können aufgefangen werden – wenn sie bekannt sind.
- Ursachenforschung: Tragen Sie in Ihrem Umfeld dazu bei, Fehler zu enttabuisieren. Vergessen Sie die Schuldfrage und gehen Sie stattdessen den Ursachen auf den Grund.
- Anreize: Schaffen Sie in Ihrem Unternehmen Anreize dafür, dass Fehler auf den Tisch kommen, anstatt unter den Teppich gekehrt zu werden.
- Verbreitung: Setzen Sie ein eigenes Reporting-System auf, in dem Mitarbeiter ihre Fehler (ggf. anonym) thematisieren und diskutieren können.
- Konsequenzen: Ziehen Sie aus relevanten Fehlern Lehren, sowohl für die Fehlerprävention als auch für das Fehlermanagement. Schließen Sie somit ursächliche Lücken im System.

KAPITEL 8

Callouts: Knapp und klar kommunizieren

»Cairo, how do you read?«

Zum wiederholten Mal spreche ich diesen Satz nun in mein Headset. Er bedeutet so viel wie: »Hören Sie mich?« Doch die Bodenkontrolle in Kairo antwortet nicht. Ich versuche es noch einmal:

»Black Cab, Flight Tango Charly 429 for Kairo Control. How do you read?« Rauschen, ein Kratzen. Ein paar Fetzen Englisch mit starkem arabischen Akzent kommen bei mir an, doch sie scheinen für einen anderen Flug bestimmt zu sein. Wir sind nicht die Einzigen, die diese Frequenz nutzen. Das akustische Chaos ist unentwirrbar. Selbst wenn ich mal ein paar Silben von der Bodenkontrolle hören kann, dringe ich mit meinen eigenen Ansagen nicht durch – ständig mischen sich andere Stimmen auf derselben Frequenz dazwischen.

»You are unreadable«, teile ich dem Lotsen mit: »Ich kann Sie nicht hören.«

An diesem Punkt verlangt das Prozedere von mir zu vermelden, dass ich keinen Funkkontakt aufbauen kann. Ich gebe den entsprechenden Code durch: »Squawk 7600.« Kein Code, den ein Pilot gern verwendet. Aber immer noch wesentlich besser als der

Code 7500, der für eine Flugzeugentführung steht. Oder auch Code 7700: Er signalisiert dem Lotsen, dass ich sofort runter muss – komme, was da wolle. Welchen Code auch immer ich verwende: In jedem Fall kann ich sicher sein, dass der Empfänger meiner Botschaft sofort weiß, was los ist, und nötigenfalls die entsprechenden Maßnahmen einleiten kann. Vorausgesetzt, die Nachricht kommt auch an …

Der Funkkontakt bricht zu einem kritischen Zeitpunkt ab: Wir sind im Landeanflug auf Sharm El-Sheikh in Ägypten. Es herrscht viel Verkehr in der Luft und die Anweisungen der Bodenkontrolle sind in dieser Situation absolut sicherheitsrelevant. Der Flughafen ist von hohen Bergen umgeben und wir wissen nicht, ob nicht andere Flüge hinter den Felsmassiven vielleicht gerade ähnliche Probleme haben – und auch jetzt landen wollen. Die Berge in dieser Region sind der Grund, warum der Funkverkehr nach Kairo nicht ordentlich funktioniert. Sie stören den Empfang massiv. Kein Funkkontakt im Landeanflug: eine ganz gefährliche Situation.

Im Normalfall würde uns die Bodenkontrolle an den Tower in Sharm El-Sheikh weiterleiten. Da jedoch im Moment keine Funkverbindung besteht, versuchen wir, auf Sicht anzufliegen – zum Glück herrscht gutes Wetter. Um dennoch nicht »blind« zu landen, funken wir den Tower dieses Mal eigenmächtig an, während wir den Endanflug einleiten.

Der Towerlotse in Sharm El-Sheikh weist uns eine freie Landebahn zu. Keine andere Maschine kommt uns in die Quere. Am Boden atmen wir durch – wissen wir doch, dass auf Start- und Landebahnen schon einige der schwersten Flugzeugunglücke passiert sind. Nach dieser Landung sind wir froh, dass Kommunikationsprobleme dieser Art für uns alles andere als alltäglich sind.

Kommunikation: Das A und O der Zusammenarbeit

In der Luftfahrt sind Kommunikationsprobleme heutzutage kaum noch ein Thema. Sie kommen (üblicherweise) nur in bestimmten Regionen vor, und dort sind wir als Piloten darauf eingestellt. An den entlegeneren Orten entsprechen die Sicherheitsstandards oft nicht denen, die wir uns wünschen würden und an die wir in Europa gewöhnt sind. Nicht immer sind dafür hohe Berge verantwortlich. In vielen Ländern, darunter neben Ägypten auch Kuba, der Senegal, Iran, Irak, Rumänien oder auch Russland habe ich erlebt, dass die Verständigung alles andere als optimal funktionierte. Der häufigste Grund: Die Lotsen dort sprechen oft mit sehr starkem Akzent. Hinzu kommt, dass sie nur die grundlegendsten Funksprüche auf Englisch beherrschen. Sobald ich ihnen eine kompliziertere Situation erklären will oder ein ungewöhnlicher Vorgang besprochen werden muss, wird die Sprachbarriere schnell zum Sicherheitsrisiko.

Auch andere regionalspezifische Faktoren kommen hier oft zu tragen: In Russland beispielsweise wird im Luftverkehr das metrische System verwendet, während in der internationalen Luftfahrt überall sonst Höhen und Distanzen in Fuß und Meilen angegeben werden. Wenn wir als Piloten hier nicht aufpassen und anhand der Tabellen im Cockpit korrekt umrechnen, kann sich eine Landebahn schnell mal als kürzer erweisen als angenommen.

Wenn ich über den Irak fliege, bin ich doppelt vorsichtig: In diesem Luftraum achte ich noch mehr als sonst darauf, dass ich immer einen Plan für den Worst Case zur Hand habe. Denn im Irak gibt es überall hohe Berge. Käme es zum Beispiel mal zu einem Druckverlust in der Kabine, müssten wir schnellstmöglich so tief wie möglich sinken, um den Druck auszugleichen. In einem bergigen Land wie diesem ist das allerdings besonders riskant. Zudem bin ich mir sehr wohl der Tatsache bewusst, dass ich mit einer Maschine voller Menschen über ein Kriegsgebiet fliege und eine Notlandung in bestimmten Regionen alles andere als ungefährlich wäre, selbst wenn wir es sicher auf den Boden schaffen würden. Dieses mulmige Gefühl wird durch die Sprachbarriere noch zusätzlich verstärkt: Die Wahrscheinlichkeit, dass mich der irakische Lotse in der Flugleitzentrale Bagdad nicht richtig versteht, wenn ich einen Notfall melde, ist leider ziemlich hoch.

Die Situation über Sharm El-Sheikh zeigt: In den flugkritischen Situationen, insbesondere bei Start und Landung, ist der Faktor Mensch nach wie vor ausschlaggebend und die Kommunikation ist ein grundlegendes Sicherheitskriterium. Wenn sie nicht funktioniert, kann es sehr schnell sehr gefährlich werden. Denn Fliegen ist Teamarbeit und die kann nicht funktionieren, wenn die Beteiligten einander nicht verstehen. Nicht anders als in jedem Unternehmen und in Ihrer Familie: Verständigung ist ein elementarer Faktor jeder funktionierenden Beziehung. Sie muss »auf einer Wellenlänge« stattfinden. In der Luftfahrt gehen wir noch einen Schritt weiter: Effektiv ist Kommunikation hier nur, wenn knappe, klare Ansagen reichen, um die Botschaft zu transportieren und den gewünschten Effekt zu erzielen.

Das gilt umso mehr, wenn viele mitreden – wie auf einer überfüllten Funkfrequenz – oder wenn wir es mit ständig wechselnden Gesprächspartnern zu tun haben. In der Luft ist das sehr häufig der Fall. Gerade über Europa sind die Flugleitzentralen, die fast den gesamten Funkverkehr abwickeln, dicht gestreut. Die Startfreigabe bekommen wir noch vom Tower vor Ort, doch schon kurz danach sprechen wir mit den Lotsen in ihren Großraumbüros in den Leitzentralen. Erst kurz vor der Landung haben wir es wieder direkt mit dem Tower des Zielflughafens zu tun.

Die Schweiz und Norditalien etwa sind wichtige Knotenpunkte des Luftverkehrs in Europa. Entsprechend gibt es dort sehr viele große Flugleitzentralen mit vielen Lotsen, von denen jeder nur für ein sehr kleines geografisches Gebiet zuständig ist. Das heißt, dass mein Ansprechpartner am Boden permanent wechselt. Wenn ich beispielsweise in Innsbruck starte und über Italien schließlich auf Reiseflughöhe steige, um über Bozen und Mailand nach Mallorca zu fliegen, muss ich in den ersten zehn Minuten des Fluges fast im Minutentakt eine neue Funkfrequenz nutzen und habe jedes Mal einen anderen Lotsen am Ohr. Schon auf einem Kurzflug von Bremen nach München habe ich es innerhalb einer Stunde mit dreizehn verschiedenen Lotsen zu tun.

Ständig wechselnde Ansprechpartner. Dennoch funktioniert die Kommunikation reibungslos, solange keine Sprachbarriere oder ein technisches Problem die Effizienz killt. Zigtausende Piloten und Lotsen überall auf der Welt verstehen einander reibungslos und in der Regel führt jede Ansage sofort zu einer adäquaten Handlung. Im großen Gesamtkomplex des Luftraums genauso wie im Cockpit zwischen Pilot Flying und Pilot Monitoring, die sich untereinander oft nicht einmal kennen.

Umso schmerzlicher spüre ich als Pilot, wenn es einmal nicht so läuft, weil Sprachbarrieren oder andere Probleme die Kommunikation behindern – wie in Sharm El-Sheikh an jenem Tag. Zum Glück ist so eine Situation des Nichtverstehens äußerst selten. Im Großen und Ganzen ist die Luftfahrt ein gigantisches globales Team, und (fast) alle sprechen die gleiche Sprache, im wörtlichen wie im übertragenen Sinne. Von solchen Kommunikationsstrukturen können die meisten Unternehmen nur träumen.

In Meetings, in denen es um entscheidende Weichenstellungen geht, geschieht nämlich oft Folgendes: Stundenlang wird um den heißen Brei diskutiert, ohne dass am Ende eine klare Ansage steht, was zu tun ist. In endlosen Mailthreads mit etlichen Beteiligten wird ebenfalls mehr Verwirrung gestiftet, als Lösungen gefunden werden: »Könnte mal jemand ...?«, »Sollten wir vielleicht ...?«, »Wie wäre es, wenn ...?« Würden Piloten so kommunizieren, würde uns ständig über irgendeinem Ozean das Kerosin ausgehen.

Deshalb ist die Kommunikation in der Luftfahrt in hohem Maße standardisiert und auf Effizienz getrimmt. Sie beruht auf einem ausgeklügelten System, dessen Prinzipien auch in der Alltagskommunikation sehr nützlich sein können.

Abenteuer Verständigung: Warum es im Alltag oft rauscht statt funkt

Kommunikation ist doch eigentlich eine ganz einfache Angelegenheit, könnten Sie jetzt einwerfen: Wir sagen alle, was wir meinen, mit den richtigen Worten zum richtigen Zeitpunkt und dem richtigen Adressaten, und dann gibt es auch keine Missverständnisse.

So leicht ist es jedoch im Alltag nicht. Wir alle kennen Situationen der zwischenmenschlichen Kommunikation, in denen wir eben nicht die richtigen Worte finden, sie von unserem Gegenüber anders aufgefasst werden, als es von uns beabsichtigt war, oder wir schlichtweg »aneinander vorbeireden«.

Das passiert uns in Gesprächen mit Freunden, der Familie und dem Partner. Wenn es bei der Kommunikation mit Vorgesetzten, Kollegen und Kunden hakt, ist das nicht nur ein Stolperstein auf dem Karriereweg, sondern ein echtes Problem. Nicht funktionierende Kommunikation kann Unternehmen Unsummen kosten. Kein Wunder also, dass jedes Jahr Zigtausende Mitarbeiter in Kommunikationsseminare geschickt werden: Die richtige Verständigung untereinander ist ein knallharter Erfolgsfaktor.

Trotz aller Seminare produzieren Menschen im Alltag ständig Missverständnisse, vergreifen sich im Ton, schweigen im falschen Moment, transportieren Informationen auf ungeeignete Weise, senden unbewusst (kontraproduktive) Botschaften aus und vernachlässigen ihre Informationspflichten. E-Mails, SMS, Twitter und all die anderen Wege der elektronischen Kommunikation haben dieses Problem noch verschärft: Wie oft lassen wir uns von diesen oberflächlichen Mitteilungsformen von dem ablenken, was in unserem Umfeld eigentlich bedeutsam ist? Wie oft tippen wir schnell eine Kurznachricht, anstatt anzurufen – und haben so gar nicht die Chance, zu bemerken, wenn wir am anderen Ende den falschen Nerv treffen?

Die Mittel müssen zum Zweck passen. Technisch genauso wie inhaltlich und methodisch. Genau daran scheitert es oft, wenn es im Alltag zu Verständigungsschwierigkeiten kommt.

Eine Studie aus der Luftfahrt hat ergeben, dass rein verbal übermittelte Nachrichten (etwa am Telefon oder über Funk) den Empfänger inhaltlich nur zu zehn Prozent erreichen. Zehn Prozent! Die übrigen 90 Prozent des Sinngehalts muss der Empfänger sich durch Interpretation des Sachverhalts selbst erschließen.[50] Das geht aber nur, wenn er sich des Kontexts der Nachricht auch bewusst ist und tatsächlich korrekt einordnen kann, was gemeint ist.

Der Crash zweier Jumbo-Jets auf Teneriffa am 27. März 1977 ist ein dramatisches Beispiel dafür, was passieren kann, wenn die Informationskette abreißt. Bei der Kommunikation zwischen Piloten und dem Tower kamen entscheidende Fakten nicht an. Zwar gab es auch hier wie in den meisten Fällen eine Verkettung vieler Faktoren, doch die mangelhafte Kommunikation gab den Ausschlag für diese bis heute schwerste Katastrophe in der zivilen Luftfahrt ohne direkten terroristischen Hintergrund.

Die Beteiligten begingen gleich mehrere Fehler, die in Summe zu dem Unglück führten. Zum einen ging einer der

Piloten von einer Starterlaubnis aus; er hatte jedoch nur die Freigabe erhalten, auf der geplanten Route zu starten. Hier kam also beim Empfänger etwas anderes an, als der Absender hatte ausdrücken wollen. Eine missverständliche Wortwahl sorgte dafür, dass der Botschaft die falsche Aktion folgte; der Pilot der niederländischen Fluggesellschaft KLM beschleunigte, während die andere Maschine noch auf der Bahn stand. Durch eine Überlagerung der Funkfrequenzen wurde außerdem die Nachricht aus dem anderen Cockpit geblockt, dass sie sich noch auf der Startbahn befinden. Drittens verpassten es die Beteiligten, durch Nachfragen eine eindeutige Klärung der Situation herbeizuführen. Hinzu kamen noch weitere erschwerende Faktoren: Der Lotse im Tower sprach mit starkem Akzent und gab, mit der Situation überfordert, uneindeutige Kommandos. Durch den Nebel konnte er die Flugzeuge außerdem nicht sehen und war allein auf die Informationen aus den Cockpits angewiesen. Ebenso konnten die Piloten die jeweils andere Maschine nicht sehen. Zu allem Überfluss war die Kommunikation innerhalb des KLM-Cockpits fatal gestört: Der junge Kopilot und der Bordingenieur wurden mit ihren Einwänden, dass es noch gar keine Freigabe gäbe, vom Chefpiloten Erik van Sanden schlichtweg ignoriert: »Nichts da, wir starten!«, wischte er ihre Hinweise vom Tisch.

574 Menschen verloren beim darauf folgenden Crash auf der Startbahn ihr Leben – aufgrund von simplen Kommunikationsproblemen. Hätten alle Beteiligten über die vollständigen Informationen verfügt, hätte das Unglück vermieden werden können.

Wie bei diesem Extrembeispiel gibt es auch im Alltag zahlreiche Risikofaktoren, die eine ineffektive oder sogar missverständliche Kommunikation begünstigen. Selbst wenn es keine inhaltlichen Diskrepanzen gibt, können etwa Stress, Müdigkeit und Gereiztheit die Kluft zwischen Sender und Empfänger vergrößern. So stand der KLM-Pilot auf Teneriffa unter dem Druck, schnellstmöglich zu starten. Die strengen niederländischen Arbeitszeitbestimmungen hätten einen Weiterflug des Jumbos sonst unmöglich gemacht.

An vermutlich keinem anderen Arbeitsplatz der Welt ist die Kommunikation heute so stark reglementiert und standardisiert wie in einem Airliner-Cockpit – als Ergebnis jahrzehntelanger Forschung und der Erkenntnisse aus Flugzeugunglücken wie dem oben beschriebenen.

Die Statistik zeigt, warum die Sicherheitsbehörden so großes Augenmerk darauf legen, die Kommunikation zu reglementieren und zu optimieren: 53 Prozent der Unfälle in der Luftfahrt sind mindestens auch auf Verständigungsprobleme zurückzuführen. Dass die Kommunikation von möglichst allen Fehlerquellen befreit wird, ist ein entscheidender Sicherheitsfaktor in meinem Beruf. Dass es in den letzten Jahrzehnten proportional immer weniger Zwischenfälle im Flugbetrieb gegeben hat, ist nicht zuletzt darauf zurückzuführen, dass zahlreiche frühere Stolperfallen der Kommunikation ausgemerzt wurden.

Ein Beispiel für ein direkt sicherheitsrelevantes Kommunikationsmuster, das sich je nach Herkunft unterscheidet, ist die Zählweise in unterschiedlichen Sprachräumen. Die Sprechweise von Zahlen etwa ist in mehreren asiatischen Sprachen anders strukturiert als im Deutschen oder im Englischen (zwischen denen es auch bereits morphologische Unterschiede gibt).[51] So wird die Zahl 98 – etwa im Koreanischen oder Japanischen – nicht wie bei uns als »achtundneunzig« gesprochen, sondern als: »neun Zehn(er) – acht.« Die unterschiedlichen Sprechweisen wären im Luftverkehr aber eine gefährliche Fehlerquelle, die auch die einheitliche Luftfahrtsprache Englisch nicht zweifelsfrei beseitigen kann. Wir geben ständig essenziell wichtige Parameter als Zahlenfolgen durch. Eine geringfügige Kursabweichung kann schnell in einer Katastrophe enden. Deshalb werden in der Fliegersprache grundsätzlich aufeinanderfolgende Einzelziffern kommuniziert. Der Navigationskurs etwa wird als »Heading 2–1–0« ausgegeben, nicht als »Heading zweihundertzehn« oder »Heading zwei Hunderter – ein Zehner.«

Das ist nur eines von vielen Beispielen, wie wir in der Luftfahrt Kommunikationsfallen durch klar festgelegte, unverrückbare Regeln begegnen. Zahlreiche Prinzipien sorgen dafür, dass die entscheidenden Informationen (fast) immer sicher und unmissverständlich ankommen. Einige davon erweisen sich auch im Alltag als sehr nützlich, um Kommunikation effizienter, einfacher und erfolgreicher zu gestalten.

Callouts: Warum die Kommunikation im Cockpit (fast) immer gelingt

Einen wichtigen Bestandteil der Kommunikation zwischen Piloten bilden die sogenannten »Callouts«. Das sind Kommandos, die verschiedene konkret festgelegte Zwecke verfolgen. Hierbei gibt es drei Arten:

- Callouts, mit denen routinemäßig ein Systemstatus verifiziert wird (z.B. »Gear down« – »Fahrwerk ausgefahren«);
- Callouts, die auf Abweichungen der Flugparameter aufmerksam machen (z.B. »Check speed«: Geschwindigkeit zu hoch oder zu niedrig);
- Callouts, die als »Incapacitation Call« dienen, also der Kontrolle der Anwesenheit und »Alertness« des Kollegen in hochbrisanten Flugphasen (z.B. ruft der Pilot Monitoring in der Beschleunigungsphase beim Start »80« aus, um die Geschwindigkeit von 80 Knoten zu vermelden, und der Pilot Flying muss darauf mit »Checked« antworten).

Warum gerade die überflüssig anmutenden »Incapacitation Calls« so wichtig sind, zeigt der Vorfall im Cockpit einer American-Airlines-Maschine im Oktober 2015 eindrücklich: Der Flugkapitän wurde während eines Langstreckenfluges ohnmächtig und verstarb kurz darauf am Steuer. In diesem Fall blieb eine Katastrophe aus – der andere Pilot konnte die Maschine sicher landen. Je nach Flugphase hätte es aber durchaus passieren können, dass er die Ohnmacht des Kapitäns nicht unmittelbar mitbekommen hätte, wenn er gerade auf eine schwierige Aufgabe konzentriert gewesen wäre – etwa im Landeanflug auf die Überwachung der Instrumente. Ohne einen »Incapacitation Call« und die erwartete Antwort hätte er vielleicht zu spät bemerkt, dass mit dem Pilot Flying etwas nicht stimmte.

Ich bin überzeugt: Auch im Projektalltag könnten festgelegte Callouts an neuralgischen Punkten dafür sorgen, dass mehr Vorhaben planmäßig abgeschlossen werden und die gewünschten Ergebnisse bringen. Wenn zum Beispiel neue Produkte entwickelt werden, sind die Beteiligten oder einzelne Teams oft für längere Zeiträume auf sich gestellt. Sie werkeln sozusagen unbegleitet vor sich hin. Erst das nächste Meeting oder gar die Deadline für die Fertigstellung des Prototypen bietet wieder eine Gelegenheit, um festzustellen: Wir sind nicht mehr im Plan, ein interner Prozess funktioniert nicht, die Zusammenarbeit stockt. Festgelegte Callouts innerhalb des Projektplans könnten das verhindern. Hinkt etwa ein Ingenieur mit der Materialauswahl eines Bauteils hinterher, kann diese Kleinigkeit die Fertigstellung des ganzen Produkts gefährden. Gäbe es jemanden, der an einem vorgeschriebenen Punkt den Status checkt und keine oder nicht die gewünschte Antwort bekommt, könnte darauf reagiert werden, bevor es zu spät ist.

Eine Selbstverständlichkeit, könnte man meinen. Doch wenn es überall so laufen würde – wie könnte es dann zu so katastrophalen Projektverläufen kommen wie beim Bau des Hauptstadtflughafens BER in Berlin? Dort gab es über Jahre keine zentrale Instanz, die den Verlauf verantwortungsvoll überwachte. Niemand schlug Alarm, als ein Teilbereich nach dem anderen eine Deadline nach der anderen überschritt. Dramatische Baufehler blieben über Jahre unentdeckt. Selbst die Einladungen zur Eröffnung 2012 wurden schon verschickt, obwohl an der Baustelle praktisch nichts nach Plan lief.

Wäre an allen relevanten Eckpunkten der Systemstatus routinemäßig überprüft worden, hätte dieses Fiasko verhindert werden können. Vielleicht wären einzelne Fehler dennoch passiert. Doch eine standardisierte Kommunikation hätte dafür sorgen können, dass sie frühzeitig aufgefallen wären. Das Projekt BER hätte sich nie zu der Lawine von irreparablen Fehlleistungen und dem Milliardengrab entwickeln können, das es heute ist.

In vielen großen Unternehmen beschränkt sich das Controlling darauf, dass Benchmarks in großen Abständen überprüft und Projekte nach Abschluss ausgewertet werden. Viel hilfreicher wäre die ständige Kommunikation über den Status quo, sodass ein Dialog zustande kommt, der den Beteiligten wirklich helfen kann. Callouts dienen in der Luftfahrt nicht nur dazu, Abweichungen rechtzeitig zu erkennen. Sie leiten, je nach Antwort, auch festgelegte Reaktionsmuster ein, damit das Flugzeug auf Kurs bleibt.

Mit regelmäßigen Callouts können Sie auch Ihre privaten Projekte vorantreiben. Beziehen Sie einen Freund oder Kollegen in Ihre Planungen mit ein, der Ihren Fortschritt von außen »überwacht«. Vereinbaren Sie, dass er oder sie regelmäßig Ihr Vorankommen checkt – oder nachhakt, wenn Sie sich nicht zu vorab vereinbarten Zeitpunkten bei ihm/ihr melden. So stellen Sie sicher, dass Sie Ihre Planung nicht aus den Augen verlieren. Sie werden auf Abweichungen aufmerksam gemacht und können reagieren.

Manchmal ist ein regelmäßiges, längeres Telefonat oder Treffen einfach nicht möglich – und dennoch brauchen wir die Unterstützung von jemandem, der nicht involviert ist. Solange alles nach Plan läuft, gibt es auch gar nichts zu besprechen. Für solche Fälle sind Callouts ideal: eine kurze Mail mit dem Betreff »Check Project Status« reicht dann schon aus.

Das ist eine wichtige Eigenschaft aller Callouts: Sie bestehen grundsätzlich aus nur wenigen Worten. Die Formulierung ist jeweils unverrückbar festgelegt. So wird in der Luftfahrt sichergestellt, dass jeder Pilot überall auf der Welt weiß, was gemeint ist – und welche Antwort oder Aktion von ihm verlangt wird. Die Kommandos von Pilot zu Pilot, zwischen Cockpit und Lotsen und auch zwischen Pilot und Flugbegleitern sind stimmungs- und meinungsbereinigt und blenden Störfaktoren wie Konflikte vollständig aus. Alle Callouts sind

- knapp,
- präzise und
- klar.

Viele Prozesse und Meetings in der Wirtschaft würden effizienter ablaufen, wenn sich die Kommunikationskultur in Unternehmen an geeigneter Stelle ein Vorbild am Informationsaustausch in der Luftfahrt nehmen würde. Natürlich sind Callouts nicht geeignet, einen tiefergehenden, geschweige denn empathischen Dialog zu ersetzen. Doch wenn es etwa darum geht, den Status eines Projekts zu klären und die nächsten Schritte festzulegen – und dazu dienen letztlich die meisten Meetings –, könnten viele lange und ziellose Debatten eingespart werden. Wie viele Konflikte und Missverständnisse ließen sich dadurch vermeiden?

Eine präzise und knappe Kommunikation optimiert Arbeitsabläufe und verringert Reibungsverluste im alltäglichen Miteinander.[52] Callouts sind keine überflüssigen Automatismen. Sie machen uns nicht zu Robotern; sie helfen uns vielmehr, produktiv zu sein. Sie verfolgen immer einen unmittelbaren Zweck, helfen, Struktur in Prozesse zu bringen, und erhöhen die Effizienz. Nicht nur, weil sehr klar und konkret kommuniziert wird. Sondern auch, weil Abweichungen rechtzeitig aufgedeckt und an der Wurzel behoben werden können.

Callouts sind für die Kommunikation, was die Algorithmen einer Software für Ihren Computer sind: Sie halten das System am Laufen.

Two-Way-Communication: Nie wieder mit einer Wand reden

Ein Callout allein macht natürlich noch keinen Dialog. Auch in der Luftfahrt gilt das Sender-Empfänger-Prinzip: Ob Kommunikation erfolgreich ist, wird letztlich immer dadurch entschieden, was beim Gegenüber ankommt. Auch im Cockpit merke ich erst am Verhalten des Empfängers, ob meine Botschaft verstanden wurde. Erhalte ich keine Rückmeldung, bricht das effiziente System in sich zusammen: Ist meine Ansage zu dem anderen Piloten, dem Lotsen oder der Flugbegleiterin durchgedrungen? Hat er/sie begriffen, was ich von ihm/ihr will? Habe ich mich möglicherweise unklar ausgedrückt? Vielleicht aufgrund von Stress oder Übermüdung zentrale Begriffe verwechselt, wie der Unglückspilot in Teneriffa? Gibt es vielleicht technische Probleme wie über Sharm El-Sheikh und mein Funkspruch verhallt ungehört?

Das ganze ausgeklügelte Kommunikationssystem in der Luftfahrt wäre nutzlos, wenn es diesen Unsicherheitsfaktor nicht berücksichtigen würde. Die Lösung ist die sogenannte »Two-Way-Communication«. Das bedeutet: Jedem Callout muss eine adäquate Antwort und je nach Situation auch eine bestimmte Handlung folgen. Geschieht das nicht, muss ich zunächst die Botschaft wiederholen – und im nächsten Schritt überprüfen, ob der Kommunikationspartner noch ansprechbar ist. Ist er das nicht, muss ich entsprechende Maßnahmen ergreifen. In Sharm El-Sheikh war das zum Beispiel der Fall, als ich nicht zur Flugsicherung durchkam. Reagiert der andere Pilot in meinem Cockpit nicht mehr oder nicht angemessen, muss ich ihn gegebenenfalls der Kontrolle über das Flugzeug entheben.

Zwei Prinzipien sorgen dafür, dass die Kommunikation in der Luft nie einseitig verläuft: Das »Action-Response-Prinzip« und das »Repeat-Message-Prinzip« (auch »Readback« genannt).

Das Action-Response-Prinzip

Wenn ich während eines Fluges bestimmte Aktionen ausführe, ist die Sicherheit davon abhängig, dass ich präzise genau das Richtige tue. Auch Piloten sind nur Menschen – und können Fehler machen. Der Faktor, der das abfängt, ist die Kommunikation zwischen den beiden Piloten: Wir prüfen und bewerten gegenseitig unsere Aktionen und korrigieren den Kollegen, wenn es nötig ist. Damit diese wichtige Kontrollaufgabe in stressigen oder auch in besonders eintönigen Flugphasen nicht vernachlässigt wird, ist genau vorgeschrieben, welche Handlungen zu überprüfen sind und mit welchen Aussagen die korrekte Ausführung verifiziert wird.

Ein Beispiel: Ich bekomme während des Reiseflugs vom Fluglotsen am Boden eine bestimmte Höhe mitgeteilt, auf die ich steigen oder sinken soll, um einem anderen Flugzeug auszuweichen, das sich gerade im selben Luftraum bewegt. Ich muss nun dafür sorgen, dass der Autopilot von der programmierten Reiseflughöhe abweicht und das Flugzeug entsprechend steuert. Dafür muss ich an der Steuerung des Autopiloten diese Höhe eingeben, die daraufhin auf einem Display angezeigt wird. Das ist die Aktion.

Weil vier Augen mehr sehen als zwei, verlangt die Standard Operating Procedure eine Kontrolle: Der zweite Pilot muss mir bestätigen, dass ich die korrekte Höhe gewählt habe. In der Realität läuft das meist so, dass ich entweder auf das Display zeige oder die eingedrehte Höhe laut ausspreche. Beide Handlungen erfordern von ihm ein »Checked« oder eine sichtbare Reaktion, die mir zeigt, dass er die Anweisung ebenso verstanden hat und sie richtig umgesetzt wurde. Das ist die Antwort – Response.

Das Beispiel zeigt, wie wichtig diese vermeintliche Kleinigkeit im Cockpit sein kann. Vertue ich mich bei der Höhe und der Kollege überprüft meine Aktion nicht, kann das eine Kollision in der Luft zur Folge haben.

Auch im privaten und beruflichen Alltag meinen wir oft, uns lästige Routineüberprüfungen sparen zu können, um vermeintlich Zeit zu gewinnen. Wie oft checken wir Dokumente nicht noch einmal gegen oder lassen sie überprüfen, sondern schicken sie zu fortgeschrittener Stunde entnervt einfach raus? In vielen Fällen geht das auch gut, aber eben nicht immer.

Was passiert, wenn das Dokument einen entscheidenden Fehler enthält? Was, wenn dieser Fehler erst auffällt, wenn es zu spät ist?

Das Action-Response-Prinzip sorgt dafür, dass vermeidbare Fehler auch tatsächlich vermieden werden. Das ist *immer* effizienter, als den Irrtum und alle Folgefehler später mühsam rückwirkend korrigieren zu müssen.

Das Repeat-Message-Prinzip

»Flight Charly Tango 429, turn right heading 2–1–7.« Wenn ich eine solche Durchsage vom Lotsen bekomme, weiß ich, was ich zu tun habe. Das ist natürlich auch dem Lotsen klar. Dennoch verlangt das Standard Operating Procedure für bestimmte wichtige Aktionen, dass ich dem Lotsen nicht nur den Empfang der Botschaft bestätige, sondern die Anweisung auch im Wortlaut wiederhole: »Gehe auf Kurs 2–1–7.« Der Wert dieser Bestätigung liegt auf der Hand: Ich könnte aufgrund von Müdigkeit oder technischer Schwierigkeiten den Kurs verwechseln und falsch eingeben. Mit der verbalen Wiederholung wird sichergestellt, dass dem Kommando die korrekte Aktion folgt. Dieses Prinzip heißt »Repeat Message« – »Nachricht wiederholen«. Verpasse ich es, diesem Prinzip von selbst Folge zu leisten, wird der Lotse mich dazu auffordern: »Repeat« – »Wiederholen Sie«.

Wie viele Missverständnisse wir uns im Alltag auf diese Weise ersparen könnten! Wie oft gehen wir aus einem Gespräch und haben eigentlich keine Ahnung, was der Kollege oder auch der Partner uns konkret sagen wollte. Warum fragen wir nicht nach? Sehr oft steckt dahinter falsch verstandene Höflichkeit: Wir glauben, es sei ungebührlich, uns rückzuversichern oder den Gesprächspartner zu bitten, seine zentralen Aussagen zu wiederholen. Dabei könnte diese kleine Feedbackschleife gerade in komplexen Gesprächen oder Verhandlungen manchen Fehlgriff verhindern.

Die Anwendung des Repeat-Message-Prinzips bietet eine unkomplizierte Alternative: Gewöhnen Sie sich einfach an, am Ende jedes wichtigen Gesprächs die zentralen Punkte Ihres Gegenübers oder die gemeinsam erarbeiteten To-dos noch einmal zu wiederholen. So kann der Gesprächspartner feststellen, ob und wo Sie ihn unter Umständen falsch verstanden haben, und Sie korrigieren. Auf diese Weise vermeiden Sie spätere Irritationen, die zwangsläufig entstehen, wenn Sie sich anders verhalten als erwartet. Der andere glaubt dann möglicherweise, Sie hielten sich absichtlich nicht an die Absprache – dabei gab es nur ein Missverständnis!

Dass es in kritischen Situationen durch misslungene Kommunikation zwischen Pilot und Flugbegleitern zu Fehlern kommt, verhindert der »NITS Call«. Wenn wir zum Beispiel notlanden müssen, muss die Cabin Crew die Maschine dafür vorbereiten. Das läuft so ab: Ich rufe die Purserin ins Cockpit und teile ihr nach dem NITS-Schema zeitsparend und klar mit, was los ist:

- N: Nature of emergency (Was ist das Problem?)
- I: Intention (Was haben wir vor?)
- T: Time remaining (Wie viel Zeit bleibt bis zur Landung?)
- S: Special Aspects (Welche besonderen Aspekte gilt es zu berücksichtigen, etwa nicht auf der linken Seite evakuieren, weil die Flammen des brennenden linken Triebwerks die Passagiere treffen könnten.)

Diese vier Punkte muss die Chefin der Kabine mir dann direkt wiederholen, um sicherzustellen, dass sie alles verstanden hat. Auch diese Regel folgt dem Repeat-Message-Prinzip.

»Repeat Message« ist alles andere als unhöflich und auch keineswegs Zeitverschwendung. Ich glaube vielmehr, dass es zum guten Ton in Unternehmen und zwischen Projektpartnern gehören sollte – vor allem dann, wenn erfolgskritische Abläufe besprochen werden. Im Cockpit ist diese Redundanz ein Teil der professionellen Verständigung. Warum sollte sie in Ihrer Kommunikation nicht den gleichen Zweck erfüllen?

Zielgerichtet kommunizieren: Wie wir uns effektiv verständigen können

Im Cockpit haben Teams schon wahre Wunder durch effektive Kommunikation vollbracht. Ein besonders beeindruckendes Beispiel ist das Verhalten der Piloten bei der Notlandung des Fluges 232 von United Airlines am Flughafen von Sioux City in Iowa am 19. Juli 1989. In der Luft fiel plötzlich die komplette Hydraulik der DC-10 aus. Eine Triebwerksschaufel, die sich zuvor gelöst hatte, hatte außerdem die Querrudersteuerung zerstört. Das Flugzeug war daraufhin manövrierunfähig und faktisch außer Kontrolle. Nur durch die Schubveränderung an den Triebwerken konnten noch kleine Richtungs- und Höhenänderungen vorgenommen werden.

Damit waren alle 285 Passagiere und die Crewmitglieder dieser Maschine eigentlich dem Tode geweiht. Ein Flugzeug auf diese Weise zu landen, ist beinahe ein Ding der Unmöglichkeit. Aber eben nur beinahe.

Zufällig war neben den beiden Piloten ein dritter Pilot an Bord, der ebenfalls auf diesen Maschinentyp ausgebildet war. In einer unglaublichen Kommunikationsleistung schafften es die drei Piloten, eine Technik zu entwickeln, mit der sie die eigentlich nicht mehr steuerbare Maschine wieder einigermaßen unter Kontrolle brachten. Kapitän Al Haynes beschäftigte sich ausschließlich mit den beeinflussbaren Parametern des Flugzeugs. Der Kopilot unterstützte ihn mit den Ruderpedalen, die sich ohne hydraulische Unterstützung nur noch minimal beeinflussen ließen. Der dritte Pilot bediente einzig und allein die Schubhebel – das einzige verbliebene normal beeinflussbare Steuerelement der Maschine. Gegenseitig gaben sie sich im Sekundentakt Anweisungen, um jede Aktion exakt aufeinander abzustimmen. Gäbe es in der Fliegerei keine unmissverständlich klaren Begrifflichkeiten und Anweisungen für jede relevante Handlung – ihr Vorgehen wäre undenkbar gewesen.

Durch dieses Kunststück der Teamkommunikation gelang ihnen das Verblüffende: Sie setzten die DC-10 tatsächlich mehr oder weniger kontrolliert auf dem Flughafen von Sioux City auf. 175 Passagiere, also mehr als die Hälfte der eigentlich todgeweihten Insassen, überlebten das Unglück.

Unsere Verständigung wird nicht einfach dadurch besser, dass wir sie maximal zeitsparend abfertigen. Verbindliche Kommunikation – egal ob Callout oder eingehendes Gespräch – funktioniert nicht zwischen Tür und Angel. Wenn wir mit anderen sprechen, dann sollten wir dabei immer voll »alert« sein, also mit unseren Gedanken vollständig beim Gegenüber. Nehmen Sie sich Zeit für Gespräche – immer die Zeit, die nötig ist. Bei einem Callout mögen das nur wenige Sekunden sein, doch in diesen Sekunden müssen wir absolut aufmerksam sein.

Dass die Kommunikation in der Luftfahrt in hohem Maße standardisiert ist, mag nun den Eindruck erwecken, dass sie unflexibel sei und nicht viel Raum für Eventualitäten ließe. Doch genau das Gegenteil ist der Fall. Das Beispiel von Kapitän Sully, dem Helden vom Hudson River, zeigt: Gerade in komplexen Situationen bewirken wir oft mehr, wenn wir weniger sagen. Sully ließ den Lotsen am LaGuardia Airport zwar über das genaue Ausmaß der Schäden und die Details der Situation im Unklaren. Doch damit erreichte er zweierlei: Zum einen stellte er unmissverständlich klar, dass die Priorität darin lag, am Boden die notwendigen Maßnahmen für die Rettung nach einer Notwasserung einzuleiten. Zum anderen sparte er Zeit und Konzentration ein, die er für seine eigentliche Aufgabe brauchte: Das Flugzeug so sanft wie möglich auf dem Hudson aufzusetzen. Seine Kommunikation mit dem Tower mag von außen betrachtet kalt und reduziert geklungen haben, doch sie war Bestandteil seines absolut professionellen, situativ angepassten Verhaltens. Sie hat dazu beigetragen, vielen Menschen das Leben zu retten.

Kommunikation ist nicht immer dazu da, dass dem Gesprächspartner warm ums Herz wird. Manchmal ist allen Beteiligten mehr geholfen, wenn sie ohne Umschweife auf den Punkt kommt. Erfolgreiche Gesprächsführung, genau wie erfolgreiches Fliegen, erfordert zu jedem Zeitpunkt eine »Situational Awareness« – ein Bewusstsein der Situation. Nur wenn wir die Gesamtsituation berücksichtigen, können wir uns adäquat verständigen.

Wenn Sie mit Ihrer Frau oder Ihrem Mann diskutieren, tun Sie es um Himmels willen empathisch. Hören Sie zu, werten Sie nicht, lassen Sie den anderen ausreden, versetzen Sie sich in sie oder ihn hinein und fällen Sie nicht vorschnell ein Urteil. In Beziehungsgesprächen steckt der überwiegende Teil einer Botschaft zwischen den Zeilen. Öffnen Sie Ihre Ohren und Ihr Herz dafür.

Wenn Sie sich jedoch mit einem Kollegen über den Status eines Projekts verständigen und die nächsten Schritte verifizieren, dann tun Sie ihm den Gefallen und kommen Sie zum Punkt. Suchen Sie in Dienstgesprächen nicht zwischen den Zeilen, wo es nichts zu finden gibt, und halten Sie Ihre Botschaften knapp, klar und präzise.

Beide, der Partner und der Kollege, werden es Ihnen danken.

Final Call: Callouts

- Callouts: Machen Sie Ihre Kommunikation mit Callouts präziser und effizienter! Knappe, klare Ansagen sind im Alltag oft zweckmäßiger als ausschweifende Diskussionen ohne Sinn und Ziel.
- Sender und Empfänger: Denken Sie an das Sender-Empfänger-Prinzip! Kommunikation ist immer erst dann erfolgreich, wenn die Botschaft den Empfänger in die Lage versetzt zu handeln.
- Action and Response: Vermeiden Sie Fehler mit dem Action-Response-Prinzip! Lassen Sie wichtige Aktionen immer gegenchecken, um sicherzustellen, dass Sie das Richtige tun.
- Repeat Message: Prüfen Sie den Erfolg Ihrer Kommunikation mit dem Repeat-Message-Prinzip! Wiederholen Sie wichtige Aussagen in Gesprächen und lassen Sie sich deren Richtigkeit bestätigen.
- Situational Awareness: Kommunizieren Sie zielorientiert, aber flexibel! Entscheiden Sie durch »Situational Awareness«, was Ihr Gesprächspartner braucht, und bleiben Sie in Gesprächen immer »alert«.

KAPITEL 9

Swiss Cheese Model: Erfolgreich im Team arbeiten

Mein Bild des Sommers 2003: 3.000 Meter über dem Staub von Marrakesch blickt mich ein Chamäleon an. Es sitzt nicht in meinem Cockpit, sondern auf der Schulter von Johannes, der eine andere Piper Archer wenige Meter neben mir steuert – im Formationsflug über die afrikanische Wüste. Als er zu mir herüberschaut, überzieht ein breites Grinsen sein Gesicht. Die strohblonden Haare, die Ray Ban, das Chamäleon: Es sieht aus wie ein Szenenbild aus einem abgedrehten Hollywood-Roadmovie. Gar nicht so weit gefehlt, nur dass sich unser Roadtrip über den Wolken abspielt.

★★★

Arbeiten im Team: Eine Frage der Beziehung

In den sieben Tagen im Himmel über Europa und Marokko habe ich mehr Routine erworben als in meiner gesamten fliegerischen Ausbildung davor. Die wertvollste Erfahrung, die ich daraus gezogen habe: In der gemeinsamen Zeit im Cockpit mit meinem Flugpartner Tim und beim Fliegen im Verbund mit den anderen habe ich gelernt, was echter Teamzusammenhalt ist.

Bei allem Spaß: Erholsam war diese Woche nicht. Allein die Planung hat wahnsinnig viel Zeit verschlungen und wir hatten Unmengen an Papierkram zu bewältigen, bevor es überhaupt losgehen konnte. Ein Einzelner könnte das gar nicht leisten; das Vorhaben glückte nur, weil wir zu sechst waren und jeder seinen Teil dazu beitrug, dass die verrückte Mission gelingen konnte.

Um Stunden zu sammeln, haben wir bewusst tagesfüllende Flüge eingeplant. Durchschnittlich waren wir zehn Stunden pro Tag in der Luft – in unbekannten Lufträumen, konfrontiert mit allerlei lokalen Besonderheiten und noch reichlich arm an internationaler Flugerfahrung. An jedem Flughafen ein neues Handling, unbekannte geografische und klimatische Bedingungen, unterschiedlichste Akzente der Lotsen, eine für uns jungfräuliche Landebahn. Ohne funktionierende Kommunikation untereinander wäre das für uns junge Wilde ein Ding der Unmöglichkeit gewesen.

Sicher: Wir hätten auch in Deutschland unsere erforderlichen Flugstunden für die Pilotenlizenz sammeln können. »Aber warum nicht das Angenehme mit dem Nützlichen verbinden?« – dachten wir uns. So entstand die Idee zum Roadtrip quer durch Europa, nur auf Sichtflug. Am Ende der Woche würden wir so nicht nur alle vorgeschriebenen Flugstunden gesammelt, sondern auch jede Menge Spaß gehabt haben. Fragen Sie mich jetzt bitte nicht nach dem Plan B, etwa wenn Wolken uns die Sicht genommen hätten. Wir waren mit Plan A schon überfordert ... Der erste Tag führte uns nach Biarritz an der Biscaya. Dort übernachteten wir aus Geldmangel am Strand. An Tag zwei stand die Überquerung der Pyrenäen an; ohne Druckkabine kein Kinderspiel. Nach einer kurzen, aber sehr lustigen Nacht in Sevilla überflogen wir die Meeresenge von Gibraltar, besorgten uns in Tanger nur kurz das Visum für Marokko und steuerten dann Marrakesch an. Ein Traum aus 1001 Nacht. Nach zwei Tagen hieß es dann auf zum nächsten Etappenziel: Ibiza. Nach weiteren zwei Tagen Sonne, Party und Strand steuerten wir schließlich Barcelona an, bevor wir am letzten der sieben Tage den Heimflug antraten.

So viele, lange Flüge in kurzer Zeit mit einer kleinen Propellermaschine sind mental wie körperlich ein Kraftakt, auch wenn wir uns auf den einzelnen Streckenabschnitten abwechselten. Kein Autopilot, keine entlastende Elektronik, sondern pures, manuelles Fliegen in einer kleinen, lauten Blechkiste. Wir konnten erahnen, was Charles Lindbergh geleistet und gelitten haben muss, als er als erster Mensch mit einem noch viel rudimentäreren Flugzeug mutterseelenallein den Atlantik überquerte. Wir hätten mit unseren Kisten immerhin auf jedem kleinen Flugplatz und notfalls noch auf einer Landstraße notlanden können. Er nicht. Unser Flugmarathon war nur realisierbar, weil wir uns die Flüge jeweils zu zweit einteilen konnten – und weil jeder unentwegt ein Auge auf alle anderen hatte.

Ich habe in meinen Jahren als Verkehrspilot viele Momente erlebt, in denen das Teamwork hervorragend funktioniert hat und ausschlaggebend war für den Erfolg einer Mission. Auch und gerade in den kritischsten Momenten. Doch nie wieder habe ich ein so eingeschworenes Team von Piloten erlebt wie uns sechs in dieser einen Woche. Nicht nur die Planung und Durchführung der zahlreichen Legs, also Teilstrecken, verlangte reibungslose Zusammenarbeit;

die Koordination all der gemeinsamen Starts und Landungen war eine Kunst für sich.

Eine fachlich sehr anspruchsvolle und deswegen von uns unbedingt gewollte Teambuilding-Maßnahme war der Formationsflug. Ein Genuss, in den wir als Verkehrspiloten normalerweise nicht kommen, aber auch eine ziemlich knifflige Angelegenheit.

Der Formationsflug ist ein gutes Sinnbild dafür, worauf es mir in diesem Kapitel ankommt. Teamwork ist ein unerschöpfliches Thema – so vielfältig wie die Menschen, die daran beteiligt sind. Vor allem einen Punkt, der in der Fliegerei so wichtig ist wie in keinem anderen Beruf, will ich hier hervorstreichen: Teamwork ist eine ganz besondere Beziehung zwischen zwei oder mehreren Menschen. Im Cockpit kann der schmale Grat zwischen reiner, wenn auch professioneller Zusammenarbeit und echtem Vertrauen über Leben und Tod entscheiden. In Pilotenteams, aber auch im gesamten Luftfahrtteam – einschließlich Cabin Crew, Bodencrew, Tower-Besatzung, Logistikern, Mechanikern und all den anderen Beteiligten – müssen wir einander einen Vertrauensvorschuss geben, um unseren Job überhaupt ausführen zu können. Dieses Vertrauen ist notwendig, damit alle Rädchen reibungslos ineinandergreifen können. Gleichzeitig müssen wir stets eine gewisse Distanz wahren. Immer vorsichtig bleiben, immer mit allem rechnen, immer kritisch prüfen. Egal, wer neben uns sitzt. Wir sind zu einem hohen Maß der Objektivität verpflichtet. Wir dürfen nichts dem Zufall überlassen.

Einander zu vertrauen und ohne persönliche Animositäten der Sache immer den Vorrang zu geben: Ich glaube, darin liegt das Geheimnis des erfolgreichen, maximal effizienten Teamworks.

Der Formationsflug ist dafür das beste Beispiel. Er setzt ein enormes Maß an Vertrauen voraus. In die fliegerischen Fähigkeiten des anderen Piloten und damit in unser aller Ausbildung.

Wie viele Arbeitskollegen können Sie aufzählen, denen Sie all diese Fähigkeiten, die fachlichen wie die persönlichen, ohne Zögern zutrauen würden? Vielleicht einige wenige. Aber wie viele von diesen Menschen kennen Sie kaum? Ist es bei Ihnen nicht eher die menschliche Nähe, die Sie dieses Urteil fällen lässt? Haben Sie zu diesen paar Leuten gleichzeitig die kritische Distanz, die nötig ist, um die persönliche Zuneigung nicht über das gemeinsame Ziel zu stellen?

Als Piloten müssen wir diese Balance um jeden Preis wahren. Ganz besonders im Formationsflug. Beim Flug Flügelspitze an Flügelspitze reicht ein unachtsamer Moment, eine falsche Bewegung, ein unbedachtes Manöver und das Teamwork endet in einer Katastrophe. Vertrauen und prüfen, vertrauen und prüfen, vertrauen und prüfen. Dennoch schnell ans Ziel kommen – und Spaß an der Sache haben.

Ein Team, in dem diese Balance aus bedingungslosem Vertrauen und kritischer Distanz gelingt, ist meiner Meinung nach unschlagbar. Nicht nur in der Fliegerei, sondern auch in Ihrem Unternehmen. Überall dort, wo Menschen zusammenarbeiten. Dafür sind einige Skills erforderlich, die uns Piloten mit hohem Aufwand beigebracht werden, weil sie in der Luft über Leben und Tod entscheiden können. Viele davon betreffen die Kommunikation im Team, von der im vorigen Kapitel schon die Rede war. Noch mehr aber betreffen sie die grundlegende *Haltung* derer, die zusammenarbeiten.

Teamwork, in der Luft genauso wie im Großraumbüro oder in der Hotelküche, ist nie zuerst eine Frage der Hierarchie, des Tätigkeitsfeldes oder der Arbeitsaufteilung. Sondern immer zuerst eine Frage der Beziehung. Egal wo, egal wann, egal wer mit wem.

Kommen Sie mit auf eine Runde in der Formation, Flügelspitze an Flügelspitze.

Swiss Cheese Model: Die Löcher aus dem Käse hauen

Wie bedeutsam Teamwork für den Erfolg ist, lässt sich sehr gut an den Negativbeispielen aus der Luftfahrtbranche demonstrieren. Flugzeugunglücke entstehen fast immer aus einer Verkettung unglücklicher Umstände. Es gibt verschiedene Theorien, die diese Ursachen beschreiben: den Dominoeffekt zum Beispiel, der besagt, dass nur ein einziger umgefallener Stein alle anderen zum Einsturz bringt. Oder Murphy's Law, das verkürzt besagt: Wenn einmal der Wurm drin ist, geht alles schief, was nur schiefgehen kann.

Bei der Analyse von Unglücken in der Luftfahrt und deren Bedeutung für die Präventionsarbeit kommt jedoch vor allem das sogenannte »Swiss Cheese Model« des britischen Psychologen James Reason zum Einsatz. Knapp zusammengefasst bedeutet es Folgendes: Das System Luftfahrt besteht aus vielen Ebenen – wie ein Laib Schweizer Käse, den man in Scheiben schneidet. Die Löcher in einer Scheibe entsprechen dem Versagen auf dieser Ebene. Nun reichen die Löcher in einem Käselaib nicht vom oberen Ende bis zum untersten, sondern nur über ein paar Scheiben hinweg. Damit es zum Äußersten kommt, müssen viele Ebenen gleichzeitig versagen – der Käse müsste also ein gewaltiges Loch haben, das sich sowohl an der Ober- wie auch der Unterseite manifestiert.

Die wenigen dramatischen Unfälle im Luftverkehr sind extrem seltene Vorkommnisse, bei denen sich das Loch tatsächlich durch den gesamten Laib zieht. Wenn das geschieht, wird jede einzelne Scheibe akribisch auf ihre Löcher untersucht. Das Ziel: verhindern, dass der Käse jemals wieder dasselbe kolossale Loch aufweist, also so viele Ebenen im System auf einmal versagen können. Das Versagen einer einzelnen Ebene führt nicht zu einem Unfall. Es muss schon Murphy's Law im Spiel sein und alles schiefgehen, was schiefgehen kann.

Wenn das der Fall ist, hängt es am Ende an zweien: Den beiden Piloten im Cockpit. Sie sind die Letzten in einer langen Reihe von Beteiligten, das letzte Glied der Sicherheitskette. Erst wenn irgendein Loch im Käselaib schon sehr groß ist, macht sich das Versagen der vorgelagerten Ebenen tatsächlich im Cockpit bemerkbar. Wenn zum Beispiel ein Triebwerk ohne äußere Einwirkung plötzlich den Dienst versagt, dann ist wahrscheinlich lange vor dem Start etwas schiefgegangen. Entweder wurde die Wartung des Triebwerks nicht ordnungsgemäß geplant und durchgeführt oder ein Mechaniker hat in der Werkstatt einen Fehler gemacht und der Prüfer hat den Fehler beim Testlauf nicht bemerkt. Oder ein anderer Pilot hat bereits eine Fehlfunktion gemeldet, seine Meldung wurde aber nicht ordnungsgemäß bearbeitet, oder oder oder. Aktuell jedoch sitzt der Pilot in seinem Cockpit und hat einen Triebwerksausfall.

Was wird nun in den meisten Fällen passieren? Nichts Dramatisches. Der Pilot wird das Flugzeug trotz defektem Triebwerk sicher landen und das Bodenpersonal wird es auf der Stelle zur Reparatur übergeben. Wir Piloten sind die Letzten in der Sicherheitskette, die einen Unfall verhindern können.[53] Fast immer gelingt uns das auch.

In Kapitel 7 »Human Factor: Aus Fehlern lernen« wurde erwähnt, dass 80 Prozent aller Abstürze auf menschliches Versagen zurückzuführen seien. Diese Zahl klingt hoch; im Lichte des Swiss Cheese Model ändert sich das Bild. Bis zu dem Zeitpunkt, an dem der Pilot überhaupt einen Fehler machen kann, muss schon so einiges schiefgelaufen sein, das außerhalb seines Zuständigkeitsbereichs liegt.

Die wenigen Fälle, in denen wir eine Katastrophe nicht mehr aufhalten können, werden zu Medienspektakeln. Die brenzligen Situationen, in denen Piloten Unfälle verhindern und das Versagen aller vorgelagerten Beteiligten ausgeglichen haben, sind dagegen ungezählt.[54] Sie schaffen es nur sehr selten in die Medien, weil sie meist mit einer unspektakulären, sicheren Landung enden. Wenige Ausnahmen, wie die unglaubliche Leistung der Crew von Sioux City, bestätigen die Regel.

Darin liegt der unschätzbare Wert funktionierender Teamarbeit: Bei einem eingespielten Team werden die Löcher im Käse gar nicht erst groß genug, dass sie zu einem Totalversagen des Systems führen könnten. Ein fantastisches Team leistet noch mehr als das: Es schließt die schon vorhandenen Löcher im Käse. Wie? Indem sich die Mitglieder auf jeder Hierarchiestufe perfekt ergänzen, sie aufeinander achten und zusätzlich mit den anderen Ebenen verzahnt sind. Eng vernetzt, vertrauensvoll und dennoch jederzeit kritisch.

Mehr Löcher als Käse: Woran das Teamwork krankt

Die Fehler, die in dysfunktionalen Teams passieren, sind meist leicht zu identifizieren. Die Ursachen, die dazu führen, in der Regel nicht. Viele davon sind kommunikativer bzw. psychologischer Natur. Es gibt so einige Bakterien, die Löcher in den Käse fressen können.

Ein häufig anzutreffendes Problem ist mangelnde Wertschätzung. In Befragungen rangiert sie unter den Gründen für schlechten Teamgeist und Mitarbeiterunzufriedenheit seit Jahren ganz weit oben: Wenn der Arbeitgeber, die Vorgesetzten und die Kollegen Persönlichkeit und Leistung eines Mitarbeiters nicht schätzen, geht mehr verloren als nur die gute Stimmung.[55] Die Motivation eines Mitarbeiters, der sich missachtet fühlt, stürzt schon in kurzer Zeit massiv ab. Mit der Identifikation sinkt auch das Engagement fürs Team. So eine Kombination aus mangelnder Motivation und niedrigem Engagement bildet den idealen Nährboden für eine steigende Fehlerquote – für Löcher im Käse.

Dabei geht es gar nicht darum, dass Mitarbeiter oft gelobt werden und regelmäßig ein ernst gemeintes »Danke« hören wollen – obwohl das bei guten Leistungen durchaus angebracht wäre. Das simple Zauberwort heißt hier vielmehr Empathie: die Fähigkeit, vor allem seitens der Führungskräfte, sich in einen Mitarbeiter hineinzuversetzen. Seine individuelle Situation zu verstehen und zu berücksichtigen. Sich für ihn und seine Belange Zeit zu nehmen und das persönliche Gespräch zu suchen. Die richtigen Fragen zu stellen und ihm aufmerksam zuzuhören. Die Zeit, die das in Anspruch nimmt, wird bei der Korrektur von Fehlern locker wieder eingespart. Ein zufriedener, engagierter Mitarbeiter, dessen Aufgaben auf seine Persönlichkeit und seine Situation zugeschnitten sind, macht nämlich deutlich weniger davon.

In hohem Maße für den Lochfraß in vielen Teams verantwortlich sind auch Konkurrenzdenken und Einzelkämpfertum. Nach ihren Prioritäten befragt, bildet die zwischenmenschliche Interaktion für die meisten das Rückgrat des Erfolgs – beruflich wie privat. Das Problem ist nur: Wir sind nicht alle und nicht immer sonderlich gut darin. Wir haben es nämlich nie so richtig gelernt, Teamplayer zu sein.

In der Schule beginnt, was sich in Ausbildung oder Studium und dann beinahe zwingend auch im Beruf fortsetzt: Immer heißt es »Ich gegen den Rest der Welt«. Wir sollen uns durchsetzen, sollen für unsere Interessen eintreten, sollen für unsere Ziele kämpfen. In jeder Lebensphase schwebt der metaphorische Boxhandschuh über unseren Köpfen und mahnt uns, am besten alles selbst in die Hand zu nehmen. Immer sollen wir besser sein als andere, anstatt auch mal *mit* anderen besser zu sein und mehr zu erreichen. Beförderung oder Kündigung, anstatt auch mal *gemeinsam* in einem Boot zu sitzen.

So erzieht man Perfektionisten. Für die Innovationskraft und den Unternehmergeist sicher nicht die schlechteste Basis. Aber so züchtet man auch Egoisten, Alleingänger, Einzelkämpfer. Für die mentale Gesundheit und das Funktionieren als Gemeinschaft eine ziemlich schlechte Ausgangssituation.

Wer in den Mustern des Einzelkämpfers denkt, tut sich schwer, Teil eines Teams zu werden. Im Mannschaftssport, in teamorientierten Berufen und im Familienleben ist diese Mentalität ein Erfolgshindernis.

Menschliche Kollisionen: Wenn das Teambuilding scheitert

Oft hat der Käse schon Löcher, bevor die eigentliche Zusammenarbeit beginnt. Auch mit den besten Absichten und Voraussetzungen wird ein Team nicht erfolgreich, wenn das Teambuilding von vornherein misslingt. Darin liegt die größte soziale Herausforderung im Pilotenalltag: Wie aus dem Nichts ein perfektes Team zu formen – mit einer wildfremden Crew.

73 Prozent aller Unfälle in der Luftfahrt passieren am ersten gemeinsamen Tag der Zusammenarbeit zweier Piloten. 44 Prozent sogar auf dem ersten Leg, der ersten gemeinsamen Teilstrecke.[56] Das demonstriert deutlich: Teams müssen sich erst formieren und zusammenraufen, bevor sie optimal funktionieren können. Diesen Luxus haben wir Piloten aber nur selten. Die Crews werden fast täglich neu gemischt. Das hat den wichtigen Vorteil, dass die kritische Distanz zwischen den Piloten gewahrt bleibt. Doch es hat gleichzeitig den Nachteil, dass der Prozess des Teambuildings täglich aufs Neue beginnt, was durchaus auch Gefahren birgt.

Ein wichtiges Element für das Teambuilding ist deshalb die nonverbale Kommunikation. Unser Unterbewusstsein verschafft sich einen ersten Eindruck von einer Person, ohne dass wir das merken oder absichtlich steuern würden. Dieses Verhalten ist evolutionär bedingt: Die schnelle Einschätzung, ob es sich bei einem Gegenüber um Freund oder Feind handelt, konnte bei unseren Vorfahren überlebenswichtig sein. Heute kann diese instinktive Wertung die Zusammenarbeit in einer Gruppe behindern. Ein selbstbewusstes, aber auch offenes und freundliches Auftreten ist für Piloten deshalb Pflicht. Misstrauen zum Kollegen schon vor dem Start kann im Extremfall zu einer Bedrohung über den Wolken werden.

Das mag drastisch klingen, doch ich habe einen solchen Fall tatsächlich einmal am eigenen Leib erlebt. Mein Kollege und ich waren im gleichen Hotel untergebracht, davon wusste ich aber nichts. Am Morgen nahm ich gemeinsam mit der übrigen Crew ein Taxi zum Flughafen. Als wir gerade losfahren wollten, kam der andere Pilot wütend und fluchend aus dem Hotel gestürzt und brüllte mich an, wieso ich denn ohne ihn abfahren wollte. Dabei hatte ich gar keine Kenntnis von seiner Anwesenheit ... Seine schlechte Stimmung setzte sich unterwegs und leider auch später im Cockpit fort. Er ließ mich deutlich spüren, dass er mich nicht leiden konnte, und verhielt sich so unkooperativ wie möglich.

Nach dem ersten Leg an diesem Tag zog ich die Notbremse und bat um einen Wechsel der Crew. Ich sah die Flugsicherheit gefährdet, wenn ich weiter mit diesem Kollegen hätte zusammenarbeiten müssen. Im Cockpit lässt sich vieles abfangen. Wenn jedoch die reibungslose Interaktion der Piloten nicht gewährleistet ist, ist das wichtige finale Glied der Sicherheitskette geschwächt. Dieses Risiko kann ich den Passagieren nicht zumuten – und auch der Crew und mir selbst nicht.

Der Erfolgsfaktor Teamwork wird in der Luftfahrt natürlich nicht dem Zufall überlassen. Als Piloten bekommen wir schon während der Ausbildung diverse Werkzeuge vermittelt, die dafür sorgen, dass wir im Cockpit reibungslos mit den ständig wechselnden Kollegen zusammenarbeiten können. Die wichtigsten davon möchte ich Ihnen hier vorstellen, denn sie können auch in Ihrem Team dafür sorgen, dass sich die Arbeitsbeziehungen sowohl vertrauensvoll gestalten als auch äußeren Faktoren wie Stress und Hektik trotzen können.

Die richtige Arbeitsteilung: Ohne gutes Skript geht gar nichts

Einen echten Garanten für das Scheitern von Teamarbeit kennen Sie ganz bestimmt aus eigener Erfahrung: Wenn einer (wenigstens gefühlt) die ganze Arbeit macht, während sich der andere aus allem rauslaviert, dann sind Probleme vorprogrammiert.

Leider ist es im Alltag häufig schwer, dafür zu sorgen, dass die Aufgaben im Team sinnvoll und ausgewogen verteilt sind. Für Führungskräfte ist das eine Mammutaufgabe, und im Projektalltag ist es oft schlicht unmöglich, eine Balance zu erreichen, die sich für alle Beteiligten perfekt anfühlt. Verantwortlichkeiten zu klären, ist organisatorisch wie rhetorisch ein harter Brocken.

Das Arbeiten im Cockpit gleicht einem detailliert einstudierten Theaterstück. Einen großen Anteil daran haben die SOP (Standard Operating Procedures). Jede Schalter-Betätigung, jedes Kommando, jede Checkliste ist in den Handbüchern erfasst und vorgegeben. Nur wenn beide Piloten (und auch alle anderen Crewmitglieder) ihre Rolle

- bis in die Feinheiten verinnerlicht haben und
- sich minutiös daran halten,

ist professionelles Arbeiten über den Wolken überhaupt möglich. SOP sind wie Leitplanken. Sie geben den Weg vor, den die Energie im Team nehmen soll. Wie der Text und die Regieanweisungen eines Theaterstücks legen sie den exakten Rahmen für die Einsätze und Beiträge fest, und jeder muss sich daran halten. Erst bei der Umsetzung kommen die sozialen Kompetenzen und die Charaktereigenschaften der Piloten bzw. Teammitglieder ins Spiel – wie die Fähigkeiten des Schauspielers bei der Interpretation des Stücks und seiner Rolle.

Weil in der Luftfahrt Menschenleben davon abhängen, ob die Zusammenarbeit funktioniert, wurde das Crew Resource Management (CRM) erfunden, das ich schon beschrieben habe. Abgesehen davon, dass es die Arbeit der Teammitglieder organisiert und Übersicht in das komplexe System bringt, hat es noch einen weiteren bedeutsamen Effekt: Es stellt sicher, dass alle verfügbaren Ressourcen innerhalb eines Teams sinnvoll genutzt werden. Das CRM sorgt dafür, dass

- sich die Teammitglieder in ihrem Handeln ergänzen,
- sie sich gegenseitig kontrollieren und ggf. kritisieren und
- Reibungsverluste innerhalb eines Teams durch Unklarheiten und Missverständnisse vermieden werden.

Dabei kommen verschiedene Prinzipien zum Tragen, die die Prozesse im Team optimieren helfen.

Das sogenannte *Closed-Loop-Prinzip* erhöht die Sicherheit und minimiert die Fehleranfälligkeit. Es besagt, dass beide Piloten übereinstimmend handeln müssen. Dies wird sichergestellt, indem das gegenseitige Einvernehmen über eine Maßnahme im Cockpit verbal oder nonverbal zum Ausdruck gebracht werden muss.

Die *Area of Responsibility* legt für jede Flugphase genau fest, welcher Pilot welche Handlungen auszuführen hat. So werden Kapazitäten gespart und ein Einmischen in momentan kompetenzfremde Bereiche wird verhindert.

Das *Multi Crew Concept (MCC)* ist heute ebenfalls Standard. Es wird im Simulator trainiert wie das Fliegen selbst. Bei diesen Trainings werden jene Eigenschaften geschult, die nicht zum direkten Handwerk des Fliegens gehören, im Zweifel aber genauso sicherheits- und effizienzrelevant sein können: interpersonale Kompetenzen wie Kommunikation, Führung, Entscheidungsfindung und eben auch Teamwork. Auftreten, Selbstsicherheit, Umgangsformen, mentale Stärke und Kooperationsbereitschaft sind ebenfalls Gegenstand dieser Schulungen.

Gleichheit trotz Hierarchie: Miteinander statt Oben und Unten

Henry Ford, der wohl einflussreichste Pionier der Industrialisierung, hatte einiges mit den neuen Entrepreneuren des Silicon Valley gemeinsam. Er war in erster Linie nämlich nicht Vorgesetzter, sondern Kollege für seine Entwicklungsingenieure. Er saß nicht auf einem Thron zehn Stockwerke über ihnen, sondern immer mitten unter seinen Leuten. Mark Zuckerberg (Facebook), Larry Page und Sergey Brin (Google), Tony Hsieh (Zappos) und die Köpfe vieler anderer Silicon-Valley-Unternehmen halten es genauso, und sowohl ihr Erfolg als auch die Wissenschaft geben ihnen recht: Zukunftsforscher weisen der Fähigkeit, vernetzt und kreativ zu denken und zu arbeiten, eine wachsende Bedeutung in der Arbeitswelt von morgen zu. Dieses Potenzial erblüht am besten in einer entspannten und hierarchieneutralen Umgebung.

Die Büros der genannten Firmenbosse sind Ausdruck dieser Entwicklung: Niemand wird bei diesen Milliardenkonzernen daran zweifeln, wer der Chef ist. Genauso, wie niemand Henry Ford infrage gestellt hat. Doch sie sitzen mit ihren Mitarbeitern auf einer Ebene, oft nicht einmal durch eine Tür voneinander getrennt. Bei Google zeigen getrennte Arbeitsräume, Etagen oder unterschiedliche Einrichtungsstile keine hierarchischen Unterschiede an, sondern abgegrenzte Denk- und Entwicklungsbereiche. Da werden auch eine Tischtennisplatte, eine Sofalandschaft und eine PlayStation schon mal zum Arbeitsutensil. Marmor für die Chefetage, am besten noch mit getrennten Aufzügen? Fehlanzeige bei der neuen Generation der Großkonzerne. Hier geht es nicht mehr um Abgrenzung; hier geht es ganz im Gegenteil um eine maximal integrative Zusammenarbeit.

Ein hierarchisches Gefälle ist in diesen Unternehmen durchaus vorhanden. Es wirkt sich nur nicht mehr im selben Maße auf die Zusammenarbeit aus. In der Kommunikation und in der Aufgabenverteilung wird es bewusst flach gehalten. Wertvoll ist nicht, wer am längsten zur Firma gehört, sondern wer zum Erfolg beiträgt. Wer Ideen liefert. Wer sich fürs Team und das gemeinsame Vorankommen engagiert. Da kann es durchaus vorkommen, dass der Chef auch mal den Praktikanten nach seiner Meinung fragt.

Warum denn auch nicht? Mit dem Vorgesetzten auf einer Ebene zu kommunizieren und zu arbeiten, heißt schließlich nicht, ihn weniger zu respektieren. Für den Chef bedeutet es im Gegenzug auch keinen Statusverlust.

Im Cockpit sitzen in der Regel ein Flugkapitän und ein weniger erfahrener Erster Offizier zusammen. Für die Arbeitsprozesse spielt das jedoch nicht die geringste Rolle. Das Crew Resource Management kennt keine Hierarchien. Es unterscheidet nur zwischen Pilot Flying und Pilot Monitoring, also nur zwischen verschiedenen Teamrollen. Gleichzeitig wird höchster Wert auf gegenseitigen Respekt und die

Erfahrung des jeweils anderen Kollegen gelegt. Denn wertvoll ist, wer seine Rolle optimal ausfüllt – nicht, wer mehr Meilen vorzuweisen hat.

Die zweite Meinung, die im Cockpit unter anderem durch das Closed-Loop-Prinzip fest in den Prozessen verankert ist, ist Teil des Sicherheitssystems in der Luftfahrt. Ich finde: Nicht nur da ist sie unverzichtbar. Ich hole immer eine zweite Meinung ein, wenn ich weitreichende Entscheidungen zu treffen habe.

Dabei lege ich sehr großen Wert darauf, von wem diese zweite Meinung kommt. Im Cockpit weiß ich, dass jeder Kollege, der gerade neben mir sitzen mag, gleichermaßen qualifiziert für fliegerische Fragen ist wie ich. In anderen Teams sind die Aufgabengebiete möglicherweise differenzierter und die Ausbildungswege der Kollegen vielfältiger. Doch eine zweite Meinung hole ich mir privat genauso wie beruflich immer von jemandem, in dessen Kompetenz ich in dieser Sache vertraue und dem ich zum anderen die professionelle Distanz zutraue, mir nicht nach dem Mund oder absichtlich gegen den Strich zu reden.

Wenn es zwischen Teamkollegen genauso ist, dann ist das eine funktionierende Arbeitsbeziehung. Dann sprechen, sozial betrachtet, Gleiche mit Gleichen – so unterschiedlich sie auch sein mögen.

Positive Arbeitsatmosphäre: Assertiveness als Kernkompetenz

Nicht weniger bedeutsam als ein respektvoller Umgang unter Gleichgestellten ist die richtige Teamatmosphäre. Flugermittler sind zu dem Schluss gekommen: Ganze 80 Prozent aller untersuchten Beinahe-Abstürze und kritischen Zwischenfälle in der Luftfahrt, bei denen der Human Factor eine Rolle gespielt hat, hätten durch eine bessere Atmosphäre im Cockpit verhindert werden können.[57]

Ein extrem hohes Gefahrenpotenzial geht von Konflikten aus, die die Piloten mit ins Cockpit tragen. Meine Erfahrung mit dem Kollegen, der über die Taxi-Episode noch beim gemeinsamen Start nicht hinweggekommen war, stellt das unter Beweis. Konflikte im Team sind deshalb so gefährlich und kontraproduktiv, weil sie einen Großteil der geistigen Kapazitäten binden. Die eigentlichen Aufgaben geraten ins Hintertreffen, persönliche Belange werden über die Sache gestellt und eine effiziente Zusammenarbeit wird nahezu unmöglich.

Perfektes Teamwork besteht darin, dass sich Fähigkeiten der Teammitglieder ergänzen und Redundanzen entstehen. Vor allem Letzteres ist im Cockpit von entscheidender Bedeutung. Fehler können jedem jederzeit passieren. Deshalb muss eine weitere Instanz – also Käsescheibe – vorhanden sein, die den Fehler auffängt. Im Cockpit ist diese Instanz, also der andere Pilot, das letzte Glied in einer potenziellen Fehlerkette des Schweizer-Käse-Modells. Ist der Ausführende an dieser Stelle in seinem unabhängigen, eigenständigen Denken und Handeln eingeschränkt, ist die Unfallgefahr extrem erhöht. Auch in Ihrem Team.[58]

Wenn Status und persönliche Eitelkeiten die Zusammenarbeit kompromittieren, leiden die Ergebnisse. Wenn dagegen die Aufgabe im Vordergrund steht und auch die Kommunikation darauf ausgerichtet ist, kann ein Team viel mehr sein als nur die Summe seiner Einzelteile und Großes vollbringen. Wie die drei amerikanischen Piloten, die die eigentlich nicht mehr steuerbare DC-10 in Iowa verblüffend kontrolliert auf den Boden brachten. Wenn so etwas gelingt, heißt das in der Luftfahrt wie in jedem anderen Beruf auch – nämlich: professionelles Arbeiten.

Assertiveness beschreibt genau diese Fähigkeiten eines

Teams, untereinander gleichzeitig Vertrauen und Kontrolle walten zu lassen, egal ob man sich kennt, sich sympathisch ist, in der gleichen Altersklasse ist – oder eben nicht. Kritisches Feedback und Durchsetzungsvermögen gehören ebenso zu Assertiveness wie Empathie und Teamspirit.

Vertrauen und Distanz: Wie erfolgreiches Teamwork gelingt

Was macht nun die optimale Teamatmosphäre aus? Es ist die richtige Balance aus Vertrauen in- und kritischer Distanz zueinander.

Dieses Gleichgewicht herzustellen, ist eine Gratwanderung – und eine der zentralsten Führungsaufgaben. Perfektes Teambuilding setzt ein gewisses Maß an Regulierung voraus, muss den Mitarbeitern jedoch immer auch die nötigen Interpretationsspielräume in der Ausübung ihrer Rolle lassen.

Henry Ford, der Teamwork-Pionier des industriellen Zeitalters, hat das mit einem berühmten Satz einprägsam zum Ausdruck gebracht: »Zusammenkommen ist ein Beginn, zusammenbleiben ist ein Fortschritt, zusammenarbeiten ist ein Erfolg.«

In 99 Prozent meiner Einsätze im Cockpit gelingt das Teamwork trotz der hohen Belastungen sehr gut – einschließlich der Spaßkomponente. Meine typischen Arbeitstage ähneln also meinem abenteuerlichen Skytrip im Sommer 2003. Zugegeben: Damals hatten wir in puncto Professionalität und kritischer Distanz sicher noch einiges dazuzulernen. Doch die wichtigste Voraussetzung brachten wir mit: das gegenseitige Vertrauen in den anderen Piloten. Selbst wenn er mit einem Chamäleon auf der Schulter im Cockpit saß.

Final Call: Swiss Cheese Model

- Beziehungsarbeit: Teamwork ist immer zuerst eine Frage der professionellen Beziehung zwischen den Menschen in einem Team, nicht eine der Hierarchie.
- Professionalität: Die entscheidende Grundlage für erfolgreiche Zusammenarbeit ist die Balance zwischen Vertrauen in die Person und kritischer Distanz gegenüber ihrem Verhalten.
- SOP: Ein gewisses Maß an Regulierung und Disziplin ist gesund für die erfolgreiche Teamarbeit – solange es Spielräume in der Ausführung jeder Rolle gibt.
- Effektivität: Ein perfektes Team haut die Löcher aus dem Käse – es fängt Fehler der einzelnen Teammitglieder ab und schafft Redundanzen, die Fehler vermeiden helfen.
- Erfolg: Flache Hierarchien und eine motivierende Arbeitsatmosphäre wirken sich positiv auf die Ergebnisse aus – genau wie der gemeinsame Spaß an der Arbeit.

KAPITEL 10

Fatigue Risk Management: Die innere Balance halten

Einatmen ... vier Schritte, ausatmen ... vier Schritte. Sanft setzen meine Füße auf dem Waldboden auf, ein ums andere Mal. Ich bin von vertrauten Bildern, Gerüchen und Geräuschen umgeben: Das weiche Erdreich des Trampelpfads unter mir, die Baumkronen über mir. Links der kleine See, rechts die Böschung, die steil ansteigt. Meine übliche Route. Ich bin zu Hause. Mitten in einem Waldgebiet in Bayern. Nach und nach verfliegt meine Müdigkeit und die Beine werden leichter. Ich atme befreit durch.

Es ist das komplette Kontrastprogramm zu meinem gestrigen Nachtflug. Auf den ersten Metern erscheint noch mit jedem Schritt ein neues Bild in meinem Kopf. Bilder von dem, was ich tatsächlich erlebt habe: einen nicht ganz alltäglichen Flug. Aber auch Bilder davon, was daraus hätte werden können.

Flüge nach Israel sind nie wirklich Routine. Fliegerisch betrachtet vielleicht, mental keineswegs. Die Tatsache, dass ich als Pilot das Recht gehabt hätte, diesen Flug abzulehnen, zeigt schon das wahre Ausmaß: Nur Tage vorher hatten Anschläge erneut für Todesopfer gesorgt. Israel wird von den Airlines nach wie vor als Kriegsge-

biet eingestuft. Deshalb finden Flüge dorthin unter verschärften Bedingungen statt.

Gestern hatte ich Sky Marshalls an Bord. Wieder einmal. Selbst uns als Piloten verursacht das ein mulmiges Gefühl: Es erinnert uns daran, dass wir eine riskante Route fliegen. Von einer Bombe an Bord bis zu einer Notevakuierung am Flughafen über Beschuss von Bodentruppen kann letztlich alles passieren.

Die Airlines bereiten uns auf diese Fälle vor. Schon bevor wir den Flug antreten, bekommen wir ausführliches Infomaterial ausgehändigt. Werden immer wieder auf das besondere Sicherheitsrisiko hingewiesen. Wird uns dringend geraten, den Aufforderungen der Sicherheitsbehörden vor Ort unbedingt Folge zu leisten.

Als erste Maßnahme nach der Landung in Tel Aviv kamen gestern Nacht Sicherheitsbeamte an Bord, die uns ausgiebig brieften: wo sich die Fluchtwege zu den Luftschutzbunkern befinden, in die wir uns im Falle eines Bombenalarms zu begeben hätten. Wie eine Evakuierung ordnungsgemäß abzulaufen hätte. Welche zusätzlichen Sicherheitsmaßnahmen es zu berücksichtigen gilt in dieser instabilen, terrorgeplagten Stadt. In dieser wunderschönen, historisch bedeutsamen Metropole, die schon so viel Leid gesehen hat.

Einatmen … vier Schritte, ausatmen … vier Schritte. Nach und nach lösen sich die Bilder wieder aus meinem Kopf und der Wald um mich herum rückt in den Fokus. Anfangs noch müde und erschöpft, macht das Laufen mich mit jedem Kilometer wacher und gleichzeitig ruhiger. Hier wird keine Sirene heulen, hier zwitschern Vögel um mich herum. Die Spaziergänger und anderen Jogger, denen ich unterwegs begegne, tragen keine Maschinenpistolen wie die Sicherheitskräfte, die gestern unseren Weg durch den Terminal säumten. Hier liegt keine Anspannung in der Luft, sondern nur eine leichte herbstli-

che Brise. Hier komme ich runter – und wieder bei mir an.

Das ist auch unbedingt nötig. Denn schon heute Abend geht es wieder hoch. Nicht nach Israel, aber wieder ins Dunkel der Nacht. Ich muss hellwach und alert sein, wenn andere schlafen – für die Sicherheit der Passagiere.

★★★

Arbeiten über den Wolken: Der Stress sitzt immer mit im Cockpit

Der Beruf des Piloten ist nicht immer nur schön. Die Stressfaktoren sind mannigfaltig. Auch ohne die besonderen mentalen Belastungen eines Ziels wie Israel. Nachtflüge wie der nach Tel Aviv laufen radikal dem Biorhythmus zuwider. Das zehrt an der Kondition. Umso mehr, seit die Flüge nicht mehr von Menschen koordiniert werden, sondern von Computern. Deren Planung ist auf maximale Effizienz ausgerichtet. Niemand achtet darauf, ob ich nach drei langen Flugtagen auch noch einen Nachtflug als krönenden Abschluss dranhängen muss und greift regulierend ein. Das war einmal.

Fliegen ist ein physisch und psychisch schwerer Beruf. Wenn Sie auch nur einmal im Leben zehn oder zwölf Stunden als Passagier in einem Flugzeug verbracht haben, können Sie sich das wahrscheinlich schon ansatzweise vorstellen. Kabinenluft ist nicht die gesündeste. Ständige Klimawechsel sind an der Tagesordnung. Die Arbeitstage sind lang. Bis zu 16 Stunden oder drei, vier Flüge an einem Tag sind der Normalfall, und in den seltensten Fällen ist es mehrmals hintereinander die gleiche Strecke. Immer wieder umdenken, stets voll konzentriert sein. Beinahe täglich wechselt das Team. Körperliche Fitness ist Grundvoraussetzung, gerade weil wir so viele Stunden auf engstem Raum sitzen müssen. Das ist eine enorme Belastung für Geist, Knochen und Gelenke, Herz und Kreislauf. Zusätzliche Trainings gehören zum Alltag. Medizinische und fachliche Tauglichkeitsprüfungen ebenfalls. Denn in der Luft kann jederzeit alles passieren.

Das regelmäßige Joggen ist mein wichtigster Ausgleich. Es hält mich fit und ist meditativ zugleich. Ganz besonders vor und nach Nachtflügen ist mir das Laufen heilig, weil es mich wieder in den Rhythmus zurückholt. Meine Füße auf die heimische Erde nahe München zu setzen, erdet mich buchstäblich und metaphorisch.

Ich muss sehr gut auf mich achten. Auf meine körperliche und mentale Gesundheit. Das wird von mir verlangt. Das Risiko, das von einem ausgebrannten Piloten ausgeht, ist enorm – und die Anzahl der Piloten, die in ein Burnout gekippt sind, ist in den letzten Jahren nicht eben geringer geworden. Vor allem der unregelmäßige Schichtdienst, aber auch zahlreiche andere belastende Faktoren spielen dabei eine Rolle. Von uns wird Höchstleistung auf Abruf verlangt – unter immer schwierigeren Bedingungen.

Die Optimierungswelle, die viele Unternehmen im Zuge der Globalisierung und Digitalisierung erfasst hat, machte auch vor den Airlines nicht halt, die sich seit Jahren harte Preiskämpfe liefern. Im Zuge der Kostensenkungs- und Effizienzsteigerungsmaßnahmen wird den Cockpitbesatzungen immer mehr zugemutet. Zum Beispiel werden uns immer weniger und immer kürzere Erholungszyklen eingeräumt. Die Einsatzpläne, wie sie vor 20 Jahren ausgesehen haben, sind mit den heutigen nicht vergleichbar.

Ich kenne Geschichten von amerikanischen Piloten, die am Steuer eingeschlafen und erst 30 Minuten hinter dem

Zielflughafen wieder aufgewacht sind. Persönlich war ich noch nie mit solchen Vorfällen konfrontiert, doch der Pilotenberuf wird auch hierzulande nicht leichter.

Einhergehend mit dem stetigen Optimierungsdruck bei den Fluggesellschaften erlegen die Behörden unseren Arbeitgebern vermehrt Maßnahmen auf, die uns dabei helfen sollen, unsere innere Balance zu halten. »Fatigue Risk Management« nennt sich das. »Fatigue« ist der englische Ausdruck für Übermüdung oder Erschöpfung. Piloten werden ausführlich darüber aufgeklärt, was Stress bedeutet, woran wir ihn erkennen und wie wir ihn vermeiden können.

Der Leistungsdruck steigt überall, nicht nur in der Luftfahrt. Der rasante Anstieg der Krankheitstage und stressbedingten Erkrankungen, Phänomene wie Burnout, Depressionen und die vielfältigen gesellschaftlichen Ausstiegsszenarien, die heute große mediale Beachtung finden, zeigen: Ein größeres Bewusstsein darüber, was Stress bedeutet und wie wir ihm begegnen können, täte uns allen gut. Egal, in welcher Branche wir tätig sind.

Genau darin liegt die heilsame Wirkung des Fatigue Risk Management: Wenn wir uns der Belastungen bewusst sind, können wir lernen, besser auf uns zu achten und gegenzusteuern, bevor negative Folgeerscheinungen überhandnehmen. Denn nur wenn wir den Stress im Griff haben, können wir Höchstleistungen auf Knopfdruck erbringen, ohne dabei unsere Gesundheit aufs Spiel zu setzen.

Kenne deinen Feind: Was Stress mit uns macht und wie wir ihm auf die Schliche kommen

Die Hälfte aller Unfälle in der Luftfahrt ereignet sich, wenn der Pilot seit mehr als zwölf Stunden wach ist. All die Optimierung unserer Arbeit mag sich wirtschaftlich lohnen, doch ignoriert sie einen entscheidenden Faktor: Der Mensch ist die einzige Komponente in der Planung, die eben nicht rund um die Uhr gleichbleibend funktioniert.

Wir leben nachweislich nach einer inneren Uhr, dem sogenannten zirkadianen Rhythmus. Er setzt unserer Leistungsfähigkeit Grenzen, ist aber auch für unsere Hochleistungsmomente verantwortlich. Die Wissenschaft hat viele Erkenntnisse darüber geliefert, wie wir unserer Natur Rechnung tragen können, um planbar leistungsfähig zu sein. Wir müssen sie nur nutzen.

Denn auch außerhalb des Cockpits gilt: Wir machen signifikant mehr Fehler, wenn wir übermüdet sind. Wir neigen dann eher dazu, Regeln zu missachten, vergessen teils wichtige Hinweise und sind generell anfälliger, die falschen Entscheidungen zu treffen.[59]

Die gesundheitlichen Auswirkungen von Stress zeigen sich eben nicht erst an Zusammenbrüchen, sondern auch an Fehlern im Job und an einer schlechten physischen Verfassung. Studien haben gezeigt, dass in Deutschland 67 Prozent der Männer und 53 Prozent der Frauen übergewichtig sind. Häufigste Ursache: mangelnde Bewegung, also fehlender körperlicher Ausgleich zur überwiegend sitzenden Tätigkeit. Übergewicht ist nur eines von vielen Symptomen der allgemeinen Überforderung und eines Mangels an Gegenmaßnahmen. Depressionen, Burnout und andere psychische Erkrankungen sind weitere.

In fast jeder Branche wirkt sich besonders der Faktor Automatisierung auf die Stressbelastung aus: Fast überall in der Industrie 4.0 geht das Regime der Computer mit veränderten Anforderungen an den Menschen einher. Aus den komplexeren Möglichkeiten folgen zwingend auch komplexere Aufgaben, die wir auszuführen haben.

Dass der Optimierungswahn heute schon in der Grundschule beginnt, hat dramatische Folgen für unsere Fähigkeit,

Stress überhaupt noch wahrzunehmen. In einer Studie mussten Wissenschaftler feststellen, dass viele Probanden sich lieber selbst Stromschläge verpassten als 15 Minuten lang untätig herumzusitzen.[60] Wir merken nicht nur nicht mehr, dass wir gestresst sind – wir lassen bewusst auch keine Erholungsphasen mehr zu. Wir empfinden es schon als Folter, wenn wir mal 15 Minuten untätig sein sollen.

Warum bloß? Warum gestehen wir uns nicht ein, dass wir gestresst sind und Ruhe brauchen? Obwohl wir alle wissen, dass ein großer Teil der Bevölkerung längst mit den gesundheitlichen Folgen zu kämpfen hat?

Weil sich die Gewohnheit, nonstop beschäftigt zu sein, eingebrannt hat. Überforderung und in unserer biologischen Programmierung nicht vorgesehene Belastungen sind normal geworden. Deshalb glauben wir, uns ihnen nicht entziehen zu dürfen. Die ersten Vorboten des Ausbrennens werden von den meisten ignoriert. Wir wollen ja nicht als Versager dastehen in einer Gesellschaft, in der jeder ununterbrochen beschäftigt zu sein scheint.

Doch irgendwann bricht der Körper unter der Last zusammen. Der Weg aus diesem Tal ist lang, steinig und … vermeidbar.

Der einzige Weg zur inneren Balance, und zwar physisch wie mental, ist ein ausgewogenes Leben. Der erste Schritt dieses Weges ist, ein Bewusstsein dafür zu erlangen, dass wir eben nicht mehr in der Balance sind. Sondern im Überdrehzahlbereich.

Wie aber dem Stress auf die Schliche kommen, wenn wir ihn schon gar nicht mehr wahrnehmen? Die Symptome von Stress sind vielfältig und individuell sehr unterschiedlich. Es gibt jedoch einige Richtlinien der täglichen Belastungsfähigkeit, die für uns alle gelten. Bei Piloten werden diese Faktoren in besonderer Weise überwacht, weil sie ein enormes Sicherheitsrisiko darstellen. Die maximal erlaubte Flugzeit an einem Arbeitstag ist in einem höchst komplexen System festgelegt, das unter anderem auf die Anzahl der Landungen und die Uhrzeit des Dienstantritts Rücksicht nimmt. Grob gesagt gilt, dass wir maximal dreizehn Stunden am Stück fliegen dürfen. Sobald der Flugdienst jedoch die Marke von zehn Stunden überschreitet, verlängert sich die darauf folgende Ruhezeit auch um den jeweiligen Wert.

Die deutschen Airlines halten sich akribisch an diese Vorgaben. Denn wenn etwas passiert, dann wird zuerst überprüft, ob die Piloten möglicherweise aufgrund von übergebührlichem Stress nicht mehr in der Lage waren, ihre Bestleistung abzurufen.

Bei der Analyse von Fehlern im Luftverkehr werden drei Ermüdungsfaktoren berücksichtigt:

- die »Time on task«, also die Flugdienstzeit,
- die »Time since awake«, also die reine Wachzeit und
- der zirkadiane Rhythmus, also die Uhrzeit des Fluges und die Regelmäßigkeit der Schichten.[61]

Wenn nur einer dieser drei Faktoren den zulässigen Wert überschreitet, ist das ein handfester Stressfaktor. Sind mehrere dieser Kriterien außerhalb der Norm, steigen die Fehleranfälligkeit und das Risiko falscher Entscheidungen proportional an.

In anderen Branchen, die nicht sicherheitsrelevant sind, werden solche Untersuchungen leider nicht angestellt – obwohl dort prinzipiell natürlich das Gleiche gilt.

Betrachten Sie einmal Ihre persönliche Situation:

- Wie häufig überschreiten Sie die Regelarbeitszeit? Um wie viel? Gleichen Sie die Mehrarbeit durch mehr Ruhezeit aus?
- Wie oft sind Sie schon länger als zwölf Stunden wach und trotzdem noch bei der Arbeit?
- Wie regelmäßig verlaufen Ihre Tage? Wie oft arbeiten Sie gegen den Tag-Nacht-Rhythmus oder zu wechselnden Zeiten?

Wenn Sie auch nur bei einer von diesen drei Fragen Abweichungen feststellen, können Sie schon davon ausgehen, dass Sie nicht zu 100 Prozent leistungsfähig sind. Je stärker und je häufiger der Ausschlag in ein Extrem geht, desto höher Ihr Stresslevel.

Natürlich können Sie das ignorieren und so weitermachen wie bisher. Je nachdem, wie fit Sie sind, auch über relativ lange Zeit. Doch folgenlos wird das nicht bleiben. Wenn Sie im Stress sind, müssen Sie handeln, um Schlimmeres zu vermeiden. Auch und gerade solange Sie noch keine dramatischen Folgen spüren.

Ich möchte Sie motivieren, aktiv an Ihrem Stressbewusstsein zu arbeiten. Wenn unser Smartphone-Akku sich dem Ende zuneigt, ist uns ja auch klar, dass das Gerät ans Netz muss. Ansonsten verrichtet es zwar noch eine Weile weiter seinen Dienst, doch dann folgt irgendwann unweigerlich der schwarze Bildschirm.

Warum bloß fällt uns dieselbe Konsequenz bei unserem inneren Akku so schwer? Beginnen Sie damit, Ihr persönliches Energielevel als Akkustandsanzeige zu betrachten, die irgendwann in den roten Bereich rutscht. Warten Sie nicht auf den schwarzen Bildschirm. Tanken Sie rechtzeitig auf.

Aber wie und womit? Die Lösung sind »Energie-Tankstellen«, die die meisten von uns eigentlich kennen – nur im Alltag leider nicht konsequent nutzen.

Energie-Tankstelle Biorhythmus: Die Leistungskurve des Körpers nutzen

Schlaf und Ruhepausen sind die ersten biologischen Notwendigkeiten, die wir ignorieren, wenn wir mal wieder »zu viel zu tun« haben. Damit begehen wir einen fatalen Fehler.

Der zirkadiane Rhythmus ist eine komplexe biologische Programmierung, die Organismen hilft, sich auf täglich wiederkehrende Ereignisse einzustellen. Sie umfasst verschiedene Aspekte.

Am bedeutsamsten und am besten zu beeinflussen ist der Schlaf-Wach-Rhythmus. Der tägliche Wechsel aus Ruhe- und Wachzeit steht bei allen Lebewesen in Wechselwirkung mit den wichtigsten inneren Systemen: mit der Herzfrequenz, dem Blutdruck und sogar der Körpertemperatur. Wir haben uns technische Möglichkeiten geschaffen, diesen Rhythmus auszutricksen – doch unsere biologische Prägung können wir nicht so einfach überlisten.

Problematisch für unsere »innere Uhr« ist neben Schlafmangel beispielsweise auch, dass wir zu wenig Zeit im Tageslicht verbringen. Dafür setzen wir den Körper z.B. durch künstliches Licht Reizen aus, die unseren Wahrnehmungssystemen vorspielen sollten, es wäre Tag – und zwar vor allem zu Uhrzeiten, wo wir eigentlich ruhen sollten. Schichtarbeiter und Piloten sind davon besonders stark betroffen.

In vielen Berufen wäre ein optimaler oder zumindest deutlich verbesserter Tagesrhythmus bei sinnvoller Zeitplanung durchaus möglich (s. dazu auch Kapitel 1 »Aviate, Navigate, Evaluate: Die richtige Handlungsreihenfolge einhalten«). Aufgaben hoher Priorität sollten wir dem Biorhythmus zuliebe vormittags und am frühen Nachmittag einplanen. Besprechungen und weniger wichtige Tätigkeiten sollten über die Mittagszeit sowie am späten Nachmittag eingetaktet werden. So nutzen wir die Leistungskurve des Körpers optimal – und die Effektivität steigt.[62]

Tragen wir dem zirkadianen Rhythmus, den uns die Evolution vorgegeben hat, Rechnung, arbeiten wir nicht nur besser und machen weniger Fehler, sondern profitieren auch von steigenden Leistungsreserven. Das liegt daran, dass wir nicht permanent Energie darauf verschwenden müssen, in Zeiten, in denen unser Körper eigentlich ein Regenerationsfenster eingeplant hatte, Höchstleistungen zu vollbringen. Diese Energie steht uns dann in unseren Aktivzeiten zusätzlich zur Verfügung.

Energie-Tankstelle Sport und Ernährung: Ausbalanciert statt einseitig

Fauja Singh ist eine kleine Berühmtheit, auch über die Sportszene hinaus. Es sind jedoch keine Zeitrekorde, die den Marathonläufer zu einem Phänomen machen. Bei acht Stunden, 25 Minuten und 16 Sekunden überschlagen sich die wenigsten Kommentatoren in Begeisterungsstürmen.[63] Die Besten brauchen etwa sechs Stunden weniger. Fauja Singhs Alleinstellungsmerkmal ist sein Alter. 2011 hat er in Toronto seinen achten Marathon absolviert. Als erster Hundertjähriger überhaupt.

Die Zeitungen feierten den Inder dafür weltweit als »Tornado mit Turban«. Eine Scheibe abschneiden könnten sich bei ihm wohl die meisten von uns. Doch Fauja Singh ist mehr als ein bemerkenswert willensstarker Mann: Er ist ein lebendes Beispiel dafür, welche Bedeutung ein Leben in Bewegung für unsere Gesundheit hat. Ihm hat der Sport nach dem Tod seiner Frau und seines Sohnes sogar über eine Depression hinweggeholfen. Der 1911 geborene Inder glaubt fest daran, dass das Laufen ihn sogar am Leben hält. »Ich will einfach nur laufen, denn sobald ich damit aufhöre, werde ich sterben«, hat er in einem Interview gesagt.[64]

Natürlich ist der greise Läufer ein extremes Beispiel – aber eben auch ein Indiz dafür, dass an der Bedeutung von Bewegung für ein gesundes Leben etwas dran sein muss. Wir müssen ja nicht gleich Extremsport betreiben, um dem Organismus etwas Gutes zu tun.

Je komplexer unser Leben wird, desto wichtiger ist der Ausgleich durch »erdende« Aktivitäten. Physiologisch betrachtet, lässt sich unser Körper an dieser Stelle tatsächlich mit einer Maschine vergleichen: Ein Flugzeug muss »ausgetrimmt« sein, um perfekt zu funktionieren. Wäre es das nicht, wäre viel Kraft nötig, um es zu steuern – ein ungeheurer Mehrverbrauch an Energie. Beim menschlichen Körper ist es ähnlich: Körper und auch Seele müssen in sich ruhen und in einem gesunden Gleichgewicht sein.

- Immer nur Kopfarbeit: ungesund.
- Einseitige körperliche Arbeit: ungesund.
- Ständig nur sitzen: ungesund.
- Immer unter Spannung ohne Ruhephasen: ungesund.
- Unausgewogene und unregelmäßige Ernährung: ungesund.
- Immer nur negative Gedanken: ungesund.

Wie viele Punkte auf dieser Liste müssen Sie als zutreffend ankreuzen?

Eine gute Konstitution macht uns leistungsfähiger, krankheitsresistenter und sogar glücklicher. Von Nelson Mandela ist aus der Zeit seiner Inhaftierung das Zitat überliefert: »Sport lässt Anspannung verschwinden, und Anspannung ist der größte Feind der Seelenruhe.« Noch streiten sich die Wissenschaftler darüber, was genau den glücksfördernden Wert des Laufens ausmacht – die Erwärmung des Körpers, die Endorphine, der Botenstoff Serotonin oder das wachsende Selbstwertgefühl. Wahrscheinlich ist es eine Kombination aus all dem.

Nachgewiesen wurde jedoch bereits, dass körperliche Bewegung eine Art natürliches Hirndoping erzeugt: den NGF (nerve growth factor). Das bedeutet: Jogging oder jedes andere Training sorgt tatsächlich dafür, dass uns neue Gehirnzellen wachsen. NGF soll außerdem vor Alzheimer und anderen degenerativen Krankheiten schützen.[65]

Eine neue Studie zeigt, dass Ausdauersport uns nicht nur glücklicher, sondern auch stressresistenter macht. Der Studienleiter Russell W. Clayton fasst die Ergebnisse seiner Forschung mit der Erkenntnis zusammen, dass »Menschen, die regelmäßig Sport treiben, Krisen und Stress im Beruf oder Leben besser bewältigen«.[66]

Um Ihre Einwände von vornherein zu entkräften: Nein, es muss kein Marathon sein. Es muss überhaupt nicht viel Sport sein. Wichtig ist die Beständigkeit, nicht so sehr die Quantität. Schon ein paar Minuten am Tag in lockerem Tempo zu laufen, senkt das Risiko für einen Herz-Kreislauf-Tod (nach Krebs die Haupt-Todesursache) gegenüber Nichtsportlern um 45 Prozent.

Ein paar Minuten laufen am Tag: Mal ehrlich, das können wir alle, wenn wir es wollen. Oder wenigstens die Treppe nehmen, statt den Aufzug. Den Einkauf mal zu Fuß erledigen. Alles, nur nicht nichts.

Auch eine bewusste, ausgewogene Ernährung ist ein Balance- und Glücksfaktor, um den wir uns gern mit Ausreden drücken: zu aufwendig, zu kompliziert, stressinkompatibel.

Stimmt alles nicht wirklich. Schon zwei kleine Faktoren, denen viele gewohnheitsmäßig zuwiderhandeln, können einen ganz großen Unterschied machen:

1. Nie das Frühstück auslassen. Sonst wird das Stresshormon Cortisol freigesetzt und das sorgt unter anderem dafür, dass Fett eingelagert wird und andere unerwünschte Stoffe in unseren Zellen gespeichert werden. Das Gehirn denkt nämlich: Kein Frühstück bedeutet schlechte Zeiten, das löst Stress aus, der wiederum dafür sorgt, dass schnell Reserven im Körper gebunkert werden.
2. Beim Abendessen nicht zuschlagen wie ein Gourmand. Die letzte Mahlzeit des Tages sollte leicht und möglichst arm an Kohlenhydraten sein. Ansonsten ist

der Körper nachts mit Verdauen beschäftigt, wenn er eigentlich ruhen und sich regenerieren sollte.

Das Einhalten dieser beiden simplen Regeln würde die Ernährung von Menschen, die unter Stress stehen, schon entscheidend verbessern.

Sowohl bei der Bewegung als auch bei der Ernährung liegt das Geheimnis des Erfolgs in der Regelmäßigkeit. Genauso wie bei der Arbeit und den übrigen Tätigkeiten eines Tages. Ein unregelmäßiger Tagesablauf bringt den Körper durcheinander und verhindert erholsamen Schlaf – ein weiterer schwerwiegender Problemfaktor bei gestressten Menschen. Auch wenn Sie unter Druck stehen: Hören Sie wenigstens jeden Abend ungefähr um die gleiche Uhrzeit auf zu arbeiten und schalten Sie ab. Damit ermöglichen Sie dem Körper, sich für den nächsten Stresstag zu regenerieren und Ihnen rechtzeitig ein Signal zu geben, wenn die vorhandenen regelmäßigen Ruhephasen nicht mehr ausreichen.

Jeder Vierte der 100 beliebtesten Arbeitgeber bietet seinen Angestellten heute maßgeschneiderte Arbeitszeitmodelle an. Besonders viele dieser Unternehmen sind in den Innovationsbranchen wie Technologie und Digitales beheimatet, wo ohne Kreativität gar nichts geht. Diese Firmen sind überzeugt: Bahnbrechende Ideen bringen ihre Mitarbeiter dann hervor, wenn sie eben nicht am Bürostuhl kleben.

Warum? Nur wer entspannt ist und sich wohlfühlt, kann wirklich kreativ sein. Innere Balance ist kein esoterisches Gesäusel von Gurus oder Aussteigern, sondern eine medizinisch relevante Voraussetzung für Leistungsfähigkeit.

Energie-Tankstelle Achtsamkeit: Ein sechster Sinn für Leistung

In einem Flugzeugcockpit gibt es zwei Warnlampen, die zentral positioniert sind und die jeder Pilot immer im Auge hat. Komme, was da wolle. Sie geben keine unmittelbare Auskunft darüber, was genau nicht stimmt, aber sie zeigen an, dass etwas nicht stimmt. Mit ihrem Aufleuchten signalisieren sie, dass es dringendst an der Zeit ist zu handeln.

Die eine dieser beiden Warnlampen ist rot. Wenn sie brennt, dann brennt es. Buchstäblich. Sie zeigt den schlimmsten anzunehmenden Ernstfall in einem Flugzeug an: Feuer bzw. Rauch. Wenn das rote Licht leuchtet, dann sind entweder die Triebwerke überhitzt und geben Rauch ab oder brennen sogar. Oder im Laderaum hat irgendetwas Feuer gefangen. In beiden Fällen ist die rote Lampe eine ganz klare Ansage: landen, so schnell es nur geht. Denn im Gegensatz zu allen anderen Notfällen in einem Flugzeug geht von einem Feuer an Bord ein unkalkulierbar hohes Risiko aus.

Vor allem bleibt bei einem Feuer nur noch sehr wenig Handlungsspielraum. Wenn es an Bord einmal brennt, ist oft wenige Minuten später schon alles zu spät. Allein der Sauerstoff und der Treibstoff in der Maschine sind in Kombination mit einer offenen Flamme Zeitbomben.

Gäbe es im Cockpit des Lebens eine rote Warnlampe, dann würde sie kurz vor einem Herzinfarkt angehen oder kurz vor einem Zusammenbruch. Auf alle Fälle erst dann, wenn es zu spät ist, um vorzusorgen. Wenn nur noch der Notfallplan, der nun schleunigst zur Anwendung kommen muss, das Leben retten kann.

Die gelbe Warnlampe im Cockpit (genannt »Master Caution«) dagegen sehen wir als Piloten durchaus ab und an mal aufleuchten. Sie zeigt an, dass irgendein System nicht die gewünschte Leistung erbringt. Etwas stimmt nicht –

und es ist dringend genug, dass wir uns umgehend darum kümmern müssen.

Das ist die Lampe, die im Alltag vieler, wenn nicht der meisten Menschen wohl sehr oft oder sogar ununterbrochen brennen würde. Die meisten ignorieren diese »gelbe Karte« jedoch beharrlich.

Wenn wir lernen, die Signale unseres Körpers und unserer Seele richtig zu deuten, werden wir erkennen: Diese beiden Warnlampen gibt es auch im Cockpit unseres Lebens. Die Brille, die wir aufsetzen müssen, um uns ihrer bewusst zu werden, heißt Achtsamkeit.

Auch hierbei gibt es eine Parallele zum Pilotenalltag: Auf einem anspruchsvollen Flug bin ich vielleicht über längere Zeit im Eustress – dem positiven Stress, der bei einer willkommenen, beherrschbaren Herausforderung entsteht. Wenn ich mich im Laufe eines ungewöhnlichen Fluges jedoch zu sehr aufreibe, laufe ich Gefahr, im entscheidenden Moment in Distress zu verfallen, den negativen Stress. Wahrscheinlich genau dann, wenn ich meine Höchstleistung abrufen muss: bei der Landung.

Das zu vermeiden und im entscheidenden Moment noch leistungsbereit zu sein, erfordert Achtsamkeit. Was sich so esoterisch anhört, ist in der Luftfahrt aber durchaus sicherheitsrelevant: Achtsamkeit ist nichts anderes als gutes Leistungsmanagement – und damit für jeden Menschen eine wichtige Energie-Tankstelle.

Wie im Cockpit sollte auch im Leben die Stressvermeidung an oberster Stelle stehen. Leistung und Ruhe sind ein Gegensatzpaar, das unbedingt in Balance sein muss. Was bei einer Disharmonie passieren kann, ist in diesem Buch schon zur Sprache gekommen: Stress schadet der Gesundheit. Stress senkt die Leistungsfähigkeit. Stress beeinträchtigt die Kommunikation und die Wahrnehmung. Stress erhöht die Fehlerwahrscheinlichkeit um das Elffache (!) und senkt gleichzeitig die Risikohemmung. Stress setzt die Urteilsfähigkeit sowie das objektive, logische Denken außer Kraft und damit auch das Vermögen, vernünftige Entscheidungen zu treffen. Stress führt zum Tunnelblick. Stress ist bei über 90 Prozent der fatalen Unfälle im Spiel.

Stress ist ein Killer. Nicht nur in der Luftfahrt.

Wenn im Cockpit die Warnlampen angehen und die akustischen Signale schrillen, ist es natürlich einfach festzustellen: Hier stimmt etwas nicht. Im Leben ist das oft wesentlich schwieriger.

Zum Beispiel glauben wir, wenn wir uns subjektiv gestresst fühlen, dieser Stress käme von zu langen Arbeitstagen. Oft entspricht das aber gar nicht der Wahrheit. Der Druck, unter den wir uns selbst setzen, kommt vielmehr von den Aufgaben, die wir uns vorgenommen, aber nicht bewältigt haben. »Was wir nicht schaffen, das schafft uns«, schreibt Zeitmanagement-Experte Lothar Seiwert.[67] Solange wir den Eindruck haben, der Herausforderung gewachsen zu sein, bleibt der Stresspegel unter der kritischen Grenze. Zur Ausschüttung des Stresshormons Cortisol kommt es erst, wenn ein gefühlter Kontrollverlust auf eine gefühlte Gefahr trifft. Denn dann entsteht Panik – unser Körper schaltet evolutionär bedingt in den Fluchtmodus. Das Cortisol wirft sozusagen den Autopiloten an: Die Muskeln werden stimuliert und alle Kapazitäten des Gehirns werden auf die Vitalfunktionen konzentriert. Für klares Denken, Analysieren und Planen sind dann keine grauen Zellen mehr verfügbar.

Auch unsere Vorfahren waren schon mit Stress konfrontiert. Sie mussten sich gegen existenzielle Gefahren wehren, um noch einmal auf den Säbelzahntiger zurückzukommen – aber eben nicht 24 Stunden am Tag, jeden Tag, ohne Pausen, so wie wir heute glauben, uns zumuten zu müssen. Sie gerieten hie und da mal kräftig unter Stress, aber dann war es auch wieder gut. Lagerfeuer, ordentlich futtern, ab in die Höhle.

Höchstleistung ist kein 24-Stunden-Anspruch. Höchstleistung ist ein isoliertes Ereignis. Danach brauchen wir eine Ruhepause.

Sogar im Cockpit. Piloten haben auf Kurz- und Mittelstreckenflügen immer die Möglichkeit, bei Bedarf ein Powernapping einzulegen. Wir dürfen das nicht nur; wir sind sogar angehalten, das zu tun. Um zu vermeiden, dass wir im entscheidenden Moment nicht fit genug sind. Ab zehn Stunden Flugzeit ist grundsätzlich ein dritter Pilot anwesend, damit sich einer der drei Piloten während des Reiseflugs in sein Crew Rest Compartment zurückziehen und drei bis vier Stunden in einem Bett schlafen kann.

Ob ich die Möglichkeit zu ruhen als Pilot auch nutze, bleibt letztlich allerdings mir überlassen. Da ist *meine* Achtsamkeit gefragt. Achtsamkeit ist eine Kompetenz, die wir uns selbst aneignen müssen. Doch wie geht das: achtsam zu sein, und das auch noch unter Stress?

Schon die Antike kannte den Imperativ der Achtsamkeit, wenn auch nicht unter seinem heutigen Namen: »Erkenne dich selbst.« Die Gelehrten meinten damit: Wirkliche Selbstreflexion verlangt nach der schwierigen Fähigkeit zu beobachten, ohne zu werten. Als wären wir Außenstehende, die aus der, Vogelperspektive auf unser Leben blicken.

Achtsamkeit lehrt, was ich im Haus des Generals auf die harte Tour lernen musste: Sich ganz auf das Hier und Jetzt zu konzentrieren. Das fällt uns naturgemäß nicht leicht. Achtsam zu sein heißt, das Rundherum ausblenden und den Moment wahrnehmen. Beim Joggen die Natur in sich aufnehmen. Die freien Stunden mit den Kindern genießen. Effektiv arbeiten und gut schlafen. All das erfordert die Fähigkeit, sich auf den Moment einlassen zu können. Das haben wir verlernt und müssen es uns neu aneignen.

Die bekannteste Achtsamkeitsübung ist die Meditation. Uns unruhigen Geistern fällt der Gedanke schwer, abzuschalten und scheinbar nichts zu tun. Doch dieses »nichts«

bringt eine ganze Menge. Die »Metta«, ein Meditationsritual der buddhistischen Mönche, hat eine jahrtausendealte Tradition. Hirnforscher haben herausgefunden, dass die Mönche aus guten Gründen daran festhalten: Eine Studie hat sie als glücklichste Menschen der Welt eingestuft.

Mit dem Fliegen hat Meditation auf den ersten Blick vielleicht nicht viel zu tun. Doch tatsächlich erwerben Piloten die Fähigkeit, achtsam zu handeln, schon im Rahmen ihrer Ausbildung. Nicht in Seminaren über buddhistische Lehren, sondern – ironischerweise – unbewusst. Die »Alertness«, die ich schon beschrieben habe, ist letztlich nichts anderes als das fliegerische Pendant zur Achtsamkeit.

Viele Szenarien im Cockpit wären ohne achtsames Handeln gar nicht zu bewältigen. Insbesondere in den anspruchsvollen Flugphasen, also Start, Anflug und Landung, müssen wir uns voll auf den Moment konzentrieren. Ein Systemausfall beispielsweise erfordert eine sofortige Reaktion. Wäre ich beim Zwischenfall über Hurghada mit meinen Gedanken nicht voll in der Gegenwart gewesen, wäre die überlebensnotwendige Reaktion gar nicht möglich gewesen – jedenfalls nicht rechtzeitig. Auch bei einer Landung muss ich mich zu 100 Prozent auf die aktuelle Aufgabe fokussieren und darf nicht etwa darüber grübeln, ob ich anschließend beim Ausrollen wohl die richtige Abzweigung erwischen werde.

Die Ausbilder an den Flugschulen sind sehr darauf bedacht, dass wir verstehen und verinnerlichen, wie wichtig diese Fokussierung ist. Denn das Gedankenkarussell würde uns in diesen Phasen wertvolle Kapazitäten rauben, die fehlen würden, um den anspruchsvollen Aufgaben gerecht zu werden. Aus demselben Grund sind unterhalb von 10.000 Fuß Flughöhe keine Anrufe aus der Kabine gestattet, damit die Konzentration nicht gestört wird.

In anderen Flugphasen gibt es Gelegenheit, vorauszuplanen und die Gedanken kontrolliert auf eine spätere Aktion zu lenken – ohne Verlust der Alertness. Aber nicht, wenn es um die Wurst geht. Dann zählt das Hier und Jetzt, und sonst gar nichts. Aviate, Navigate, Evaluate. Diese unbedingte, uneingeschränkte Fokussierung musste ich, müssen wir alle, lernen – denn sie kommt uns zunehmend abhanden. Sie auszubilden und zu erhalten: Dafür ist die Meditation eine sehr gute Übung.

Das trifft im Leben genauso zu wie im Cockpit. Wenn Sie achtsam sind, bedeutet das: Sie tun heute das, was Sie tun müssen, um morgen oder übermorgen Ihr Ziel zu erreichen. Auch wenn das phasenweise bedeutet, eben nichts zu tun.

Ein Leben in Balance: Wie Sie Ihre Leistungsfähigkeit erhalten

Unglücklich zu sein, unter Überforderung und Stress zu leiden und all das zu übergehen – darin sind wir leider Meister geworden. Die Industriegesellschaft und noch mehr die digitale Kommunikationsgesellschaft haben uns indirekt dazu erzogen. Die Soziologin Nadine Schöneck-Voß hat einen Begriff dafür geprägt, dass wir auch die letzten Zeitreste noch mit Aktivitäten vollstopfen wollen: »funktionssüchtig«.

Wir sind Meister der Verdrängung unangenehmer Symptome und Ahnungen. Weil wir jedoch von unserer Konstitution her dafür gebaut sind, einiges auszuhalten, geht das bei den meisten auch relativ lange gut. Oft so lange, bis sie ernsthaft geschädigt sind und dann lange brauchen, um sich wieder zu erholen. Wie ein Computer, der abstürzt und mühsam neu konfiguriert werden muss.

Machen wir es in Zukunft doch anders: Fahren wir uns jeden Abend kontrolliert runter, damit der Neustart am nächsten Morgen problemlos und schnell funktioniert. Auch Urlaube, Wochenenden und kurze tägliche Verschnaufpausen helfen, unseren Großrechner Gehirn länger funktionstüchtig zu halten.

Wer die Warnlampen im Cockpit des Lebens missachtet, wird sein Leben nie selbstbestimmt und erfolgreich gestalten können. Wer auf Autopilot fliegt, gibt die Kontrolle aus der Hand. Natürlich ist Mut erforderlich, um Stopp zu sagen. Klar ist Disziplin vonnöten, um Gewohnheiten zu ändern. Aber Ihr Körper, ohne den Sie nicht mal die kleinste Leistung erbringen können, wird es Ihnen danken.

Gehen Sie achtsam durchs Leben. Nehmen Sie sich bewusst und schonungslos Auszeiten zum Regenerieren und Krafttanken. Halten Sie Ihren Feierabend ein. Nehmen Sie nach Dienstschluss keine Anrufe mehr entgegen und checken Sie nicht Ihre E-Mails. Bauen Sie Rituale in Ihren Alltag ein, die Ihre Achtsamkeit schulen und erhalten – etwa Jogging und Meditation. Fragen Sie sich vor allem öfter als bisher, wie es Ihnen gerade wirklich geht.

In Kanada hatte ich 2009 die Ehre, mit James Murphy von Cancún nach Toronto zu fliegen. Er ist sozusagen der Kapitän Sully unter den kanadischen Piloten. Bekannt wurde er durch sein achtsames Vorgehen bei einer Geiselnahme, mit dem er viele Menschenleben gerettet hat. Beim Boarding in Kingston, Jamaika, hatte ein bewaffneter Kidnapper die Maschine gestürmt. Acht Stunden lang war das Flugzeug samt Besatzung und Passagieren in seiner Gewalt; es fielen sogar Schüsse. Doch Murphy schaffte es, Schlimmeres zu verhindern, indem er sich voll auf die Situation und die Person des Geiselnehmers einließ. Acht Stunden lang hielt er den psychisch instabilen Kidnapper bei der Stange, bis die Maschine schließlich erfolgreich von einem Sondereinsatzkommando gestürmt werden konnte.

Murphy wurde zum Helden – aber auch für mehrere Monate fluguntauglich. Er litt unter einer Posttraumatischen Belastungsstörung.

Ein Vorbild ist er für mich nicht nur wegen seiner Heldentat in Kingston. Sondern auch, weil er selbst daraufhin die notwendige Entscheidung traf, das Cockpit zu verlassen. Sich so lange aus dem aktiven Dienst herauszunehmen, bis er wieder fit und zu Höchstleistungen fähig war.

Hätten wir alle dieselbe Konsequenz gezogen? Über diese Frage einmal ernsthaft nachzudenken, ist ein guter Anfang auf dem Weg zu einem Leben in Balance. Denn die meisten von uns leben unter hohem Stress und glauben auch noch, dadurch mehr zu leisten. Tatsächlich ist weniger Stress jedoch eine zwingende Voraussetzung für mehr Leistung.

Bleiben Sie achtsam: Leisten Sie, wenn Leistung gefragt ist. Ruhen Sie, um auch beim nächsten Mal leisten zu können. Lernen Sie runterzufahren, um wieder neu hochfahren zu können.

In den vermeintlichen »Funktionspausen«, die uns heute so schwer fallen, passiert viel mehr, als wir glauben. Vieles, was schon im nächsten Moment über unseren Erfolg im Leben entscheiden kann.

Friedrich Nietzsche brauchte im Gegensatz zu uns Funktionssüchtigen noch keine moderne Hirnforschung, um das festzustellen: »Die größten Ereignisse, das sind nicht unsere lautesten, sondern unsere stillsten Stunden.«

Final Call: Fatigue Risk Management

- Weniger Stress = mehr Leistungsfähigkeit: Höchstleistung auf Abruf ist nur möglich, wenn Sie Ihr Stresslevel unter Kontrolle haben.
- Stressbewusstsein: Stress ist keine Auszeichnung, sondern ein Gesundheitsrisiko, das Schaden anrichtet, wenn Sie es nicht beachten.
- Rhythmus: Nutzen Sie die Leistungskurve Ihres Körpers, indem Sie Ihre Zeitplanung und Leistungsintensität bestmöglich nach der inneren Uhr ausrichten.
- Ausgleich: Bringen Sie Ihren Körper durch regelmäßige Bewegung und eine ausgewogene Ernährung in Balance, um fit für Höchstleistungen zu sein.
- Achtsamkeit: Entwickeln Sie einen sechsten Sinn für Ihre Leistungsfähigkeit und schaffen Sie sich Rituale, um Ihre Wahrnehmung für das eigene Wohlbefinden zu schärfen.

ANHANG

Anmerkungen

1. Christina Berndt: Resilienz – Das Geheimnis der psychischen Widerstandskraft, dtv 2014, S. 49
2. Anne Seith: E-Mail-Flut und Handy-Terror: Bürowahnsinn kostet uns Milliarden, Spiegel online, 26.07.2007, http://www.spiegel.de/wirtschaft/e-mail-flut-und-handy-terror-buerowahnsinn-kostet-unternehmen-milliarden-a-495292.html
3. Lothar Seiwert: Stress fürs Gehirn: Wir machen zu viel auf einmal! Focus Money online, 12.01.2014, http://www.focus.de/finanzen/experten/seiwert/mythos-multistasking-multitasking-wir-machen-zu-viel-auf-einmal_id_3530094.html
4. Fanny Jimenez/Reuters: Der schlaue Cocktail-Party-Effekt der Neuronen, Welt online, 30.01.2014, http://www.welt.de/wissenschaft/article124398200/Der-schlaue-Cocktail-Party-Effekt-der-Neuronen.html
5. Patrick D. Cowden: Mein Boss, die Memme, Econ 2012, S. 113ff
6. Spiegel Nr. 36/2014, S. 116
7. Jutta Heller: Resilienz – 7 Schlüssel für mehr innere Stärke, GU 2013, S. 10
8. Ilona Bürgel: Positive Psychologie: Wie negative Gefühle das Gehirn vernebeln, WirtschaftsWoche online, 12.05.2014, http://www.wiwo.de/erfolg/beruf/positive-psychologie-wie-negative-gefuehle-das-gehirn-vernebeln/9870006.html
9. Bayerischer Rundfunk: Der freie Wille – gibt es ihn oder nicht? ARD Mittagsmagazin vom 24.09.2014, ARD Mediathek, http://www.ardmediathek.de/tv/Mittagsmagazin/Der-freie-Wille-gibt-es-ihn-oder-nicht/Das-Erste/Video?documentId=23683770&bcastId=314636

10. Der freie Wille – gibt es ihn oder nicht?
11. David G. Myers: Psychologie, 2., erw. u. aktualisierte Aufl., Springer 2008, S. 961
12. C. Berndt: Resilienz – Das Geheimnis der psychischen Widerstandskraft, S. 43
13. Tina Groll: Deutsche sind zufriedener mit ihrem Job, Zeit online, 31.03.2014, http://www.zeit.de/karriere/beruf/2014-03/gallup-studie-mitarbeiterzufriedenheit
14. Thomas Späth/Shi Yan Bao: Shaolin – Das Geheimnis der inneren Stärke, Gräfe&Unzer 2011, S. 80
15. Marlies Terstegge: Bring Flow in dein Leben. Der aktive Weg zum Glück, Patmos 2014
16. Shaolin, S. 50
17. Jens Corssen: Der Selbst-Entwickler als Quelle für Sinn und Lebensfreude – Die Führungskraft auf dem Weg zum wirkungsvollen Selbst-Entwickler, ZfU International Business School, Thalwill 2015, S. 3
18. Rolf Dobelli: Träume, Stern, 06.11.2014
19. Matt Killingsworth: Want to be happier? Stay in the moment, TED.com, November 2012, http://www.ted.com/talks/matt_killingsworth_want_to_be_happier_stay_in_the_moment/transcript
20. Shaolin, S. 81
21. Stephen Covey: Die 7 Wege zur Effektivität – Prinzipien für persönlichen und beruflichen Erfolg, Gabal 2005, S. 150
22. Anne M. Schüller: Die Führungskraft als Vorbild – und welche Rolle Spiegelneuronen dabei spielen, http://blog.anneschueller.de/die-fhrungskraft-als-vorbild-und-welche-rolle-spiegelneuronen-dabei-spielen/
23. Vera F. Birkenbihl: Der Tanz der Phantome, FAZ-Serie Gehirntraining, 21.04.2008, http://www.faz.net/aktuell/feuilleton/forschung-und-lehre/f-a-z-serie-gehirntraining-der-tanz-der-phantome-1516020.html
24. Human Factors im Cockpit, S. 129
25. Holger Schmale: Deutsche fürchten um ihren Wohlstand, Berliner Zeitung online, 04.03.2010, http://www.berliner-zeitung.de/archiv/allensbacher-studie-stellt-wachsende-zukunftsangst-fest---buerger-glauben--das-land-habe-seinen-zenit-ueberschritten---merkel-mahnt--die-politik-darf-nicht-dem-populismus-erliegen-deutsche-fuerchten-um-ihren-wohlstand,10810590,10702922.html

26. Mika Hoffmann: Lieber Aktien als Tomaten, Focus Money 47/14, S. 56ff
27. dpa/AFX: Immer weniger Aktionäre in Deutschland, Finanzen.net, 05.03.2014, http://www.finanzen.net/nachricht/private-finanzen/Deutsche-meiden-Aktien-Immer-weniger-Aktionaere-in-Deutschland-3342530
28. Frederick Herzberg: One More Time: How Do You Motivate Employees?, Best of HBR/Motivating People 2003, S. 87
29. Die 7 Wege zur Effektivität, S. 195
30. Human Factors im Cockpit, S. 20
31. Die 7 Wege zur Effektivität, S. 116f.
32. Die 7 Wege zur Effektivität, S. 130
33. Human Factors im Cockpit, S. 211
34. Focus online: Bericht: Deshalb steuerte Lee Kang Kuk seine Boeing 777 ins Verderben, Focus online, 12.12.2013, http://www.focus.de/panorama/welt/fatale-entscheidungen-asiana-pilot-war-bei-crash-gestresst-und-ueberfordert_id_3476950.html
35. Peter Gross: Die Multioptionsgesellschaft, Suhrkamp 1994, S. 11
36. Wikipedia: Abiturientenquote und Studienanfängerquote, abgerufen am 24.09.2015, https://de.wikipedia.org/wiki/Abiturientenquote_und_Studienanf%C3%A4ngerquote
37. Spiegel online: Bachelor-Abbrecher: Studenten in Mint-Fächern scheitern am häufigsten, Spiegel online, 23.05.2014, http://www.spiegel.de/unispiegel/studium/studienabbruch-jeder-vierte-bachelorstudent-bricht-studium-ab-a-971349.html
38. C. Berndt: Resilienz – Das Geheimnis der psychischen Widerstandskraft, S. 23
39. National Transportation Safety Board: Accident Report NTSB/AAR-10/03, Website des NTSB/Washington, www.ntsb.gov/investigations/AccidentReports/Reports/AAR1003.pdf
40. Hannes Stein: Eine Notlandung wird zum Wunder vom Hudson, Welt online, 16.01.2009, http://www.welt.de/vermischtes/article3035414/Eine-Notlandung-wird-zum-Wunder-vom-Hudson.html
41. Die Darstellung der Ereignisse und der Berichterstattung um Flug AWE 1549 am 15. Januar 2009 wurden anhand folgender Quellen rekonstruiert:

- National Transportation Safety Board: Accident Report NTSB/AAR-10/03, Website des NTSB/Washington, www.ntsb.gov/investigations/AccidentReports/Reports/AAR1003.pdf
- National Geographic Channel: Air Crash Investigation – US Airways Flight 1549 (Video), http://natgeotv.com/uk/air-crash-investigation/videos/us-airways-flight-1549
- Amy Westfeldt: Hudson River hero is ex-Air Force fighter pilot, Associated Press (AP), 16.01.2009, https://web.archive.org/web/20090119134328/http://news.yahoo.com/s/ap/20090116/ap_on_re_us/plane_in_river_pilot
- Hannes Stein: Eine Notlandung wird zum Wunder vom Hudson, Welt online, 16.01.2009, http://www.welt.de/vermischtes/article3035414/Eine-Notlandung-wird-zum-Wunder-vom-Hudson.html
- Christian Schmidt: »Wunder vom Hudson« – Die Notlandung des Flugs 1549, Focus online, 17.01.2009, http://www.focus.de/panorama/welt/wunder-vom-hudson-die-notlandung-des-flugs-1549_vid_8838.html

42. Human Factors im Cockpit, S. 147ff
43. Human Factors im Cockpit, S. 83
44. Human Factors im Cockpit, S. 11
45. Human Factors im Cockpit, S. 87
46. Nadja Matthes: Lasst uns entscheiden – Interview mit den Juroren Thomas Sattelberger und Thomas Vollmöller, Focus online, 06.10.2014, http://www.focus.de/finanzen/karriere/wirtschaft-lasst-uns-entscheiden_id_4180118.html
47. Lasst uns entscheiden
48. Managerseminare 5/2015, S. 53ff
49. Tina Groll: Existenzgründer: Im Zweifel lieber arbeitslos, Zeit online, 05.09.2009, http://www.zeit.de/karriere/2009-09/existenzgruender
50. Human Factors im Cockpit, S. 98
51. Malcom Gladwell, Überflieger, Campus, S. 204ff
52. Human Factors im Cockpit, S. 114ff
53. Human Factors im Cockpit, S. 11
54. Human Factors im Cockpit, S. 11
55. dpa: Mitarbeiter vermissen Lob vom Chef, Zeit online, 20.03.2012, http://www.zeit.de/karriere/beruf/2012-03/gallup-studie-mitarbeiterzufriedenheit
56. Human Factors im Cockpit, S. 100

57. Human Factors im Cockpit, S. 23ff
58. Human Factors im Cockpit, S. 23ff
59. Human Factors im Cockpit, S. 19f
60. Nina Weber: Tagträume: Lieber Stromschlag als Sinnieren, Spiegel online, 03.07.2014, http://www.spiegel.de/gesundheit/psychologie/tagtraeume-viele-sind-ungern-allein-mit-ihren-gedanken-a-978732.html
61. Human Factors im Cockpit, S. 208f
62. Hintergrundinformationen und Tipps für eine biologisch sinnvolle Zeiteinteilung finden Sie u.a. bei: Lothar Seiwert: Das neue 1x1 des Zeitmanagement, GU 2007
63. Frederik Obermaier: Er läuft und läuft und läuft, Süddeutsche Zeitung online, 31.10.2011, http://www.sueddeutsche.de/leben/-jaehriger-marathonmann-singh-er-laeuft-und-laeuft-und-laeuft-1.1177358
64. Er läuft und läuft und läuft.
65. Eckart von Hirschhausen: Warum Bewegung glücklich macht, Stern online, abgerufen am 08.12.2015, http://www.stern.de/gesundheit/eckart-von-hirschhausen-warum-bewegung-gluecklich-macht-3430876.html
66. Russell W. Clayton et al.: Exercise as a Means of Reducing Perceptions of Work-Family Conflict: A Test of the Roles of Self-Efficacy and Psychological Strain, Human Resource Management, Volume 54, Issue 6, Wiley 2015, S. 1013ff.
67. Das 1×1 des Zeitmanagement, S. 50